洛阳市社科专家县区行——调研资助项目
河南古都文化研究中心学术文库资助成果

洛阳市地理
标志产品研究

翟玉强　等◎著

山西出版传媒集团
山西经济出版社

图书在版编目（CIP）数据

洛阳市地理标志产品研究／翟玉强等著．—太原：
山西经济出版社，2019.8
ISBN 978 - 7 - 5577 - 0530 - 5

Ⅰ. ①洛… Ⅱ. ①翟… Ⅲ. ①农产品—研究—洛阳
Ⅳ. ①F327. 613

中国版本图书馆 CIP 数据核字（2019）第 129550 号

洛阳市地理标志产品研究
LUOYANGSHI DILI BIAOZHI CHANPIN YANJIU

著　　　者：翟玉强　等
选题策划：王　炜
责任编辑：李春梅
封面设计：人文在线

出 版 者：山西出版传媒集团·山西经济出版社
地　　址：太原市建设南路 21 号
邮　　编：030012
电　　话：0351 - 4922133（市场部）
　　　　　0351 - 4922085（总编室）
E - mail：scb@ sxjjcb. com（市场部）
　　　　　zbs@ sxjjcb. com（总编室）
网　　址：www. sxjjcb. com

经 销 者：山西出版传媒集团·山西经济出版社
承 印 者：山西出版传媒集团·山西省美术印务有限责任公司

开　　本：710mm×1000mm　1/16
印　　张：18
字　　数：290 千字
版　　次：2019 年 8 月　第 1 版
印　　次：2019 年 8 月　第 1 次印刷
书　　号：ISBN 978 - 7 - 5577 - 0530 - 5
定　　价：78.00 元

前　言

在我国实施"质量强国"战略、乡村振兴战略、农业供给侧结构性改革的大背景下，本书以习近平新时代中国特色社会主义思想为指导，以商品品质理论为研究主线，综合了比较优势和资源禀赋理论、品牌竞争力理论等理论中与地理标志紧密相关的内容，研究洛阳市地理标志产品的综合价值。

地理标志是一个舶来品，它的英文为"Geographical Indications"，有时候也译为"地理标记"，它源于世界贸易组织框架内的《与贸易有关的知识产权协定》即 TRIPS 协定。根据《中华人民共和国商标法》（2013 年修正）第十六条第二款的规定，地理标志是标示某商品来源于某地区，该商品的特定质量、信誉或者其他特征，主要由该地区的自然因素或者人文因素所决定的标志。

地理标志是一个质量标志，是国家对消费者的一种承诺和担保；它还是一种商业标志，是指一类产品的品质或特征与其产地的自然或人文地理环境密切相关，并以该产地的名称予以命名的产品标识。地理标志为人们提供识别商品的信息，用以反映商品的品质优劣或特色，是商品经济的产物。它注重对农产品标准和规范的管理及监督，保护具有独特的自然因素和人文因素的特色农产品；它明确宣告，该产品来自得天独厚的地理环境，产品质量与所处环境息息相关。地理标志保护制度通过划定生产范围，制定法规、标准和技术规范、操作规程，运用检验、检疫、认证等手段对原材料的生产、加工、制作和产品销售进行全方位、全过程的监督管理，以确保特色农产品的优良品质。

地理标志是重要的农产品知识产权保护制度，目前已被世界很多国家所采用，是世界通行的国际品牌保护制度。可以这样理解，地理标志产品在我国就是指知名的土产品、特产品，是农民的知识产权。地理标志不仅是一种新型知识产权,还是产品品质特征和信誉的标志,是现阶段具有中国"三农"权益的载体,是区域经济的重要组成部分,是区域文化和区域形象的代表符号,是国际经贸中国别权益的体现。在全球化竞争不断加剧,产品替代性日益增强、产品同质化日趋严重、消费者购买行为日渐呈现出以品牌为导向的今天,要实现区域农业的可持续发展,必须高度重视地理标志产品的保护、培育和综合开发。开发和保护地理标志产品,能够提高和保证农产品质量,能够促进农民增收,促进农业结构调整,推动当地特色农产品产业化发展,进而促进农村经济的发展,促进生态文明建设。

保护、培育和开发地理标志产品,是国民经济建设的需要,也是建设环境友好型社会,科学发展的需要。这就要求我们要重视各地独有的地理标志产品的保护和开发,充分发挥其多元价值。这样不仅可以促进当地经济的大力发展,还能使政府和群众自觉积极地保护当地生态环境,有利于特色农业发展和品牌建设;有利于绿色环保农产品的推广和保护,突破贸易壁垒,扩大出口;有利于提高农民收入和生产积极性,有利于保护和传承生态资源和人文环境,进而发展当地生态旅游。

2010年,中共中央、国务院印发的"一号文件"指出,要充分运用地理标志和农产品商标促进特色农业发展。2015年,中共中央、国务院"一号文件"《关于加大改革创新力度加快农业现代化建设的若干意见》指出,要"立足各地资源优势,大力培育特色农业","大力发展名特优新农产品,培育知名品牌","扶持发展一村一品、一乡(县)一业,壮大县域经济,带动农民就业致富"。在《国民经济和社会发展第十三个五年规划纲要》(2016~2020年)中,"质量"和"品牌"是其中的热点词汇,在"专栏6 农业现代化重大工程"里,对农产品质量安全做出明确规定,即"大力推进农产品生产农药化肥使用减量化。发展无公害农产品、绿色食品、有机农产品和地理标志农产品";在第二十二章鲜明提出,"加强质量品牌建设。实施质量强国战略……建立商品质量惩罚性赔偿制度"。

在党的十九大报告中,有16次提到了质量问题,指出我国的发展质量和效益还不高,应大力提升发展质量和效益;我国经济已由高速增长阶段转向高质量发展阶段;必须坚持质量第一、效益优先,以供给侧结构性改革为主线,推动经济发展质量变革、效率变革、动力变革;建设现代化经济体系,必须把发展经济的着力点放在实体经济上，把提高供给体系质量作为主攻方向，显著增强我国经济质量优势；要建设科技强国、质量强国；要提升生态系统质量和稳定性；要激发全社会创造力和发展活力，努力实现更高质量、更有效率、更加公平、更可持续的发展……

2018 年 3 月 17 日，第十三届全国人大第一次会议正式表决通过了国务院机构改革方案。方案中明确了组建国家市场监督管理总局，不再保留国家工商行政管理总局、国家质量监督检验检疫总局、国家食品药品监督管理总局；重新组建国家知识产权局，将原来的国家知识产权局的职责、国家工商行政管理总局的商标管理职责、国家质量监督检验检疫总局的原产地地理标志管理职责整合，由国家市场监督管理总局管理。国家市场监督管理总局的主要职责是，负责市场综合监督管理，统一登记市场主体并建立信息公示和共享机制，组织市场监管综合执法工作，承担反垄断统一执法，规范和维护市场秩序，组织实施质量强国战略，负责工业产品质量安全、食品安全、特种设备安全监管，统一管理计量标准、检验检测、认证认可工作等。国家知识产权局的主要职责是，负责保护知识产权工作，推动知识产权保护体系建设，负责商标、专利、原产地地理标志的注册登记和行政裁决，指导商标、专利执法工作等。商标、专利执法职责交由市场监管综合执法队伍承担。这次改革，改变了我国政府部门在地理标志产品管理上长期存在的三权并存现象，一定能推动我国的地理标志事业更好地发展。

所有这些，都令笔者欣喜和振奋，这些都是我们商品学人的期盼和多年来的研究领域，以"质量"为研究中心的商品学将迎来崭新的春天。

地理标志产品的价值具有多元性、综合性。地理标志产品的综合价值与地理标志的区域性、长久性和群体性相关联。地理标志产品的综合价值包含经济价值、生态价值、法律价值、旅游价值、文化价值、教育价值等。地理标志产品的综合价值远远超越其经济价值，经济价值只是地理标志产品综合价值中非常容易比较的显性部分。地理标志通常与当地人文相结合，当地人使用地理标志已经成为风俗习惯和社会活动的一部分。

人类对地理标志产品综合价值的认识有一个渐进过程。在社会发展进程中，人们首先是发现并重视其经济价值，后来上升到法律层面，再后来发现其生态价值，最后才重视生态价值，将其列为首位。在长期的生产、经营、消费过程中，又相伴而生了特殊的文化，它们互为影响、相得益彰。今后应把生态价值列为首位，突出挖掘开发宣传其文化价值，经济价值、法律价值就会相得益彰，以这4种价值为基础开展教育和旅游活动。这六元价值以及我们尚未发现的其他价值构成了地理标志产品的综合价值。

本书搜集了洛阳市现有的13个地理标志（保护）产品（商标）和6个曾经的原产地域产品、原产地标记产品（这6个产品是洛阳市最知名的优秀特产，也应该继续保持地理标志产品这一荣誉，第十八章包含了汝阳杜康和伊川杜康两个产品）的详细资料，并逐一进行了研究。对于每一种产品，都依次探究了其命名、植物学特征、分类、产地、栽培史、成为地理标志产品的时间及保护范围，探究它的成分、结构、性质等，研究与其质量密切相关的品种、地理环境、生产方法、加工工艺、商品标准、风俗习惯、市场状况、发展前景等，研究它的人文历史及风土人情，深入研究其经济、法律、生态、文化、教育、旅游等多元价值，研究其综合价值中尚待开发的领域和薄弱环节。

除了上述产品，洛阳其他的土特产品也是远近闻名，主要有偃师的泡桐、新安的柿子、伊川小米、洛宁绿竹和猕猴桃，以及香菇、木耳、猴头菌、板栗、百合等产自洛阳山区的纯绿色食品。洛阳的特色旅游纪念品琳琅满目，古朴厚重的青铜器，中国四大名砚之一的澄泥砚，巧夺天工的牡丹石、牡丹瓷、梅花玉、剪纸、竹编、牡丹饼、牡丹系列化妆品，都是广大游客馈赠亲友的佳品，都有可能申报成为地理标志产品。

洛阳市的经济结构具有显著的二元特色，长期以来形成了一大批各具特色的农产品，却难以形成品牌优势和竞争优势，影响着区域经济和社会的持续发展，影响着该市全面建成小康社会的进程和质量。所以，洛阳市应该积极保护和利用现有的地理标志产品，积极培育、申请和开发新的地理标志产品，对地理标志产品的综合价值进行系统开发和利用。

从教20多年来，笔者主要教授商品学概论、商品包装与检验、企业管理、市场营销、管理学原理等课程，每年还带领学生进行认识实习、生产实习、毕业实习，指导学生撰写毕业论文，但授课次数最多、浸淫时间最长、花费精力最大的是商品学课程。20多年来，笔者主要围绕两条线索开展科研：一是围绕商品的质量、价格、品牌、市场、环境、采购、运输、储存、销售等开展研究，围绕经济学、管理学开展研究，围绕区域经济乃至国民经济中的工业、"三农"、商业、环保等开展研究，发表论文、编写教材、研究课题；二是围绕课程教学、专业建设、学科发展、教育规律、教育管理以及所在学校的教学、教研、发展等进行教研。以赤子之心、饱含深情地开展科研，为区域经济、企业管理、专业建设、学科发展、学校发展献言献策，贡献微薄力量。

商品学是一门边缘性、综合性的应用学科，属于管理学的范畴。它的研究对象是商品的使用价值及其实现规律，研究的中心内容是商品品质。其研究对象决定了我们无论是在商品学概论、商品学分论或者是商品学专题教学时，都要围绕商品的使用价值研究其成分、结构、性质、工艺、分类、标准、研发、营销、包装、市场等。我们要开展研究，研究商品的经营之道、商业的经营之道，研究如何科学、合理、诚信、成功地经营商品，研究如何讲授商品学、如何学习商品学，研究一个商品如何影响一个企业、行业、地区乃至国家的经济发展，研究商品经营如何影响环境保护、国家关系、社会发展，研究商品经营者如何对国家、消费者和社会发展承担应尽之责，研究商品学在我国现行的高等教育体制下如何发展，弱势学科、弱势高校如何发展等。所有这些研究、教学、学习、实践的出发点和归宿点，都是为了更好地生产和生活、提高综合国力、提高人民生活水平，实现商品—人—环境系统的良性循环，促进人类与自然长期和谐相处。这些研究都不可避免地、或多或少地进行商品研发、商品生产、商品流通（包含商品的采购、运输、销售、储存、包装等）、商品消费、商品管理的研究和教育。

商品种类繁多，进行教学和研究总需要个切入口。笔者先是围绕商品学开展教研，然后依次对平板玻璃、电视、钢材、原油、茶叶、白酒、银条等具体商品的研发、生产、销售、消费、市场、管理等进行研究，接着深入到品牌（名牌）、商标的研究，继而研究产权交易市场，然后集中到"三品一标"（无公害农产品、绿色食品、有机农产品，农产品地理标志）的研究，最后深入到地理标志产品的研究上。

笔者从 2006 年起开始关注"中国名牌产品"、国家"驰名商标"、区域性农业品牌、"三品一标"问题，先后在中国商品学会、河南省社科规划办、河南省科技厅、河南省教育厅、河南省社科联、洛阳市社科联等申请了相关科研课题，公开发表了十多篇相关论文。2012 年，笔者提出要研究地理标志产品的二元价值，即经济和法律价值（知识产权）；2013 年提出在各级各类功能区的规划和建设中，尤其要重视当地独有的地理标志产品的保护和开发，都应把地理标志产品的所在地及周边地区列入限制开发或禁止开发的重点生态功能区，充分发挥地理标志产品的四维价值（即生态价值、法律价值、经济价值和文化价值）；2014 年，进一步提出要研究地理标志产品的六元价值（新增加的二元价值是旅游价值和教育价值）；2015 年，提出要研究地理标志产品的综合价值。由于人们的认识水平有一个渐进过程，认识事物的手段和方法不断丰富，地理标志产品的某些潜在价值将陆续被人们认识和发现。所以在当前阶段，地理标志产品的综合价值暂时可以细分为六元价值，即经济价值、生态价值、法律价值、旅游价值、文化价值、教育价值。在此，笔者旨在通过对洛阳市地理标志产品这 6 个方面的研究，揭示出地理标志产品的综合价值。2015 ~ 2018 年，承蒙洛阳市委宣传部、市社科联等单位领导的大力支持，笔者连续 4 年参与了洛阳市"社科专家县区行"大型调研活动，对"洛阳地理标志产品的保护、培育和开发问题"进行了较为深入的调研。

　　本书于 2016 年完成初稿后，由于出版资金等方面的原因，迟迟没有出版。其间洛阳市又有 10 种产品获得了农业部的地理标志保护，取得了很大成绩。限于篇幅要求，本书没有对这 10 种产品进行研究，希望以后能有机会将其研究成果出版面世。2017 年 3 月底，农业部在洛阳市举办了全国农产品地理标志品牌建设暨示范创建培训班，笔者有幸全程参加，并聆听了胡晓云、娄向鹏等著名教授及专家的讲座。

　　2018 年 4 月，笔者和刘昱彤老师合著的《地理标志产品的综合价值研究》由郑州大学出版社出版。本书是《地理标志产品的综合价值研究》一书的深化和拓展研究，突出了区域性特色。在本书写作中，参考了众多政府部门和企业的网站信息、参考了大量论文和专著，对于一些历史典故、风俗民情，对于业内相对成熟、比较一致的观点，或者当业内人士的见解比我们的见解更深刻、更到位、更科学、更完整、更明晰、更理性、更动人、更先进时，我们采取了"拿来主义"，直接引用或者间接引用到文稿中。尽管我们已经尽力做了注释，但难免有不周之处，恳请相关人士谅解。

　　笔者曾有意把书名定为《洛阳的宝——地理标志产品研究》或者《物华

天宝话洛阳》，但均觉不尽如人意。

综上所述，笔者把书名定为《洛阳市地理标志产品研究》，愿有心者、闲暇者读之、品之。

本书由翟玉强做出整体构思与分工，并做最后的全书统稿润色工作。前言、后记、参考文献、第一章到第五章、第二十章到第二十一章由翟玉强撰写、整理，第六章到第十二章由胡延松撰写，第十四章到第十九章由吉赞峰撰写，第十三章由刘昱彤撰写。

原国家工商行政管理总局一位主管领导曾说，地理标志产品是大自然和祖先留给我们的宝贵财富，每一个当代人都有责任和义务去保护它。从事地理标志研究、生产、管理和保护的人士，更有责任广为宣传，让更多的人接触、了解它，让消费者享受到更多、更优秀的地理标志产品，让农民兄弟都爱上它们。不仅要爱国、爱家乡，还要爱家乡的土特产——地理标志产品及其文化。地理标志事业是一个造福天下百姓、惠及子孙后代的有意义的事业，我们要担负起历史的使命，发扬光大这一事业。

笔者

2016 年 8 月初稿于南苑小区

2018 年 10 月定稿于鸿儒小区

目 录

第一章 地理标志产品的综合价值

地理标志是一个舶来品，它的英文为"Geographical Indications"，有时候也译为"地理标记"，它源于世界贸易组织框架内的《与贸易有关的知识产权协定》，即 TRIPS 协定。

第一节 地理标志产品的概念及其研究概况

一、地理标志的概念

世界贸易组织框架内的《与贸易有关的知识产权协定》即 TRIPS 协定第 22 条对地理标志的定义是：指识别一商品来源于一成员领土或者该领土内一地区或地方的标记，该商品的特定质量、声誉或其他特征主要归因于其地理来源。[1]

根据《中华人民共和国商标法》（2013 年修正）第十六条第二款的规定，地理标志是标示某商品来源于某地区，该商品的特定质量、信誉或者其他特征，主要由该地区的自然因素或者人文因素所决定的标志。[2] 按照法律规定，商标中有商品的地理标志，而该商品并非来源于该标志所标示的地区，误导公众的，不予注册并禁止使用；但是，已经善意取得注册的继续有效。

依照农业部于 2007 年 12 月发布的《农产品地理标志管理办法》的定义，"农产品地理标志，是指标示农产品来源于特定地域，产品品质和相关特征主要取决于自然生态环境和历史人文因素，并以地域名称冠名的特有农产品标志"[3]。由此可见，地理标志是一个质量标志，是国家对消费者的一种承诺和担保；它注重对农产品标准和规范的管理及监督，保护具有独特的自然因素和人文因素的特色农产品；它明确宣告，该产品来自得天独厚的地理环境，产品质量与所处环境息息相关。地理标志保护制度通过划定生产范围，制定法规、标准和技术规范、操作规程，运用检验、检疫、认证等手段对原材料的生产、加工、制作和产品销售进行全方位、全过程的监督管理，以确保特色农产品的优良品质。

二、地理标志产品的概念

根据我国国家质量监督检验检疫总局于 2005 年公布的《地理标志产品保护规定》的第二条，地理标志产品是指产自特定地域，所具有的质量、声誉或其他特性本质上取决于该产地的自然因素和人文因素，经审核批准以地理名称进行命名的产品。地理标志产品包括：来自本地区的种植、养殖产品；原材料全部来自本地区或部分来自其他地区，并在本地区按照特定工艺生产和加工的产品。[4]

2018 年 3 月之前，我国共有 3 个政府部门分别对地理标志实行管理，形成了"三权分管"模式。据笔者统计，经国家质检总局批准公布的地理标志产品有 2151 个（截至 2016 年 12 月底），[5]国家工商总局公布的数据是，截至 2017年 5 月，我国已注册地理标志商标达 3615 件，是实施国家知识产权战略之前2007 年（301 件）的 12 倍，外国在中国注册的地理标志商标达到 87 件。[6]在这两个名单中，绝大多数是农产品，均占总数的 95% 左右。农业部公布的地理标志农产品共有 1588 个（截至 2014 年 12 月）。[7]笔者从农业部农产品质量安全中心获悉，截至 2017 年 7 月，农业部公布的地理标志农产品共有 2117 个。

2018 年 3 月 17 日，第十三届全国人大第一次会议正式表决通过了国务院机构改革方案。方案中明确了组建国家市场监督管理总局，不再保留国家工商行政管理总局、国家质量监督检验检疫总局、国家食品药品监督管理总局；重新组建国家知识产权局，将原来的国家知识产权局的职责、国家工商行政管理总局的商标管理职责、国家质量监督检验检疫总局的原产地地理标志管理职责整合，由国家市场监督管理总局管理。国家知识产权局的主要职责是，负责保护知识产权工作，推动知识产权保护体系建设，负责商标、专利、原产地地理标志的注册登记和行政裁决，指导商标、专利执法工作等。这次改革，一定能推动我国的地理标志事业更好地发展。

三、国内外对地理标志的研究

（一）对万方数据知识服务平台的文献分析

2015 年 1 月 27 日，笔者在万方数据知识服务平台的 13 类文献①中检索，全选中后，在"题名"中检索"地理标志"共发现有 7204 条，其中期刊论文（1551）、学位论文（217）、会议论文（50）、外文期刊（17）、外文会议（0）、学者（0）、中外专利（5）、中外标准（148）、科技成果（19）、图书（0）、法律法规（683）、机构（0）、专家（0）、新方志（14）。

同日，笔者在万方数据知识服务平台总计 66318340 篇学术论文中搜索，在"篇名"中检索"地理标志"，共找到 3303 篇论文，具体分析如下：

按照学科分类：968 篇经济，733 篇政治、法律，616 篇农业科学，364 篇工业技术，97 篇文化、科学、教育、体育，89 篇医药、卫生，46 篇历史、地理，37 篇天文学、地球科学，31 篇环境科学、安全科学，16 篇社会科学总论，16 篇文学，14 篇数理科学和化学，13 篇艺术，11 篇交通运输，10 篇生物科学，3 篇哲学、宗教，3 篇语言、文字，1 篇航空、航天，1 篇军事，1 篇马克思主义、列宁主义、毛泽东思想、邓小平理论，1 篇自然科学总论。②

按照论文类型分类：2759 篇期刊论文，421 篇学位论文，106 篇会议论文，17 篇外文期刊。

按照年份分类：近 1 年 483 篇，近 3 年 1426 篇，近 5 年 2191 篇；2014 年 483 篇，2013 年 444 篇，2012 年 499 篇，2011 年 433 篇，2010 年 332 篇，2009 年 283 篇，2008 年 267 篇，2007 年 198 篇，2006 年 140 篇，2005 年 96

---

① 这 13 类文献分别是：学术期刊共 29770159 条，学位论文共 3146297 条，会议论文共 2701994 条，外文文献共 30699890 条，学者共 10984131 条，专利技术共 44684840 条，中外标准共 382120 条，科技成果共 826366 条，图书共 48352 条，地方志共 7705492 条，政策法规共 761801 条，机构共 202501 条，科技专家共 12120 条。

② 此处总计 3071 篇，万方数据知识服务平台未能提供其他 232 篇论文的详细学科分类。

篇，2004 年 57 篇，2003 年 38 篇，2002 年 15 篇，2001 年 11 篇，2000 年 5 篇，1999 年 1 篇，1998 年 1 篇。

按刊分类：《中国果业信息》84 篇，《农产品市场周刊》58 篇，《安徽农业科学》51 篇，《福建质量技术监督》50 篇，《中国食品》47 篇，《标准生活》37 篇，《农产品质量与安全》37 篇，《中国质量技术监督》28 篇，《中国标准化》27 篇，《农业知识（瓜果菜）》25 篇，《中国茶叶》24 篇，《法制与社会》24 篇，《商场现代化》21 篇，《江西农业学报》21 篇，《湖南农业》21 篇，《四川农业科技》20 篇，《农村工作通讯》20 篇，《农村百事通》20 篇，《酿酒科技》19 篇，《湖北农业科学》18 篇。①

从万方数据知识服务平台的文献资料中可见，从 1998 年起研究地理标志的论文量逐年增加，且增速加快，表明社会各界对地理标志的研究热情持续升温。载文量居前 10 名的期刊共有 444 篇文章，占全部收文量的 13.44%，且这些论文集中在贸易类、法律类和农业类专业期刊；所有论文分布在 21 个学科，载文量居前 5 名的学科是经济、政治和法律、农业科学、工业技术，以及文化、科学、教育、体育，这 5 个学科共载文 2778 篇，占全部收文量的 84.1%。这表明地理标志作为一个法律概念和知识产权，在经济、农业中具有重要作用。

（二）对中国知网文献的分析

2016 年 7 月 7 日，笔者在中国知网（http：//epub. cnki. net）全部文献中检索，全选中后，在"篇名"中检索"地理标志"共发现 5936 条结果，CNKI（中国知网）对这 5936 篇文献进行了自动分析，详见下列各表。

表 1-1　按照来源数据库分组的研究概况表

来源数据库	中国学术期刊网络出版总库	特色期刊	中国博士学位论文全文数据库	中国优秀硕士学位论文全文数据库	中国重要会议论文全文数据库	国际会议论文全文数据库	中国重要报纸全文数据库	中国学术辑刊全文数据库
篇数	2344	344	14	247	38	1	2937	11

① 万方数据知识服务平台未提供发文篇数在 18 篇以下的其他期刊的名称。

由表 1-1 可以看出，对地理标志的研究报道集中在报纸和期刊，而国际学术会议尤其是外文会议对此涉及太少，显示我们国际交流太少、国际保护偏弱，在未来的国际竞争中将经受困难和考验，急需向先进国家学习。

表 1-2　按照学科分组的研究概况表①

序	学科	篇数	序	学科	篇数
1	宏观经济管理与可持续发展	3049	21	林业	22
2	农业经济	1753	22	经济法	21
3	民商法	678	23	美术书法雕塑与摄影	21
4	轻工业手工业	245	24	中国政治与国际政治	19
5	工业经济	243	25	自然地理学和测绘学	18
6	贸易经济	188	26	财政与税收	13
7	国际法	184	27	无机化工	12
8	市场研究与信息	147	28	中药学	11
9	畜牧与动物医学	114	29	中等教育	10
10	园艺	113	30	行政学及国家行政管理	10
11	水产和渔业	81	31	资源科学	9
12	农作物	55	32	科学研究管理	8
13	企业经济	46	33	考古	7
14	文化	44	34	有机化工	6
15	旅游	43	35	文化经济	6
16	行政法及地方法制	43	36	服务业经济	5
17	经济体制改革	37	37	政党及群众组织	5
18	法理、法史	37	38	计算机软件及计算机应用	5
19	地理	26	39	金融	4
20	一般服务业	24	40	农艺学	4

由表 1-2 可以看出，我国学术界对地理标志的研究较为集中，排在前 5 位的学科依次是经济学（宏观经济管理与可持续发展、农业经济、工业经济、贸易经济、市场研究与信息、企业经济、财政与税收、金融），法学

---

① CNKI 于 2016 年 7 月 7 日提供的按照学科分组的详细数据相加为 7366 篇，与其提供的 5936 条检索结果有出入。

（民商法、国际法、行政法及地方法制、法理和法史、经济法），农业（畜牧与动物医学、园艺、水产和渔业、农作物、农艺学），轻工业手工业、管理学（旅游、经济体制改革、行政学及国家行政管理、科学研究管理、政党及群众组织），地理。

表1-3 按照发表年度分组的研究概况表

序	1	2	3	4	5	6	7	8	9	10	11	12	13
年度	1985	1987	1990	1994	1995	1996	1997	1998	1999	2000	2001	2002	2003
篇数	1	1	2	1	1	2	5	2	1	3	10	26	43
序	14	15	16	17	18	19	20	21	22	23	24	25	26
年度	2004	2005	2006	2007	2008	2009	2010	2011	2012	2013	2014	2015	2016
篇数	98	207	310	492	498	620	806	717	516	477	506	429	162

由表1-3可以看出，2000年之前，我国学术界对地理标志的研究寥寥，这与我们国家之前没有恢复关贸总协定（GATT）地位、我国农产品出口品类较少且集中在传统出口产品上有关。2001年之后，我国学术界对地理标志的研究成果几乎每年都翻一番，2010年达到最高值。此后每年虽然数量都有所减少，但基本稳定在每年400篇以上（2016年为上半年数据）。说明受我国加入WTO（世界贸易组织）的影响，学术界和实业界越来越重视地理标志的作用，我国对地理标志的研究进入持续稳定发展阶段。

表1-4 按照研究层次分组的研究概况表①

序	研究层次	篇数
1	行业指导（人文社科）	3257
2	基础研究（人文社科）	999
3	政策研究（人文社科）	451
4	经济信息	179
5	职业指导（人文社科）	115
6	大众文化	105
7	工程技术（自然科学）	99
8	行业技术指导（自然科学）	33
9	标准与质量控制（自然科学）	32

---

① CNKI于2016年7月7日提供的按照研究层次分组的详细数据相加为5322篇，其中人文社科类为5142篇，占总文献的96%以上。

序	研究层次	篇数
10	政报、公报、公告、文告	18
11	教育与中等职业教育	12
12	政策研究（自然科学）	4
13	文艺作品	3
14	高级科普（人文社科）	1
15	高等教育	1
16	高级科普（自然科学）	1

由表1-4可以看出，我国对地理标志的研究，按照研究层次划分主要集中在人文社科领域，占总文献的96%以上。

表1-5　按照作者分组的研究概况表

序	作者姓名	作者单位	篇数
1	孙志国	咸宁学院	67
2	王树婷	咸宁学院	48
3	钟学斌	咸宁学院	42
4	张　敏	咸宁学院	39
5	熊晚珍	咸宁学院	26
6	陈　志	咸宁学院	24
7	孙志国	湖北科技学院	23
8	刘成武	咸宁学院	19
9	苏　悦	广西经济管理干部学院	15
10	王笑冰	山东大学	14
11	占辉斌	黄山学院	13
12	黄莉敏	湖北科技学院	12
13	程东来	咸宁学院	12
14	刘之杨	湖北科技学院	12
15	黄莉敏	咸宁学院	11
16	张国华	皖西学院	11

表1-5显示，我国学者对地理标志的研究，发文量在10篇以上的共有14人（咸宁学院系湖北科技学院前身），共发表了388篇，占总文献的

6.5%；其中，湖北科技学院（原咸宁学院）的孙志国发表了90篇，占总文献的1.5%。孙志国教授组建带领的团队在此方面的研究成果丰硕。

表1-6 按照机构分组的研究概况表（前10名）

序	机构名称	篇数
1	咸宁学院	67
2	国家工商行政管理总局商标局	43
3	西南政法大学	38
4	农业部农产品质量安全监督检验测试中心	33
5	山东大学	27
6	中国政法大学	25
7	湖北科技学院	24
8	华中农业大学	22
9	中国人民大学	18
10	山西大学	18

表1-6显示，我国对地理标志的研究成果，按照数量高低依次是各地高校、国家工商行政管理总局、农业部农产品质量安全监督检验测试中心、各级各类科研院所、商务部世界贸易组织司、国家质量监督检验检疫总局等单位，发表了315篇，占总文献的5.3%；其中，湖北科技学院（原咸宁学院）发文量为91篇，占总文献的1.5%[①]。

表1-7 按照基金分组的研究概况表

序	基金类别	篇数
1	国家社会科学基金	38
2	国家自然科学基金	21
3	国家科技支撑计划	4
4	水利部"948"项目	4
5	农业部"948"项目	3
6	高等学校博士学科点专项科研基金	2

---

① 按CNKI统计的作者分组的研究概况，湖北科技学院（原咸宁学院）发文量为335篇，占总文献的5.6%，与此处的91篇、占比1.5%矛盾。笔者尊重CNKI的自动分析功能，仍将湖北科技学院（原咸宁学院）发文量定为91篇；文章总数为5936篇。

续表

序	基金类别	篇数
7	社会公益研究专项	1
8	国家留学基金	1
9	农业部软科学研究项目	1
10	各省市的软科学研究计划	34
11	各省的社会科学基金	7
12	各省的自然科学基金	56
13	各省教育厅（教委）的科研基金	35
14	个别省份的星火计划	4
15	个别省份的青蓝工程基金	2
16	个别省份的优秀人才基金	1
17	个别省份的农业良种产业化	1
18	个别省份的科技攻关计划	1

　　表 1-7 中，按照基金分组共分为 18 类。其中，国家层面的有国家社会科学基金 38 项，国家自然科学基金 21 项，国家科技支撑计划 4 项，社会公益研究专项计划 1 项，国家留学基金 1 项；省部级层面的有水利部"948"项目 4 项，农业部"948"项目 3 项，高等学校博士学科点专项科研基金 2 项，农业部软科学研究项目 1 项，各省市的软科学研究计划 34 项，各省的社会科学基金 7 项，各省的自然科学基金 56 项，个别省份的星火计划 4 项，个别省份的青蓝工程基金 2 项，个别省份的优秀人才基金 1 项，个别省份的农业良种产业化 1 项，个别省份的科技攻关计划 1 项；地厅级项目有各省市教育厅（教委）的科研基金 35 项，还有个别项目为校内基金。

　　2016 年 7 月 7 日，笔者在中国知网（http://epub.cnki.net）全部文献中检索，全选中后，在"篇名"中检索"地理标志"，在"分组浏览"中 2 次检索"基金"，3 次检索"国家社会科学基金"，共有 38 条结果。其中，共有 19 篇文章在文章中注明该论文系国家社会科学基金的研究成果，现将 19 篇文章的检索结果列于表 1-8。

表1-8 CNKI所发论文为国家社会科学基金研究成果的概况

序	姓名	题目	基金类别	基金号	单位
1	张琳，鞠晓晖	我国食品安全认证与追溯耦合监管机制研究	国家社科基金	13CGL128	中国海洋大学
2	孙亚楠，胡浩	建设以低碳排放为特征的农业产业体系及农产品消费模式研究	国家社科基金重大项目	10zd&031	南京农业大学、河南工业大学
3	占辉斌		国家社科基金重大招标项目	10zd&014	黄山学院、南京航空航天大学
4	刘志林	新疆农业品牌化战略研究	国家社科基金	13BGL070	新疆财经大学
5	王笑冰	经济发展方式转变视角下的地理标志制度建设	国家社科基金	12BFX095	山东大学
6	杨朝英，谢向英	基于地理标志品牌成长的农业竞争力提升研究	国家社科基金	09CJY057	福建农林大学
7	徐纪安	遗产地铭刻时代痕迹与旅游发展研究	国家社科基金青年项目	12CJY088	河南大学
8	王志刚，钱成济，周永刚，苏毅清		国家社科基金重大项目	11&ZD052	中国人民大学
9	夏龙，姜德娟，隋文香		国家社科基金青年项目	13CJY132	北京农学院
10	杨鹏程，周应恒	农村新型社区化与城乡一体化道路研究	国家社科基金项目	12CSH027	南京农业大学、南京审计学院
11	杨鹏程，周应恒	农产品价格波动与调控机制研究	国家自然科学基金项目	71173110	南京农业大学、南京审计学院

序	姓名	题目	基金类别	基金号	单位
12	杨德桥	贯彻落实科学发展观与知识产权战略实施机制研究	国家社科基金重点项目	07AFX006	中国政法大学、内蒙古科技大学
13	李佛关		国家社科基金西部项目	12XGL019	贵州财经大学、重庆三峡学院
14	李艳军	少数民族非物质文化遗产教育传承研究	国家社科基金项目	12BMZ084	三峡大学
15	臧兴东	地理标志制度视野下的西南山区特色产业发展模式研究	国家社科基金项目	09BJY049	贵州大学
16	汤跃	集体林权制度改革背景下的西南地区生物遗传资源保护研究——以云南、贵州两省为例	国家社科基金项目	10XFX013	贵州师范大学
17	郑书前	WTO《农业协定》与我国农业国内支持法律制度研究	国家社科基金项目	09CFX066	河南大学
18	王鹏飞，张建梅，苏喆		国家社科基金项目	07BFX043、TJSR07－1007	扬州大学、天津师范大学
19	刘亚军	完善我国知识产权保护制度研究	国家社科基金项目	03CFX012	吉林大学

注：表中空白处是因为无法从 CNKI 中查出相关信息。

（三）对全国哲学社会科学规划办公室网站的资料分析

2016 年 7 月 8 日，笔者在全国哲学社会科学规划办公室网站（http：//fz. people. com. cn/skygb/sk/）的国家社科基金项目数据库中，以"地理标志"为检索词，检索"篇名"，历年来所有立项只有 3 个项目（参见 http：//

fz. people. com. cn/skygb/sk/index. php/Index/seach）。具体情况见表 1 –9。

表 1 –9　全国哲学社会科学规划办公室网站国家社科基金项目数据库分析

项目批准号	项目类别	学科分类	项目名称	立项时间	项目负责人	工作单位	结项时间	结项证书号
12BFX095	一般项目	法学	经济发展方式转变视角下的地理标志制度建设	2012 – 05 – 14	王笑冰	山东大学		
09BJY049	一般项目	应用经济	地理标志制度视野下的西南山区特色产业发展模式研究——以贵州、重庆为个案	2009 – 06 – 04	李发耀	贵州省社科院	2012 – 12 – 05	20121668
09CJY057	青年项目	应用经济	基于地理标志品牌成长的农业竞争力提升研究	2009 – 06 – 04	谢向英	福建农林大学	2013 – 4	20130723

　　根据全国哲学社会科学规划办公室于 2016 年 6 月 17 日网站公布的"2016 年国家社科基金年度项目和青年项目立项结果"[8]，山西大学赵小平老师申报的法学类一般项目"地理标志国际保护的发展趋势及中国的因应研究"获批立项，立项号为 16BFX170。据此结论，历年来全国哲学社会科学规划办公室在其网页上公布的项目名称中包含"地理标志"的国家社科基金项目总共有 4 项。

　　综合以上信息，学术界和实务界对地理标志的研究从理论到实务、从宏观到微观、从国内到国际，其深度、广度和领域在逐渐拓展。国内外学术界对地理标志产品（其中大多数为农产品）的研究先后集中在法律、经济、管理、技术层面，且多集中在单一问题的现状、成因、阐释、对策、中试等层面上，而对于如何促进地理标志产品的开发，如何挖掘和发挥其生态、经济、法律、旅游、文化、教育等综合价值的研究则少之又少。国内学者对地理标志的研究热点主要集中在保护模式、立法模式、品牌保护和发展对策等方面，[9]近年来开始有人涉及文化、社会、生态层面。

第二节　地理标志产品综合价值的内涵

地理标志不仅是一种新型知识产权，是产品品质特征和信誉的标志，还是现阶段具有中国"三农"权益的载体，是区域经济的重要组成部分，是区域文化和区域形象的代表符号，是国际经贸中国别权益的体现。[10]

一、人类对地理标志产品综合价值的认识过程

地理标志首先是一个法律概念，具有法律属性；又因为它是基于人们的经济活动的需要而产生的，所以又具有明显的经济属性。与之相对应，地理标志产品具有法律价值和经济价值，这是它的显性价值，较易被人们认识并受到重视。随着社会的进步和研究的深入，我们发现地理标志产品还具有生态、文化、旅游、教育等价值，这是它的隐性价值。从某些角度分析，地理标志产品的隐性价值要远远大于其显性价值。

地理标志产品的价值具有综合性。地理标志产品的综合价值性与地理标志的区域性、长久性和群体性相关联。地理标志产品的综合价值包含经济价值、生态价值、法律价值、旅游价值、文化价值、教育价值等。地理标志产品的综合价值远远超越其经济价值，经济价值只是地理标志产品综合价值中非常容易比较的显性部分，即显性价值。地理标志与当地人文相结合，当地人使用地理标志已经成为风俗习惯和社会活动的一部分。地理标志产品的生态价值、文化价值、教育价值等则是其隐性价值。

地理标志产品具有多元的综合价值，人类对其综合价值的认识有一个渐进过程。在社会发展进程中，人们首先是发现并重视其经济价值，后来上升到法律层面，再后来发现其生态价值，最后才重视其生态价值，将其列为首位。在长期的生产、经营、消费过程中，又相伴而生了其特殊的文化，它们互为影响、相得益彰。目前和今后都应把生态价值列为首位，突出挖掘开发宣传其文化价值，其经济价值、法律价值就会相得益彰，以这4种价值为基础开展教育和旅游活动。这六元价值以及我们尚未发现的其他价值构成了地

理标志产品的综合价值。

笔者在 2012 年提出要研究地理标志产品的二元价值，即经济和法律价值（知识产权）；2013 年提出在各级各类功能区的规划和建设中，尤其要重视当地独有的地理标志产品的保护和开发，都应把地理标志产品的所在地及周边地区列入限制开发或禁止开发的重点生态功能区，充分发挥地理标志产品的四维价值（即生态价值、法律价值、经济价值和文化价值）；2014 年，笔者进一步提出要研究地理标志产品的六元价值（新增加的二元价值是旅游价值和教育价值）；2015 年，笔者提出要研究地理标志产品的综合价值，由于人们的认识水平有一个渐进过程，认识事物的手段和方法不断丰富，地理标志产品的某些潜在价值将陆续被人们认识和发现。所以在当前阶段，地理标志产品的综合价值暂时可以细分为六元价值，即经济价值、生态价值、法律价值、旅游价值、文化价值、教育价值等。笔者在此旨在通过对地理标志产品这 6 个方面的研究，揭示出地理标志产品的综合价值。

二、地理标志产品经济价值的内涵研究

地理标志是一个质量标志，是国家对消费者的一种承诺和担保；地理标志是世界通行的国际品牌保护制度，产品具有增值和溢价效应，具有比较优势和竞争优势，潜藏着巨大的经济效益。对于地理标志产品而言，物以稀为贵，其供给决定其价格。当其供给超过一定总量，供给越多，价格就会下降。所以，要切实严格保证其产地范围，保证其优秀质量。培育、开发和保护地理标志产品，是提高地区知名度的新途径，有助于区域经济的产业结构的优化调整；能够提高和保证农产品质量，增加中国农产品的国际竞争力，促进农民增收，进一步增加农业收入；能够促进农业结构调整和推动当地特色农产品产业化发展，推动中国农村区域经济的快速发展。

三、地理标志产品法律价值的内涵研究

地理标志来源于 TRIPS 协议，大多数国家还就地理标志制定了专门法律或者商标法或者其他相关法律（例如为保护消费者、规范市场等制定的消费

者权益保护法、反不正当竞争法等）。我国主要依据《中华人民共和国商标法》（2013 年修正）、《农产品地理标志管理办法》（农业部于 2007 年发布）、《地理标志产品保护规定》（国家质量监督检验检疫总局于 2005 年公布）等对地理标志产品进行管理。所以它首先是一个法律概念，具有法律属性。地理标志是重要的农产品知识产权保护制度，目前已被世界很多国家所采用，是世界通行的国际品牌保护制度。可以这样理解，农产品地理标志就是我国知名的土产品、特产品的知识产权，是农民的知识产权。

四、地理标志产品生态价值的内涵研究

特殊的甚至是独一无二的地理环境造就了地理标志产品独特的品质及其出众的质量，赢得了消费者的高度喜爱和赞誉，使其得以高价出售，为相关产业和经营者带来了巨大的经济效益。地理标志产品的质量及其质量变化反映着当地生态环境的变化，地理标志产品已成为当地生态环境的"标志者""自动监测器""气象预报员"；地理标志产品保护能促进生物多样性保护，避免物种的减少和灭失；地理标志产品保护制度能够促进产区自然生态环境的修复和保护。

五、地理标志产品旅游价值的内涵研究

旅游商品收入是衡量区域旅游业发展成熟与否的重要标志。一个成熟的旅游市场，其旅游商品收入在旅游总收入中所占比重的临界值应在 30% 以上。而地理标志产品具有食用、药用、保健、观赏、投资增值等多种价值，具有深厚的历史底蕴和丰富多彩的文化内涵，由于独特的地理环境、与众不同的品质使其具有特殊的品牌效应，足以成为优秀的旅游商品，是旅游商品的亮点、重点和潜力股。经国家质检总局批准保护的地理标志产品有 2100 多个，也就是说我国至少有 1000 多个地方拥有地理标志产品，拥有地理标志旅游的条件。大力保护和发展地理标志产品能促进当地旅游业发展。当地政府应该把地理标志产品作为当地的旅游资源加以宣传，把它纳入旅游宣传的总体计划中，围绕该产品做好旅游景区、旅游商品、旅游线路、旅游美食等 4 篇文章。

六、地理标志产品文化价值的内涵研究

地理标志产品的特定质量、信誉或者其他特征，主要由该地区的自然因素或者人文因素所决定。人文因素主要表现为：产品生产历史；县志、市志等历史文献记载；诗词歌赋、传记、传说、轶事、典故等记载；民间流传的该类产品民风、民俗、歌谣、饮食、烹饪等；名人的评价与文献；荣获省级以上名牌产品获奖情况；媒体宣传、报道、图片等；在生产、加工、储运、包装，甚至是销售、消费过程中应遵守的生产工艺、生产流程、生产标准、消费环境、使用程序、消费方式等。一般而言，工艺品类地理标志产品的质量主要取决于人文因素，食品类地理标志产品的质量及其特征则大多是自然因素和人文因素双重作用的结果。

七、地理标志产品教育价值的内涵研究

地理标志产品本身具有丰富的自然科学知识，可以在自然常识、植物学、地理、商品学、中医药等课程和相关专业中，就其使用价值及其实现开展教学和科普；可以开展以知识产品和商标为中心内容的普法教育。地理标志产品蕴含着大量的人文社会科学知识，我们可以以此为教育载体，采取多形式、多层次、多范围的教育和宣传，使包括学生在内的各类国民都能在学习中、旅游中、劳动中得到有关环保、人文、生态、美学、物种、忧患、科学消费等方面的"润物细无声"的熏陶，教育他们热爱自然、热爱祖国、热爱家乡、热爱中华文化，培养他们的民族自豪感，加强生态文明教育，增强全民的质量意识、品牌意识、产权意识、节约意识、环保意识、生态意识，传承发扬优秀的民族文化；形成合理消费的社会风尚，营造爱护生态环境的良好风气。这是践行社会主义核心价值观的有效途径和载体。

第三节　研究地理标志产品综合价值的意义和方法

一、开展地理标志产品综合价值研究的意义

在全球化竞争不断加剧，产品替代性日益增强、产品同质化日趋严重、消费者购买行为日渐呈现出以品牌为导向的今天，要实现区域农业的可持续发展，必须高度重视地理标志产品的保护、培育和开发。开发和保护地理标志产品，能够提高和保证农产品质量，能够促进农民增收，促进农业结构调整，推动当地特色农产品产业化发展，进而促进农村经济的发展，促进生态文明建设。

由于地理标志保护制度的巨大经济利益，许多国家纷纷引进了地理标志制度，尤其是 TRIPS 协议将地理标志纳入知识产权的范围后，该制度更加得到了世界广泛的认可。法国借助地理标志制度造就了一大批世界知名的地理标志产品，其中，葡萄酒中的世界级品牌——香槟酒和干邑酒就是法国最具有代表性也是最成功的地理标志产品之一。

我国是一个农业大国，长期以来形成了一大批各具特色的农产品，但这些产品注册商标却很少，难以形成产业化优势，市场的占有率较低。当前我国农业生产中普遍存在着规模小、经营分散、市场反应慢、无法形成品牌优势等问题。近年来，全国各级党委、政府认真贯彻落实党中央、国务院关于解决"三农"问题的重大决策以及国家各部委的工作部署，积极开展特色农业品牌——地理标志建设工作，取得了显著成效。

同工业发达国家的驰名商标、专利制度的知识产权保护相比，地理标志被誉为是中国知识产权的长项和强项。我国地域辽阔，地理环境千变万化，气候多样，物产丰富，各地分别拥有得天独厚的地理环境，特色农产品多种多样，可谓是物华天宝、人杰地灵，加上世代相传的传统工艺与技术，具有丰富的地理标志农产品资源。过去在我国，共有 3 个政府部门分别对地理标志实行管理，形成了"三权分管"模式。自 1994 年国家工商总局发布《集体商标、证明商标注册和管理办法》，我国首次明确了以证明商标保护地理

标志以来，各地政府、行业协会、专业合作社等逐渐认识到其重要性，纷纷挖掘、培育、注册和发展本地的地理标志，并取得了巨大效益。

地理标志是一种新型知识产权，是产品品质特征和信誉的标志，是现阶段具有中国"三农"权益的载体，是区域经济的重要组成部分，是区域文化和区域形象的代表符号，是国际经贸中国别权益的体现。

地理标志农产品的品牌化经营能够有效提高农产品质量。近年来，随着生产技术不断发展，产品日益多样化，生产过程越来越复杂，食品生产加工过程的透明化程度变得越来越低，特别是由于自然资源、环境遭受严重破坏，食品安全事件频频发生，导致消费者对食品的安全性信心不足。通过地理标志认证的农产品赋予农产品应有的属性标志，降低消费者选择成本，激发农产品生产者重视农产品质量，增强农产品质量安全意识，是提高农产品质量安全水平的有效措施。

满足不断提高的农产品消费需求水平需要绿色健康农产品。信任危机当前已严重影响人们对产品的信心，导致人们在产品选择上"崇洋媚外"，党的十八大明确提出了全面建成小康社会的时间，要让人民活得有尊严，不断提高农民收入，优化产业结构，缩小城乡差距。在未来的农产品选择上，人们将更加追求绿色健康的品牌产品。地理标志产品并不简单是一种地理名称，更是一种标志，标志着产品具有特定的质量、声誉或其他特征，是一种质量标准的象征。地理标志产品与同类商品相比，正是因为其具有某些与众不同的独特的品质，从而在消费者心中得到了高度的认可，享有良好的声誉。此外，地理标志产品必须达到符合特定标准的特定质量要求，并且因其独特的质量或其他特征，在消费人群中具有一定的知名度和美誉度。

党的十八届三中全会提出，要紧紧围绕建设美丽中国深化生态文明体制改革，加快建立生态文明制度，健全国土空间开发、资源节约利用、生态环境保护的体制机制，推动形成人与自然和谐发展现代化建设新格局，[11]实现资源—环境—人的可持续发展。生态文明建设关系人民福祉，关乎民族未来。2015 年，中共中央、国务院正式公布《关于加快推进生态文明建设的意见》，这是继党的十八大和十八届三中、四中全会对生态文明建设做出顶层设计后，中央对生态文明建设的一次全面部署。

我国已经基本建立了社会主义市场经济体制，但该体制未能体现出生态文明的理念和原则。对破坏生态环境的人缺乏制约和责任追究等，一定程度上也助长了破坏生态环境的行为。目前资源约束趋紧、环境污染严重、生态系统退化的形势十分严峻，已经成为制约经济持续健康发展的重大矛盾、人民生活质量提高的重大障碍、中华民族永续发展的重大隐患，生态产品成为当今中国最短缺的产品，生态差距成为我国最大的发展差距。[12]

保护、培育和开发地理标志农产品，是国民经济建设的需要，也是建设环境友好型社会、科学发展的需要。这就要求我们要重视各地独有的地理标志产品的保护和开发，充分发挥其多元价值；以地理标志产品为载体对国民进行法律教育、环保教育、生态教育等。这样不仅可以促进当地经济的大力发展，还能使政府和群众自觉积极地保护当地生态环境，有利于特色农业发展和品牌建设，有利于绿色环保农产品的推广和保护，有利于地理标志产品知识产权的保护，突破贸易壁垒，扩大出口；有利于提高农民收入和生产积极性，有利于保护人文环境、传承优秀文化，进而发展当地生态旅游。

通过对地理标志产品综合价值的内涵研究，要进一步研究对地理标志产品进行保护、开发的政策措施和基层实际运作。以科学发展观、市场营销理论、产业化经营理论指导地理标志产品的培育、营销；完善地理标志产品保护和发展的社会环境，加大政府对其发展的支持力度；构建地理标志产品的保护体系（包含质量保护体系、生态环境监测保护体系和文化传承体系）和开发体系（包括构建商品学学科——地理标志农产品分编、以市场供求为基础的品质—价格体系、营销体系）；以具体地区的功能区规划和建设为例、以典型县域农业或者乡村农业为例开展实证分析。

二、开展地理标志产品综合价值研究的思路和方法

（一）开展地理标志产品综合价值研究的思路

在研究保护、培育和开发地理标志产品的时代背景、理论依据之后，研究其经济价值、生态价值、法律（知识产权）价值、旅游价值、教育价值及文化价值等多元价值的内涵，探讨如何加以充分开发和利用，研究人类对地理标志产品的多元价值的认识规律；以科学发展观为指导，借鉴国内外先进经验，探讨保护开发地理标志产品的相关政策及发展环境；分析其现状与问

题，构建出保护体系和开发体系；与主管市场、农业等政府部门以及各地政府尤其是县乡村合作，对农产品资源进行大量实地调研，选取其中几类农产品为代表，因地制宜设计不同方案，使原有的地理标志农产品步入规模化、品牌化、名牌化，积极培育开发具有浓郁地方特色、具有较好经济价值或旅游价值、有利于当地生态和资源良性发展的农产品，使其获得认证，使当地不以牺牲生态和环境为代价实现科学发展。以这些成功案例为基础，在全国推广实施，使地理标志产品为功能区建设、生态文明、区域经济做出独特贡献。

（二）开展地理标志产品综合价值研究的方法

由于本研究是一种跨学科的边缘性研究，应当综合采取自然科学和社会科学的研究方法。主要研究方法：文献检索阅读法，搜集国内外研究现状及指导理论；实地调研法，搜集部分典型地区的地理标志产品资料、地方政府的规划及措施等；案例分析法，研究国内外的先进经验和教训，对比国内同类地区和产品；数量分析法，通过构建数理和计量模型，对试点中的农户、企业和政府三方行为主体及其相互关系进行分析，系统研究政策性保障体系等；仪器监测法，对土壤、大气、水、微生物等进行长期监测和研究，相关数据和结果将直接服务于当地的环境治理和生态修复，服务于相关政策、法规的制定执行。

三、结语

地理标志产品是大自然和祖先赐予我们的宝贵的物质财富和精神财富，应倍加珍惜。透过一滴水看世界。资源、人和环境是经济社会发展过程中必不可少的因素，如何发挥人在商品生产、流通和消费中的主观能动性，最大限度地保护环境，在满足人类对商品基本需求的同时实现人与环境的和谐、有序、持续发展，应引起我们的深思。在我国进行生态文明体制改革、进行功能区的规划和建设的大背景下，应认识并践行以下观点：

以我国功能区的规划和建设为研究背景，探讨人们对地理标志产品多元价值的认识规律和利用规律，构建出地理标志产品的保护体系和开发体系。

本书对洛阳市地理标志产品进行了跨学科的综合价值研究，涉及科学发展观、可持续发展、经济学、管理学、商品学、农学（植物保护）、分析化学、生物学、技术学、地理学等学科，故应综合使用社会科学和自然科学的多种研究方法。

　　本书能够为各级各地的政府部门制定功能区规划、改革生态环境保护管理制度、精准扶贫、乡村振兴、加快农业现代化进程等的相关政策措施提供参考意见，为推进产业结构调整与优化、发展特色经济与区域经济提供重要的决策参考。

第二章　洛阳市地理标志产品发展概况

第一节　洛阳市现有的地理标志产品

一、洛阳市的地理与气候

洛阳位于河南西部、黄河中游，是国务院首批公布的中国历史文化名城和著名古都，是华夏文明的重要发祥地之一、丝绸之路的东方起点，是一座风光秀美、独具魅力的优秀旅游名城，曾获国家知识产权示范城市等荣誉称号。洛阳地理条件优越，地处东经 111°8′ ~ 112°59′、北纬 33°35′ ~ 35°05′，位于暖温带南缘向北亚热带过渡地带，四季分明，气候宜人。洛阳地势西高东低。境内山川丘陵交错，地形复杂多样，其中山区占 45.5%、丘陵占 40.7%、平原占 13.8%，周围有郁山、邙山、青要山、荆紫山、周山、樱山、龙门山、香山、万安山、首阳山、嵩山等多座山脉；河渠密布，分属黄河、淮河、长江三大水系，黄河、洛河、伊河、清河、磁河、铁滦河、涧河、瀍河等十余条河流蜿蜒其间，有"四面环山六水并流、八关都邑、十省通衢"之称；可谓是物华天宝、人杰地灵，加上世代相传的传统工艺与技术，具有丰富的地理标志资源。[13]

二、洛阳市现有的地理标志产品

据统计，洛阳市在国家质检总局成功申请了 2 个地理标志保护产品

（不包含 2005 年以前国家质检总局公布的 6 个原产地域产品或原产地标记产品，即洛阳唐三彩、洛阳牡丹、栾川白土无核柿子及其制品、汝阳杜康系列白酒、伊川杜康酒、伏牛山连翘，这 6 个产品现在都不是地理标志产品），在农业部成功申请了 22 个农产品地理标志，在国家工商总局注册了 6 件地理标志商标。所以，如果不重复计算，截至 2018 年，洛阳市共有 26 个地理标志（保护）产品（商标），即洛宁金珠果、上戈苹果、孟津葡萄、偃师银条、伊川平菇、宜阳韭菜、孟津梨、孟津西瓜、嵩县柴胡、洛阳牡丹红、栾川豆腐、孟津黄河鲤鱼、水沟庙大蒜、汝阳杜仲、汝阳甪（lù）里艾、汝阳香菇、汝阳红薯、新安樱桃、伊河鲂鱼、伊水大鲵、嵩县银杏、嵩县皂角刺、偃师葡萄、栾川山茱萸、栾川核桃、伊川小米（后 13 个产品是 2016～2018 年申请成功的地理标志农产品）。

农业部门的数据（经农业部批准的农产品地理标志）。到 2017 年 7 月，全国共有农产品地理标志 2177 个；河南省共有 74 个，其中洛阳市有 19 个，分别是洛宁金珠果、上戈苹果、孟津葡萄、偃师银条、伊川平菇、宜阳韭菜、孟津梨、孟津西瓜、孟津黄河鲤鱼、伊河鲂鱼、伊水大鲵、嵩县银杏、嵩县皂角刺、偃师葡萄、汝阳红薯、汝阳杜仲、汝阳甪（lù）里艾、汝阳香菇、新安樱桃等（前 8 个产品详见表 2 - 1，为 2016 年以前审批的）。申请农产品地理标志不交任何费用，农业部对其保护期限是一次申请成功，长期有效。

质检部门的数据。据国家质检总局统计，截至 2017 年第一季度，我国地理标志保护产品总数达到 2100 多个，其中国际 15 个；截至 2017 年 1 月，河南省国家地理标志保护产品达 60 个，在官网中查不到有关洛阳市地理标志产品的数量和具体名称；从其他媒体得知，偃师银条、洛阳唐三彩、洛阳牡丹、嵩县柴胡、栾川白土无核柿子及其制品、汝阳杜康系列白酒、伊川杜康酒、伏牛山连翘及其制品（君山牌）8 个产品（详见表 2 - 2）于 2005 年以前获得原国家质量技术监督局的原产地域产品保护或者原国家出入境检验检疫局的原产地标记保护。2005 年之前，《原产地标记管理规定实施办法》规定原产地标记注册的有效期为 3 年。国家质检总局于 2005 年修订发布了《地理标志产品保护规定》。根据该规定，2005 年以后，申请地理标志保护产品不交任何费用，国家质检总局对其保护期限是一次申请成功，长期有效。截至

2017 年，在洛阳市质监局备案的仍受保护的有两个产品：偃师银条、嵩县柴胡。

工商部门的数据。据国家工商总局公布的数据，截至 2017 年 5 月，地理标志商标累计注册量达到 3615 件。其中，外国在我国注册的地理标志商标达到 87 件。截至 2017 年 7 月底，河南省共有地理标志商标 59 件，其中洛阳市有 6 件（详见表 2 - 3），分别是偃师银条、洛阳牡丹红茶、栾川豆腐、孟津梨、孟津黄河鲤鱼、水沟庙大蒜。国家工商总局对注册商标的保护期限是 10 年，保护期满后可以续展；申请商标注册时，需交申请费 3000 元。

三、关于洛阳市地理标志产品的综合价值

本书搜集了洛阳市现有的 13 种地理标志（保护）产品（商标）和 6 个曾经的原产地域产品、原产地标记产品的详细资料，将在第三章至第二十章逐一进行介绍。由于它们各自的影响力和知名度不同，将专门重点介绍偃师银条、洛阳牡丹、汝阳杜康系列白酒、伊川杜康酒，同时简单介绍其他 15 个产品。这 15 个产品分别是嵩县柴胡、孟津葡萄、孟津西瓜、孟津梨、孟津黄河鲤鱼、宜阳韭菜、水沟庙大蒜、洛宁金珠果、上戈苹果、伊川平菇、栾川豆腐、栾川白土无核柿子及其制品、伏牛山连翘及其制品、洛阳唐三彩、洛阳牡丹红茶。

对于每一种产品，都将依次探究其命名、植物学特征、分类、产地、栽培史、成为地理标志产品的时间及保护范围，探究它的成分、结构、性质等，研究与其质量密切相关的品种、地理环境、生产方法、加工工艺、商品标准、风俗习惯、市场状况、发展前景等，研究它的人文历史及风土人情，深入研究其经济、法律、生态、文化、教育、旅游等多元价值，研究其综合价值中尚待开发的领域和薄弱环节。

表2-1 2016年以前洛阳市经农业部批准的农产品地理标志[14]

	1	2	3	4	5	6	7	8
登记证书编号	AGI01211	AGI01135	AGI00565	AGI00568	AGI00567	AGI00352	AGI00265	AGI00334
公告号	〔2013〕第1989号	〔2013〕第1925号	〔2011〕第1635号	〔2011〕第1635号	〔2011〕第1635号	〔2010〕第2号	〔2010〕第1366号	〔2010〕第1374号
登记产品	洛宁金珠果	上戈苹果	孟津葡萄	偃师银条	伊川平菇	宜阳韭菜	孟津梨	孟津西瓜
登记申请人	洛宁县金珠果协会	洛宁县上戈苹果专业合作社	孟津县常袋乡红提葡萄专业合作社	偃师市越启银条种植专业合作社	伊川县平等乡马庄食用菌种植专业合作社	宜阳县万家果蔬种植专业合作社	孟津县翠绿孟津梨专业合作社	孟津县三美西瓜专业合作社
登记面积（万亩）	10	9	1.5	3.8	3	7.5	7.5	3.75
登记产量（万吨）	2	9	2	5	1	8	15	8
登记年份	2013	2012	2010	2010	2010	2010	2009	2009
公告日期	2013.9.10	2013.4.15	2011.8.17	2011.8.17	2011.8.17	—	2010.4.2	2010.4.14

注：以上数据除公告号、公告日期外，由河南省农产品质量安全检测中心网站提供。

表 2−2 洛阳市地理标志保护产品
（原产地域产品、原产地标记产品）名录（质检系统）

序号	公告编号	公告时间	公告类别	产品名称	产品类别
1	2002 年第 6 号	2002.1.28	受理公告、批准公告	洛阳唐三彩	原产地域产品
2	2002 年第 6 号	2002.1.28	受理公告、批准公告	汝阳杜康系列白酒	原产地域产品
3	2002 年第 38 号	2002.4.24	受理公告、批准公告	洛阳牡丹	原产地域产品
4	2002 年第 38 号	2002.4.24	受理公告、批准公告	伊川杜康酒	原产地域产品
5	2002 年第 42 号	2002.4.26	受理公告、批准公告	栾川白土无核柿子及其制品	原产地标记产品
6	2004 年第 107 号	2004.9	受理公告、批准公告	伏牛山连翘及其制品（君山牌）	原产地标记产品
7	2004 年第 184 号	2004.12	受理公告、批准公告	嵩县柴胡	地理标志保护产品
8	2005 年第 125 号	2005.6.1	受理公告、批准公告	偃师银条	地理标志保护产品

表 2−3 洛阳市地理标志商标名单[15]（工商系统，截至 2014 年 12 月底）

序号	产地	商标名称	商品	注册时间	注册人	注册号
1	偃师	偃师银条	银苗菜	2009 年	偃师市农产品行业协会（洛阳市）	4882794
2	洛阳	洛阳牡丹红茶	茶	2012 年	洛阳牡丹红茶协会（洛阳市）	10636790
3	栾川	栾川豆腐	豆腐，豆腐制品	2013 年	栾川县豆制品行业协会（洛阳市）	9799419
4	孟津	孟津梨	梨	2014 年	孟津县会盟农业协会（洛阳市）	13319809

续表

序号	产地	商标名称	商品	注册时间	注册人	注册号
5	孟津	孟津黄河鲤鱼	鲤鱼	2014 年	孟津县会盟农业协会（洛阳市）	13348610
6	宜阳	水沟庙大蒜	大蒜	2014 年	宜阳县大蒜种植协会（洛阳市）	13942530

第二节 洛阳市地理标志产品的潜在资源

一、洛阳市农产品安全检测中心汇总的农产品地理标志资源情况

2008 年，洛阳市农产品安全检测中心曾普查汇总了所辖各地的农产品地理标志资源情况，列出了 33 种农产品，介绍了各产品的名称、所在地、产品独特品质和特性、形成的年代历史、独特的文化背景、生产经营者数量、工商注册、质检认证、普查后拟登记保护的年度计划等。至 2017 年，其中已有偃师银条、孟津梨、孟津葡萄、孟津黄河鲤鱼、伏牛山连翘、栾川白土无核柿、宜阳九都大蒜、上戈苹果、李应贤金珠果、嵩县大鲵、汝阳杜仲、汝阳红薯、新安樱桃等 13 种产品分别在国家质检总局、农业部、国家工商总局等 3 个部门获得地理标志保护。具体情况如下表：

表2－4　洛阳市农产品地理标志资源普查汇总表

（洛阳市农产品安全检测中心，填写日期：2008年8月8日）

序号	地理标志农产品名称	所在地市（区县）	产品独特品质和特性	形成的年代历史	独特的文化背景	生产经营者数量（个）	工商注册、质检认证情况	2008年	2009年	2010年	2011年	2012年	2012年后	备注
1	河南省杏鲍菇	洛龙区	口感好，营养值好，商品性好	20世纪80年代	世界文化遗产龙门石窟	1	1999年注册商标菇韵，2002年被评为无公害产品			∨				
2	龙门大粒樱桃	洛龙区	口感好，营养值高，商品性好	20世纪90年代	世界文化遗产龙门石窟	1	2008年被评无公害产品						∨	
3	洛龙区郑村里扎马特葡萄	洛龙区	早熟、色艳，果型指数好，果肉透亮，可长途运输	20世纪80年代	邵雍故里	150							∨	
4	万年青蒜黄	洛龙区		20世纪80年代	白居易崇祠	180	2005年被评为无公害基地						∨	

28

续表

序号	地理标志农产品名称	所在地市（区、县）	产品独特品质和特性	形成的年代历史	独特的文化背景	生产经营者数量（个）	工商注册、质检认证情况	普查后拟登记保护的年度计划						备注
								2008年	2009年	2010年	2011年	2012年	2012年后	
5	董村番茄	洛龙区	富硒、沙质肉、口感好、果型整齐	20世纪90年代	白居易故里	170	2005年被评为无公害基地						✓	
6	太平黄瓜	洛龙区	型好，果脆，商品性能好	20世纪80年代	苏秦故里	190	2005年被评为无公害基地						✓	
7	吉利黄河鲤鱼	吉利区	肉质细嫩、鲜美，品质好	有3000多年的历史	黄河鲤鱼，自古就有"治其食鱼，必河之鲤"之说，"洛鲤、伊鲂，贵如牛羊"，向为食之上品	365	2008年被公告农产品			✓				

续表

序号	地理标志产品名称	所在地市（区、县）	产品独特品质和特性	形成的年代历史	独特的文化背景	生产经营者数量（个）	工商注册、质检认证情况	2008年	2009年	2010年	2011年	2012年	2012年后	备注
								普查后拟登记保护的年度计划						
8	银条	偃师市	洁白发亮，清脆爽口	600多年前	宫廷贡品	8000	2005年通过国家质量监督总局原产地保护认证；2006年通过省无公害农产品产地认定；正在国家工商局注册证明商标		∨					
9	孟津梨	孟津县	脆酥甜嫩细	3000多年前	宫廷贡品	3670	无公害 有机		∨					
10	红提葡萄	孟津县	果粒大，色浓，耐贮、耐运	20世纪90年代		2500	注册商标2个			∨				

续表

序号	地理标志农产品名称	所在地市（区、县）	产品独特品质和特性	形成的年代历史	独特的文化背景	生产经营者数量（个）	工商注册、质检认证情况	普查后拟登记保护的年度计划						备注
								2008年	2009年	2010年	2011年	2012年	2012年后	
11	孟津黄河鲤鱼	孟津县	体长、背低，金鳞、红鳍；肉质细嫩鲜美、营养丰富		唐李白"咏鲤"	185	无公害			√				
12	伊河桥牌小米	伊川县	色黄味香	有1000多年的历史	唐、明、清贡米	2	已注册、通过QS认证		√					
13	前富山牌粉条	伊川县	手工制作，柔软、久煮不糊	有100多年的历史		1	已注册		√					
14	陆浑银鱼	嵩县	高蛋白质产品	20世纪90年代初		300			√					
15	陆浑青虾	嵩县	野生	20世纪80年代		500			√					
16	嵩县大鲵	嵩县	野生稀有											

续表

序号	地理标志农产品名称	所在地市（区、县）	产品独特品质和特性	形成的年代历史	独特的文化背景	生产经营者数量（个）	工商注册、质检认证情况	2008年	2009年	2010年	2011年	2012年	2012年后	备注
								普查后拟登记保护的年度计划						
17	汝阳花生	汝阳县	香脆	20世纪80年代		3			√					
18	杜仲	汝阳县	药用	20世纪90年代	发展经济林	3			√					
19	红薯	汝阳县	食用			15			√					
20	伏牛山连翘	栾川县	药用价值高，品质好；主要具有清热解毒、消肿散结等功效	几千年前	《神农本草经》上有记录	15	于2004年9月17日取得国家质量监督检验检疫总局颁发的"原产地标记注册证"，证号：0000268	√						

续表

序号	地理标志农产品名称	所在地市（区、县）	产品独特品质和特性	形成的年代历史	独特的文化背景	生产经营者数量（个）	工商注册、质检认证情况	普查后拟登记保护的年度计划						备注
								2008年	2009年	2010年	2011年	2012年	2012年后	
21	栾川白土无核柿	栾川县	品质好、无核	上千年之前		4	于2004年5月26日取得国家质量监督检验检疫总局颁发的"原产地标记注册证"，证号：0000239	√						
22	栾川山茱萸	栾川县	药用价值高，品质好，肉厚，具有滋补、健胃、补肝肾、补益气血等功效	上千年之前		20			√					

续表

序号	地理标志农产品名称	所在地（区、市、县）	产品独特品质和特性	形成的年代历史	独特的文化背景	生产经营者数量（个）	工商注册、质检认证情况	普查后拟登记保护的年度计划						备注
								2008年	2009年	2010年	2011年	2012年	2012年后	
23	铁门朝天椒	新安县		有十几年的历史		50	省级无公害产品		√					
24	五头大樱桃	新安县		有1000多年的历史		30			√					
25	黄河野生鱼类	新安县	伏天煨汁隔夜不馊	有3000多年的历史		2	有机食品		√					
26	宜阳九都大蒜	宜阳县		清朝	九朝古都	285	无公害农产品		√					
27	宜阳黑玉米	宜阳县	抗癌	清朝		35	省质检局	√						
28	宜阳黑小米	宜阳县	抗癌	清朝		35	省质检局	√						
29	宜阳黑花生	宜阳县	抗癌	清朝		35	省质检局	√						
30	宜阳黑小麦	宜阳县	抗癌	清朝		35	省质检局	√						

续表

序号	地理标志农产品名称	所在地市（区、县）	产品独特品质和特性	形成的年代历史	独特的文化背景	生产经营者数量（个）	工商注册、质检认证情况	普查后拟登记保护的年度计划						备注
								2008年	2009年	2010年	2011年	2012年	2012年后	
31	上戈苹果	洛宁县	可溶性固形物含量高，皮薄质脆味浓	有50多年的历史	上戈河洛金秋苹果节	9100	已注册商标，无公害农产品	√						
32	李应贤金珠果	洛宁县	营养价值高，风味独特，外观漂亮	有30多年的历史		2500	已注册商标		√					
33	陶王大杏	洛宁县	黄果透红，酸甜可口	有100多年的历史		3000	无公害农产品		√					

二、其他潜在的地理标志资源

笔者在此对部分潜在的地理标志资源（产品）加以介绍。

除了上述产品，洛阳其他的土特产品也远近闻名，主要有偃师的泡桐、新安的柿子、伊川小米、洛宁绿竹和猕猴桃，以及香菇、木耳、猴头菌、板栗、百合等产自洛阳山区的纯绿色食品。洛阳的特色旅游纪念品琳琅满目，古朴厚重的青铜器、中国四大名砚之一的澄泥砚、巧夺天工的牡丹石、牡丹瓷、梅花玉，剪纸、竹编、牡丹饼、牡丹系列化妆品，都是广大游客馈赠亲友的佳品，都有可能申报成为地理标志产品。

（1）陆浑银鱼。1992 年 12 月，洛阳市生产科技人员从江苏省太湖水域引进银鱼卵 200 万粒投放陆浑水库，1994 年捕捞产量达到 40 余吨；从 1999 年开始，为了减少封闭水体"近亲"繁殖造成种质资源退化的现象，每年从银鱼原产地购买银鱼卵 1 亿粒投放水库。2003 年 10 月，陆浑水库被上级有关部门认证为无公害水产品生产基地，2004 年银鱼产量达到 200 吨以上，近年来产量稳步提高。陆浑银鱼以"体大丰满，肉嫩色鲜，营养全面，不含污染"深受国内外客商青睐，银鱼出口日本、韩国、新加坡及欧盟等国家和地区，属嵩县陆浑水库标志性产品。

（2）嵩县大鲵。大鲵，俗称娃娃鱼，属两栖纲有尾目类，国家水生二级保护动物，主要分布在嵩县车村镇、白河乡、木植街乡的高山峡谷溪流中，对水质、山体植被、气候等条件要求严格。20 世纪 90 年代，资源丰富，时常在山间被发现；由于大鲵肉鲜味美，价格高，被偷捕严重，近年来数量大减，很少见到。洛阳市水产移民管理局拟在木植街乡建立大鲵繁殖基地，对大鲵资源给予保护。2016 年，伊水大鲵获得农产品地理标志。

（3）五彩红薯。洛龙区古城乡梁屯村的农民种有这样的红薯。在古城乡的田地里，不同的地块刨出的红薯色彩各不相同，共有黑、紫、黄、红、白5 种颜色。据洛阳市农科院红薯育种及推广课题主持人说，五彩红薯呈生理碱性，其胡萝卜素和维生素 A、维生素 B、维生素 C、维生素 E 以及钾、铁、硒等元素的含量较普通红薯高很多；上海交通大学生物工程有限公司曾派人前来考察，有意对五彩红薯进行深加工，以创造更高的市场价值。

（4）孟津大米。位于洛阳市东北部的会盟镇，总面积128.8平方千米，辖20个行政村，总人口5.6万人，是镶嵌在黄河岸边的一颗璀璨明珠。会盟镇因北临黄河，良好的区位优势给了会盟镇发展现代农业得天独厚的优势条件，在10万亩（1亩≈0.07公顷）肥沃的黄河滩涂上，以万亩孟津梨、万亩会盟稻米、万亩莲藕、万亩黄河鲤鱼等为代表的特色农业产业化基地争奇斗艳。孟津梨、会盟大米、会盟莲藕、黄河大鲤鱼等会盟农特产品在洛阳及周边地区有较大市场和良好声誉。会盟镇形成了洛阳市最大的大米生产示范区，所产大米颗粒饱满、色泽透亮、味道香甜，深受消费者青睐，为该镇赢得了"河洛江南""鱼米之乡"的美誉。2014年该镇水稻种植面积1.52万亩，亩产量达700公斤，年产优质稻米900万公斤，是历年来产量最高的一年。银滩休闲农业观光园借助水稻收割之机，举行了"2014会盟新米节"，吸引了众多市民前来体验、观光。[16]在会盟镇李庄村北边，种植有万亩水稻田。据当地人介绍，孟津的大米曾经是贡米，过去孟津大米曾因晶莹玉碎，被封为贡米。据传，这种贡米的米粒掉到地上会碎，使得孟津大米远近闻名。[17]

图2-1　洛阳市孟津县会盟镇黄河南岸的水稻

会盟镇具有悠久厚重的历史文化。会盟镇北临黄河，南依邙山，是龙马负图之处、伏羲画卦之所，是八百诸侯会盟、伯夷叔齐扣马谏等历史重大事件发生地。一代名相狄仁杰、清书法家王铎等历史名人都曾生活或出生于此。会盟台、白云观、梁周寺、伯夷叔齐扣马谏、李密饮酒台、龙马负图庄等历史文化古迹分布全镇。[18]

（5）佃庄大米。产自洛阳市伊滨区佃庄镇附近，大米晶莹圆润，米油多，松软筋道口感好，可谓家喻户晓。佃庄大米兴盛于20世纪70年代，洛河老河道附近4000多亩都是水稻，种植水稻的主要有3个村子：东石桥村、西石桥村、佃庄村。当时，村民们经常骑着自行车到市区卖大米。为什么佃庄的大米好吃？西石桥村一位村民说，洛河河道原来经过这儿。隋唐时期，李密为了建造洛阳大粮仓才将洛河改道，河水不再经过佃庄，反而"裸露"出一块土壤适宜的土地供村民耕种。"土壤条件好，当时家家户户种水稻。"可惜的是近年来，佃庄镇的水稻已绝迹，让人遗憾。佃庄大米之所以衰败是因为地下水位下降，抽水成本上升，导致村民改种玉米。据洛阳市农业局数据，目前洛阳市大米的种植面积大约有3万亩，其中孟津县占一半以上，伊川、宜阳等地也有种植。"这些地方种植水稻有区域优势，可以直接引黄河或者伊河的水。"此外，洛阳市粮食种植面积900多万亩，水稻所占的比例微乎其微，而且目前市场上，洛阳市民吃的米大多是东北大米，洛阳大米可以"忽略不计"。"大米不是洛阳发展的重点，一个区域要发展，最重要的是'适合'两个字，没有了区位优势，强力发展反而不好，市场竞争也不一定是坏事，可以让各地居民选择到更好的产品。"洛阳市农业局相关工作人员表示。[19]

三、失去保护的昔日的原产地产品

2005年以前，洛阳市曾拥有国家质检总局公布的6个原产地域产品或原产地标记产品，即洛阳唐三彩、洛阳牡丹、栾川白土无核柿子及其制品、汝阳杜康系列白酒、伊川杜康酒、伏牛山连翘及其制品，这6个产品现在都不是地理标志产品。它们完全是洛阳市最知名的优秀特产，也应该继续保持地理标志产品这一荣誉。

第三章　嵩县柴胡

第一节　嵩县柴胡的保护范围、生长特性、生产概况及自然环境

一、嵩县柴胡的地理位置和自然环境

嵩县位于河南省洛阳市西南部，地处伏牛山北麓及其支脉外方山和熊耳山之间，境内深山区占95%，浅山丘陵占4.5%，平川占0.5%，素有"九山半岭半分川"之称；伊河、汝河、白河三大河流，分别汇入黄河、淮河、长江，一县跨三域，全国罕见。嵩县因处于嵩山起脉而得名，汉代置县，至今已有2200多年历史。县域跨东经111°24′~112°22′，北纬33°35′~34°21′，海拔245~2211.6米，常年降水量600毫米。

嵩县位于我国南北地理分界线。属于中纬度半湿润易旱气候类型区，地跨暖温带向亚热带过渡地带，白云山、龙池曼以北地区为暖温带气候，年降雨量为500~800毫米，年平均气温为14℃，夏季多为东风和东南风，冬季多为西风、西北风，最大风力6~8级。白云山、龙池曼以南地区为亚热带气候，年降雨量为800~1200毫米，年平均气温为16℃。嵩县四季分明，光照充足，雨量适中，时空分布不均。年降雨多集中在7月、8月、9月。年平均蒸发量1598毫米，出现干旱年份的频率为50%。因受季风环流、地形、森林植被等因素影响，全年降水春季占20.5%，夏季占50.8%，秋季占23.9%，冬季占4.8%。嵩县山区小气候表现非常明显，[20]非常适宜中药材生

产，药材资源十分丰富。据有关部门在嵩县进行药材资源普查表明，全县中药材种类达 1310 种，进入市场的就有 364 种，是全国闻名的"天然药库"，①尤以山茱萸、连翘、皂角刺、柴胡，猪苓、花椒、杜仲、桔梗、金银花等最为丰富，嵩县九店乡是全国皂角刺的主产地和集散地。其中嵩县柴胡以其质地纯正、药效良好而享誉中药界，素有"嵩胡"之称，2004 年被国家质检总局批准为原产地保护品种；目前，嵩县境内有民生华美生物医药产业园、洛阳顺势药业公司、九店中药饮片加工厂等中药材生产企业。

近年来，嵩县先后获得全国生态建设示范区、河南省十大中药材基地县、国际旅游名县、中国旅游强县等殊荣。未来，该县将重点引进生物医药、现代中药、生物科技等高新科技项目，建设以柴胡、皂角刺、血参、板蓝根、生地、山茱萸等为主的中草药标准化种植基地及加工项目。[21]

二、嵩县柴胡的保护范围

河南省洛阳市嵩县盛产柴胡，历史悠久，因嵩县各地均产柴胡，柴胡属嵩县一大特产，故又称为"嵩胡"，具有良好的解热镇痛和消炎作用。嵩县所产柴胡根粗气浓，有效成分"总皂苷"含量高于其他产地同类产品。从元、明开始，全国各地药商纷至沓来，收购嵩县柴胡，有些出口，使其在国际上享有一定盛誉。② 2004 年 12 月，经国家质量监督检验检疫总局审核通过，决定对嵩县柴胡实施原产地域保护（国家质量监督检验检疫总局公告 2004 年第 184 号）。嵩县柴胡原产地域范围以河南省嵩县人民政府《关于界定嵩县柴胡原产地域产品保护范围的函》（嵩政文〔2003〕96 号）提出的地域范围为准，为河南省嵩县闫庄乡、大坪乡、饭坡乡、德亭乡、白河乡、纸房乡、何村乡、九店乡、木植街乡、黄庄乡、库区乡、大章乡、车村镇、田湖镇、旧县镇、城关镇等 16 个乡（镇）所辖行政区域。[22]嵩县柴胡主要分布在车村镇和木植街乡，田湖、纸坊等乡镇也有零星种植。

---

① 河南省质量技术监督局官网. 河南嵩县多措并举促进地理标志保护产品发展. ［EB/OL］.［2015 – 06 – 09］. http：//www. haqi. gov. cn/viewCmsCac/fdae9f5d23da350b0123fa3447d900c5.

② 产地网. 孟津葡萄［EB/OL］.［2015 – 12 – 2］. http：//www. chandi. cn/features/c/172. html.

图3-1 嵩县柴胡植株　　　　　　　图3-2 柴胡的根茎
（左边为本地品种，右边为引进的日本品种）

图3-3 嵩县柴胡的叶

三、嵩县柴胡的生长特性

柴胡属多年生草本植物，喜温暖湿润气候，怕涝，适宜土层深厚、肥沃的沙质壤土种植（选择适宜地块尤为关键）。科技部门选择利用退耕还林的土地，采用林药间作、农作物套种等种植模式，选择规划种植地块，在全县10个乡镇30个行政村选择出适宜柴胡种植地块作为柴胡种植示范基地，保证了大面积种植的土地资源。

嵩县柴胡耐寒耐旱，适宜在600～800米海拔高度浅山区较干燥的山坡、林缘、林中隙地、草丛及沟旁生长，比较理想的土壤为壤土、沙质壤土或腐殖土。为开发利用当地药材资源，1980 年嵩县将野生柴胡列入科研项目，对其特性、育苗、播种、管理、采收、加工进行了一系列研究。至 1983 年试种成功起，先后获河南省科技成果三等奖、洛阳市科技成果一等奖。

第二节 嵩县柴胡的保护和综合开发

目前，嵩县柴胡种植已成为当地农业发展的重要产业，并且成为山区致富的一条主要途径，为县域经济发展做出了重大贡献。嵩县县委、县政府为了加快当地脱贫致富步伐，把发展、培育、壮大中药材产业作为县域经济发展的一项重要工作，每年在政策、资金、人力、物力等方面都制定了一些优惠措施，具体如下：①

（1）首先成立了以农业局、质量技术监督局、科技局、洛阳顺势药业为成员的中药材管理办公室，主要负责对嵩胡标准化的实施、质量的检测、原产地域标志的发放与使用、销售等。全县 16 个乡镇，由各乡镇的一把手亲自抓，并且由科技副乡长配合，政府每年与他们签订工作责任目标，年终进行考核，考核结果作为干部任用的依据。

（2）基本上形成了以洛阳顺势药业有限公司为龙头企业的"公司＋基地＋农户"产业化模式，由洛阳顺势药业有限公司与农民签订种植回收合同，并且制定不低于市场价的保护政策，全面解除药农的后顾之忧，切实提高药农的种植积极性。

（3）由县科技局、洛阳顺势药业有限公司负责定期组织培训，把具有一定种植经验的药农在中药材种植前组织起来，由河南中医学院、河南农大教授到田间地头讲解田间管理、病虫害防治基本知识，提高药农的科学种植水平。

（4）由县农业局、扶贫办工作人员每年到基层考察后，制订统一的药材

---

① 河南中药材网. 嵩县柴胡种植基地简介. ［2009－3－12］. http://www.hazyc.com/www/Corp/ShowArticle.asp？ArticleID=5778.

种植计划，并且实行干部包户制度。

为保证柴胡基地生产的药材质量，嵩县政府聘请洛阳环境检测站对嵩县主要柴胡产区伊河、汝河、淮河等流域的环境空气、土壤环境和水资源质量进行了监测评价。经检测，嵩县柴胡产区的大气环境指标均达国家一级标准；土壤符合国家二级标准值，并且主要指标均达到 GB15628 – 1995《国家土壤环境质量标准》的一级标准要求。嵩县柴胡的种植基地位于伊河、汝河、淮河的源头地区，无任何污染；嵩县柴胡种植区内主要的两条地面流水指标均达到农田灌溉水质标准（GB5084 – 92）。

近年来，嵩县质监局大力实施质量兴县战略，服务地方产业发展。该局把嵩县柴胡种植基地建设当作重点工作，周密筹划，严格实施，保证了嵩胡的健康发展。为了保证柴胡产量和质量，该县质监局组织人员制订了《嵩县柴胡质量技术规范》《嵩县柴胡栽培技术规范》，并按照制定的标准要求，全面推广 GAP（Good Agricultural Practice for Chinese Crude Drugs，中药材生产规范）种植技术，制订嵩县柴胡田间管理制度及施肥、浇水等具体操作规程。在该县质监局的建议下，组建了嵩县柴胡协会，成立了柴胡农业合作组织，实施柴胡标准化生产；邀请该县科技局科技人员，按照柴胡种植技术标准进行了科学的选育发芽试验，通过对比试验，筛选出了优质柴胡种子；选派中药材协会种植能手定期对柴胡种植示范户进行免费技术培训，培训内容涉及柴胡种植技术规范、田间管理和病虫害防治等。

嵩县质监局坚持把尽职履职与调整农业产业结构相结合，进一步壮大中药材特色产业，不断促进农民增收和县域经济发展。先后帮助洛阳顺势药业与河南中医学院、陕西科技大学、河南科技大学等 12 所大专院校、科研院所合作，组建了省、市级柴胡种植及制剂工程技术研究中心，并申报了博士后研发基地。与农民签订种植回收合同，并且制定不低于市场价的保护政策，对基地所产药材全部回收加工，实现基地药材生产、加工、销售一条龙，全面解除药农的后顾之忧，切实提高药农的种植积极性。形成"公司 + 基地 + 农户"的产业化模式，相继开发出柴胡口服液、清热解毒口服液、乳安胶囊等中药新产品 18 个，获国家专利 57 项，年加工中药材 2100 多吨，带动全县102 个贫困村 35000 户群众脱贫，每年户均增收 1500 元以上。

当地的中药企业积极参与种植基地建设。洛阳顺势药业有限公司是嵩县当地最大的中药材加工企业，该企业生产的"柴胡口服液"是以当地柴胡基地所产嵩县柴胡为原料，制成的纯中药制剂，为国家中药保护品种。洛阳顺势药业有限公司采用"公司＋基地＋农户"的模式与药材种植户签订种植回收合同，对基地所产药材全部回收加工，实现基地药材生产、加工、销售一条龙，拉长了产业链，并且在全国20余个省市设立了自己的办事处。在当地，有经济意识的农民已把中药材的销售点设在禹州、亳州等药材市场，为嵩县中药材的销售提供了有利的条件。由于洛阳顺势药业有限公司在农业产业化方面取得了一定成绩，获得"国家级扶贫龙头企业""国家守合同重信用企业""国家财政部参股经营企业""河南省农业产业化重点龙头企业""洛阳农业产业化重点企业"称号，为县域经济的发展做出了积极的贡献。

中药材产业在当地的经济效益、社会效益及发展前景。1981~1984年，全县种植柴胡3000亩，1985年全县种植柴胡已达10000亩。20世纪90年代以来，嵩县政府以洛阳顺势药业为依托，借助地域优势和得天独厚的自然条件，大力发展柴胡种植，目前已成为河南省最大的柴胡种植生产基地县，种植面积近10万亩，为发展嵩县经济、农业产业化结构调整、增加群众收入开辟了新的途径。

近年来，柴胡引起国际医学界高度重视，出口量及国内需求量日益增大，导致其价格不断攀升。柴胡由2008年的7~8月份的每公斤15元上升到2009的每公斤30元，2015年收购价上升到每公斤最低74.4元。[23]目前，广州、上海等地的客商用现金方式直接从产地收购，极大地调动了当地农民种植柴胡的积极性，当地有市场经验的药农抓住有利时机，积极扩大柴胡、丹参、山楂、桔梗的种植面积。目前，中药材种植已成为促进当地农业发展的主要产业，并且成为山区致富的一条主要途径，为县域经济发展做出了极大的贡献。

嵩县柴胡种植面积曾经达到10万亩，是全国唯一的野生变家种基地。通过实施嵩县柴胡原产地域产品保护，推进了中药材种植的进一步发展，促进了县域经济的发展，实现了农业结构调整，加快了农业产业化进程。2006年嵩县收获柴胡药材4000吨，为农民创造经济收入6000余万元，每亩收入达1200余元。

2011年，嵩县柴胡种植面积约3.6万亩。"目前全县柴胡基本不愁销路。"嵩县新农办有关负责人介绍，该县每年柴胡产量近 20 万公斤，其中本地龙头加工企业洛阳顺势药业可消化 1/3 左右，其余产量通过本地经纪人收购销往外地，多数进入中药材交易市场。按照目前每公斤 70 元价格收购，药农种植 1 亩柴胡利润为 2000 多元。不过，嵩县柴胡种植也面临一些问题：一是品种退化严重。一些早年培育的品种经过多年留种繁殖，出现退化、老化现象。还有些药农通过各种渠道购买种子，造成柴胡品质不一、品种杂乱。二是种植管理水平较低。药农种植柴胡的经验、技术差别较大，种植效果参差不齐。目前，嵩县 1/3 柴胡种植面积为基地或大户种植，对栽培和质量技术规范执行较好。而大部分散户种植管理较粗放，选种和种植技术不够规范，导致柴胡播种后出苗率低，有的地块出苗率只有 50% 左右，从而影响收购等级与价格，药农收益减少。柴胡种植存在的问题是由于目前的农村专业合作社规模小、影响力不大，产业协会作用没有完全发挥，生产加工企业带动作用不够显著，以及种植规模化、生产集约化程度有限等原因造成的。[24]

目前，嵩县境内有民生华美生物医药产业园、洛阳顺势药业公司、九店中药饮片加工厂等中药材生产企业。嵩县使用"嵩县柴胡"专用标志的是"洛阳市顺势药业有限公司"，该企业主要使用从柴胡中提取的有效成分"总皂苷"，生产"柴胡口服液"，用于治疗风热感冒发烧。2014 年洛阳顺势药业有限公司共收购嵩县柴胡 15 余吨，价值 60 余万元，生产的"柴胡口服液"，市场价值为 100 万元。[25]

第四章 孟津葡萄

第一节 孟津葡萄的品质特点、 保护范围及产地环境

一、孟津葡萄的品质特点、保护范围

孟津葡萄，是河南省孟津县特产。孟津县常袋镇是孟津葡萄的主产区，该镇位于孟津西南部，境内多是丘陵地，温差大，日照足，非常适合红提葡萄种植。所产红提葡萄品质优异，以个大色艳、味甜汁多、富含多种维生素、极富营养价值而深受市场欢迎。2011年常袋乡撤乡建镇。2011年农业部发布了〔2011〕第1635号公告，批准孟津县常袋乡红提葡萄专业合作社申请的孟津葡萄为中国农产品地理标志保护产品，保护范围是洛阳市孟津县常袋乡、麻屯镇、小浪底镇、朝阳镇等4个乡镇，地理坐标为东经112°12′00″～112°49′00″，北纬34°43′00″～34°57′00″。[26]

图4－1 孟津红提

图4－2 孟津葡萄

图 4 - 3　孟津县常袋镇半坡村的葡萄园

二、孟津葡萄的产地环境和气候

　　孟津县位于河南省西部偏北，居黄河中下游交界处，属洛阳市辖县，境内主要河流有黄河、金水河及瀍河等。小浪底水利枢纽工程也在孟津县，能够人为有效地控制其流量。该县还有位于黄河下游的西霞院水利工程，建成后对黄河流量的人为控制将提高到更高程度。充足的水源为该县葡萄种植业提供了良好的灌溉条件。

　　孟津地处豫西丘陵地区，沟壑纵横，地势北高南低，属亚热带和温带的过渡地带，季风环流影响明显，春季多风常干旱，夏季炎热雨充沛，秋高气爽日照长，冬季寒冷雨雪稀。平均气温为 13.7℃，1 月最冷，平均为 -0.5℃；7 月最热，平均为 26.2℃。年平均降水量为 650.2 毫米。全县地形复杂，光、热、水等资源差异明显。全年平均日照时数为 2270.1 小时，6 月份日照时数最长，为 247.6 小时；2 月份日照时数最短，为 147.5 小时。全年平均日照率为 51%；在作物生长的 4 ~ 10 月份，日较差 5 月份最大，为 12.7℃；8 月份最小，为 8.6℃。积温平均为 5046.4℃，无霜期平均为 235 天。地理、气候条件非常适合红提葡萄种植。[27]

第二节　孟津葡萄的综合开发

一、常袋镇大力发展葡萄种植业的概况

常袋镇是孟津葡萄的主产区，涉及半坡、武家湾、小崔沟3个村。该镇位于孟津县西南部，北依黄河小浪底旅游风景区，南临古都洛阳市。地处丘陵，土壤瘠薄，分为黄壤土、红黏土加燎礓及黑卤土3种类型。其中黄壤土约占总土地面积的40%，红黏土约占50%。孟津葡萄，主要栽种品种为红提，红提葡萄作为一种高端水果，深受市场欢迎。[28]常袋镇于1999年引种美国红提葡萄300亩，2002年进入盛果期，亩产红提1000公斤，市价16元/公斤。鉴于经济效益明显，镇党委、镇政府采取项目带动、政策引导、资金扶持、技术服务等措施，扩大种植规模，加快基地建设，引进了洛阳绮梦、绿康等十多家农字号龙头企业进区发展，种植红提、青提、黑提、玫瑰香、红宝石等20多个品种，使园区红提种植面积达到3500亩。常袋红提葡萄园区已成功申报了河南省旅游局"百村万户旅游富民工程"。

2009年，常袋镇政府组织成立了17家会员参加的红提协会，成功注册了"洛红"红提商标，对产品实行统一包装、统一定价、统一销售，使常袋红提发展成为孟津县和洛阳市有影响的特色农业品牌，成为洛阳市第一个农业产业化发展的商标品牌，常袋先后被评为"全国农业旅游示范点""河南省无公害产品产地"。2010年，受国家标准化管理委员会的委托，河南省质监局组织有关专家对孟津县常袋千亩红提葡萄国家农业标准化示范区项目进行了验收。该示范区以优异的成绩顺利通过验收。[29]常袋镇的农民在相关部门政策、资金和信息的扶持下，发展红提葡萄等特色高效农业种植，种植大户有300多家。

二、洛阳常袋红提采摘节

常袋红提葡萄园按照标准化生产规模，严格生产管理，先后被评为"河

南省无公害生产基地""河南省科普示范基地""中国农业旅游示范点",成为河洛文化亮点之一。随着3000多亩红提葡萄逐渐进入盛果期,观光优势越来越明显。2006年9月,孟津县委、县政府开始在常袋红提园区举办以"品常袋红提、享田园风光"为主题的"洛阳常袋红提采摘节",让广大市民走进园区,一边自己动手摘葡萄,一边欣赏田园风光,还可以吃农家饭,住农家院,既为市民休闲娱乐提供了好去处,又为农民增收添了新办法。至2015年,洛阳常袋红提采摘节已成功举办九届,成为洛阳的一个知名农业田园旅游品牌,每年都接待游客数万人。采摘节将果农送货上门推销变为吸引游客进园自主采购,解决果农卖难问题,并且每公斤价格增加2.5元左右,年增加收入100余万元。此外,采摘节还为附近县市游客提供了一个享受自然风光、体验收获成果、放松心情的新选择、新去处,带动了农家乐项目的发展,年增加就业岗位200个。[30]该镇还开发了红提葡萄酒,延长了产业链条,年增加就业岗位1500个,实现了从传统农业向现代农业、观光农业的转变。洛阳常袋红提采摘节宣传了常袋,塑造了常袋良好的对外形象,红提园已成为常袋对外宣传的窗口和名片;红提采摘节通过多年的培养,已成功融入洛阳大旅游,成为洛阳河洛文化节的重要内容和组成部分。

第五章　孟津西瓜

第一节　孟津西瓜的保护范围、产地环境及品质特点

一、孟津西瓜的保护范围

孟津西瓜是河南省洛阳市孟津县的特色产品。2010 年，经农业部公告，孟津西瓜被列为中国农产品地理标志保护产品。[31]孟津西瓜的地域保护范围为河南省洛阳市孟津县会盟镇、平乐镇、送庄镇、白鹤镇、朝阳镇、城关镇、麻屯镇、横水镇、小浪底镇、常袋乡。地理坐标为东经 112°12′～112°49′，北纬 34°43′～34°57′。[32]

二、孟津西瓜的产地环境和代表品种

孟津县送庄镇是孟津西瓜的核心产区。该镇地处邙山岭上，土质好、水好，早在唐朝贞观之治时期，村民种植的西瓜就因品质好被赐为贡品，每年向朝廷进贡，当作御品食用。改革开放后，尤其是 20 世纪七八十年代，送庄村种植的无籽西瓜远近闻名，至今还有人打着送庄西瓜的旗号在叫卖别处产的瓜。现在所产的袖珍西瓜更以皮薄、沙瓤、含糖量高而远近闻名。为提高西瓜的营养成分，从西瓜坐果到采摘的一个多月里，瓜农还要为西瓜瓜秧多次喷洒优质羊奶，羊奶不仅能够提高西瓜品质，还具有杀菌作用，羊奶袖珍西瓜便是由此而得名。

送庄镇送庄村特殊的地理环境下所种出的袖珍西瓜品质上乘。送庄地处洛阳之北15千米的邙山岭上，享有充足的光照。200米以下的深层矿泉水，富含钾、锌、铁等微量元素，20米深厚的"皇土"层存有天然的有机质。现在送庄村的瓜农采取保护地栽培技术，也就是冬暖式日光温室大棚。底肥采用农家有机肥，追施香油饼肥和草木灰。该村依托地处丘陵、远离城市污染、昼夜温差大、红土层肥厚、微量元素丰富等优势，引导群众利用现代生态农业手段，运用大棚地膜双覆盖、200米深井水滴灌、瓜秧爬架悬空生长、人工授粉等技术，高标准发展120多个袖珍西瓜大棚，面积达350亩。以"送庄村"蔬菜瓜果种植专业合作社为主的精品袖珍西瓜种植已成为该村脱贫致富的"明星"产业。[33]因其在生长过程中没有采用任何嫁接技术、没有喷施农药、没有施化肥等，长出的西瓜小巧玲珑、皮薄肉厚、甘甜可口，具有产量高、糖分大、瓜型适中等优点，携带方便，一上市就受到消费者的欢迎，被专家们誉为"原生瓜"，并通过了省级无公害有机食品认证，袖珍西瓜享誉省内外。中央电视台《发现之旅》栏目组曾为送庄村羊奶袖珍瓜做过专题报道。

如今，羊奶袖珍西瓜除供应本地市场外，还销往北京、上海、山东、山西和河北等地，瓜熟季节从省内外来此的买瓜者络绎不绝，供不应求。由于袖珍西瓜在每年的4月份就已经成熟，上市早，深受消费者喜爱，各地购瓜者不仅自己食用，还把它当作礼品送人，故有"礼品西瓜"之称。

三、孟津西瓜的品质特点

好肥、好水、好地、好阳光。30多年的种植经验，独特的地理气候，传统加现代的科学管理造就了送庄村羊奶袖珍瓜甘甜、绵润、爽口、沙瓤的特有品质。孟津西瓜的品质特征分为外在感官特征和内在品质指标。其外在感官特征是皮薄瓤沙、含糖量高、口感绵润、入口即化、携带方便、成熟期较早。果皮颜色有黄色、绿色以及各种颜色的花皮，瓜瓤有鲜红、红色、粉色、鲜黄、橙黄、米黄等色，果实形状分为圆形和椭圆形。其内在品质指标包括独特的风味描述和可量化的理化指标。孟津西瓜肉质细嫩多汁，一般单果重1.5公斤左右，果皮厚度0.4厘米，果实中心含糖12.5%，临近果皮部位含糖量9%。果实脆甜，口感极佳，清爽解渴，是一种富有营养、纯净、食用安全的食品。[34]

西瓜的营养价值：西瓜含有93%的水分，所含热量较低，是消夏解渴的佳品；西瓜除不含脂肪和胆固醇以外，几乎含所有人体所需的各种营养成分，如葡萄糖、果糖、蔗糖、膳食纤维，以及钙、磷、谷氨酸、瓜氨酸等，尤其是维生素 A 的含量较高。

第二节 孟津西瓜的标准化种植

孟津县袖珍型西瓜从选种、育苗、催芽、栽植，到种植环境温度、湿度控制，再到浇水、施肥、病虫害防治的时间等，都有一系列标准，按照这个标准，才能种植出来皮薄0.3～0.5厘米、含糖量12%～14%的小西瓜。通过标准化种植出来的小西瓜，不仅好吃，而且能卖大价钱。普通西瓜1元1公斤，小西瓜卖15～28元1公斤。此外，小西瓜采用立体式种植，一个温室大棚约有一亩地大小，如果精心管理，每棚产量可达二三千公斤，要比普通露地西瓜亩产增加近10倍。[35]

2012年，孟津县袖珍型西瓜立体栽培标准化示范区申报成功。截至2015年底，标准化种植带动了全县30余个大户、600余个小户种植小西瓜，该县小西瓜种植面积约3700亩，亩产量约3500公斤，亩产值约为4.7万元，年总产值超过1亿元。其中送庄镇袖珍西瓜种植面积达到了1500多亩，年产量达375万公斤，被农业部认定为绿色食品生产基地。这些荣誉也为送庄的瓜农带来了福音。[36]

图5-1　孟津县送庄村标准化示范区内，立体式种植的羊奶西瓜

图5-2　孟津县送庄村塑料大棚内即将采摘上市的羊奶西瓜——金瓜

图5-3　孟津县送庄村的西瓜种植大棚

第三节　孟津西瓜的文化内涵

一、送庄村及送庄西瓜

送庄百姓种植西瓜由来已久。传说隋唐时期，盛夏烈日炎炎，秦王率军征讨郑王，在北邙一隅与敌军鏖战三天三夜，秦王李世民及将士酷热难耐，

此时当地瓜农献上自家地里产的西瓜，秦王尝后龙颜大悦，啧啧称赞："此瓜皮薄酥甜，乃瓜中之精品！"后李世民班师回朝，因当地百姓送驾有功，赐名送庄村。秦王当年品尝的西瓜也作为贡品岁岁进奉，送庄西瓜一时间被世人称赞。[37]

20 世纪 80 年代，该镇朱寨村农民朱忠厚在自家田里培育出了无籽西瓜，送庄无籽西瓜也曾甜遍了大半个中国。

二、送庄镇西瓜节

2014 年 4 月，孟津县送庄镇在送庄村果蔬基地举办了第一届送庄镇西瓜节。开幕式上，当地西瓜种植大户都会代表送庄镇瓜农宣誓，保证标准化生产、安全种植，同时展出由百名瓜农签字的安全种植横幅，以实际行动保证食品安全。西瓜节期间，该镇还开展了吃西瓜比赛、西瓜交流会、瓜王评比、西瓜品质大比拼等一系列以西瓜为主题的趣味活动，[38]突出本土乡村旅游、乡村农产品推荐元素，真正把"西瓜节"举办成为瓜农的致富节、市民的旅游节。

第六章　孟津梨

第一节　孟津梨的生长环境、品质特征、保护范围及分类

一、孟津梨的生长环境

孟津梨是洛阳市孟津县的特产。孟津梨主产于孟津县会盟镇及周边地区，古时曾为贡梨。这里地处黄河冲积滩区，土深肥沃，光照充足，排灌方便，气候和土质适宜梨树生长。在国家优势农产品区域划分中，孟津县是全国优质梨最佳适生区。

孟津县的地理环境。孟津县位于河南省西部偏北，居黄河中下游交界处。全县跨东经 112°12′~112°49′，北纬 34°43′~34°57′。东西长 55.5 千米，南北宽 26.9 千米，面积 758.7 平方千米。孟津地形西高东低，中部高，南北低，形如鱼脊，东部南北两侧为洛河黄河阶地，较为平坦。西部山区最高海拔 481 米，东部黄河滩地最低海拔 120 米，全县平均海拔 262 米。孟津属黄河水系，主要河流有黄河、金水河及瀍河等。黄河为孟津县的最大河流，黄河自新安县从西进境，向东流入巩义市，蜿蜒县境北部，经黄鹿山、小浪底、王良、白鹤、会盟 5 个乡镇，流程约 59 千米，宽 17 千米，总面积约 568 平方千米，占全县总面积的 74.8%。县境中西部为邙山覆盖，属于黄土高原的一部分。邙山南接洛阳盆地，北至黄河谷地。邙山为黄土地貌类型，丘陵起伏，呈丘岗形态。冲沟发育，北侧沟谷为南北向与黄河谷地连通，南侧沟谷

为西北、东南向，通向洛河谷地，沟谷一般深40～60米，多呈"U"形。金水河经麻屯镇入洛阳涧河，县境内长6.5千米，流域面积62.7平方千米。瀍河、横水、图河为季节性河流，这些年流量或减少，或干涸。

老城、平乐、送庄、白鹤、朝阳等5个乡内的地形、地貌、土壤、温度和降水量都完全符合梨树适生区的要求。特别是大于10℃的积温高出适生要求，其稳定通过10℃积温的平均日期是3月31日和4月1日，较其他地区早，这里的实际温差高于适生要求2.5℃，这一重要因素，使孟津梨能够早熟品优。4月下旬，孟津有一相对多雨阶段，旬雨量为28.6毫米，这对梨树生发新梢、幼果膨大极为有利。加之中州、黄河两渠的水利条件，完全能够满足梨树生长的要求。土壤的构成及养分完全满足梨树的生长条件。孟津属上中等梨的高产优质地区。

图6-1　孟津县黄河南岸的千亩梨园（会盟镇铁炉村）

图6-2　铁炉村的孟津梨种植史展区

图6-3　孟津梨

图6-4　铁炉村山顶上的梨园

二、孟津梨的品质特征及食药价值

梨鲜甜可口、香脆多汁,含有丰富的维生素A、维生素B、维生素C、维生素D和维生素E。和苹果一样,它还含有能使人体细胞和组织保持健康状态的抗氧化剂,可以帮助人体净化器官、储存钙质,同时还能软化血管,能促使血液将更多的钙质送到骨骼。梨还可以净化肾脏,清洁肠道。对于甲状腺肿大的患者，梨所富含的碘有一定的疗效。吃梨还对肠炎、便秘、厌食、消化不良、贫血、尿道红肿、尿道结石、痛风、缺乏维生素 A 引起的疾病有一定疗效。

孟津梨以其皮薄质细、汁多渣少、酸甜适度、清脆可口、早熟耐贮而久负盛名，广受赞誉。也有人因其质优味甜，芳香怡神，将其称为"芳梨"。又因它味甜汁多，形圆色红，被称为"洛阳金橘"。孟津梨富含糖及多种维生素，对人体健康有重要作用。孟津梨还有医用价值，可助消化、润肺清心、消痰止咳、退热、解毒疮等，还有利尿、润便的作用。

孟津梨的品质指标包括内在品质指标和外在感官特征。就其内在品质指标而言，孟津梨品质佳、酸甜适度，汁多渣少，形色美观，含可溶性固形物12.3%，还原糖9.7%，维生素C7.2%。[39]

孟津梨的外在感官特征。由于孟津梨品种繁多，故其果形、口味、色泽、个头、成熟期、耐贮性各异。

三、孟津梨的保护范围及分类

2010 年 4 月农业部将孟津县翠绿孟津梨专业合作社申请的孟津梨列为中国农产品地理标志保护产品，公告文号是〔2010〕第 1366 号，登记证书编号：AGI2010 - 03 - 00265。孟津梨地域保护范围为河南省孟津县境内会盟镇、乐平镇、送庄镇、白鹤镇、朝阳镇、城关镇、麻屯镇、横水镇、小浪底镇、常袋乡等 10 个乡镇。地理坐标为东经 112°12′ ~ 112°49′，北纬 34°43′ ~ 34°57′。[40]

据清嘉庆二十一年（1816 年）的《孟津县志》记载，当时栽培较多的品种有夏梨、伏梨、平梨、雪梨、五香梨、秋落白、马蹄黄等 7 个品种，现在已增至 30 多个品种。笔者在此对天生伏梨、早酥、酥梨、新高梨做简单介绍。

天生伏梨：就是传说中的贡梨，为孟津梨的主栽品种和当家品种，果实中大，平均单果重 200 克，最大可达 300 克。外观呈短葫芦形，皮黄绿色，果点小，外观不周正。果肉鲜美细腻，入嘴就化，汁多，味甜，渣少，石细胞少，质地细脆，落地即酥，所以又叫"雪花脆"，也叫"落花酥"，被誉为

"洛阳金橘"，孟津县因之称为"中国伏梨之乡"。

早酥：果实大，平均单果重 200~250 克，倒圆形，果顶突出，果皮黄绿色，常有纵向棱状突出。果肉细白，质脆多汁，味甜爽口，品质上乘。耐贮藏，8 月初成熟。

酥梨：果个大，平均单果重 270 克，近圆柱形，果顶平。果皮金黄色，果点稍大，果肉白色，肉多，味甜，酥脆爽口。8 月底成熟，耐贮运。

新高梨：果实大，平均单果重 300 克以上，最大可达 500 克。果实近圆形，果皮黄褐色，经套袋后可转变为浅黄褐色，十分美观。果肉细，质地脆，细胞少，含糖高，香甜可口，风味极佳。果实在 9 月底成熟，耐贮运，为市场热销品种。

第二节　孟津梨的种植历史和综合开发

一、中华人民共和国成立前孟津梨的种植概况

孟津梨的发展历史几经起伏。清末至民国初年，孟津梨的生产规模很大。在老城东部的下古、双槐、铁炉、小集、台荫、东良、花园、扣西、扣马等 9 个村，梨园面积 3000 余亩，有梨树 52000 多棵。每年三四月间，千树梨花，洁莹如雪，势若云海，蔚为壮观。金秋八月，果满枝头，金光闪烁，香溢村巷。民国后期，战乱连年，黄河堤岸失修，川区种稻，梨树面积减少。1949 年，全县梨树不足万株，占地数百亩，年产梨仅 32 万公斤。

二、孟津梨在中华人民共和国成立后到 20 世纪 80 年代的生产概况

1949 年后，随着林业生产的发展，孟津梨的生产有所恢复，出现产销两旺。1950~1959 年，除 1958 年遭虫害减产外，孟津梨年产量保持在 50 万~100 万公斤。当时，除供销社组织购销外，汉口、长沙等地的客商也来收购。1960 年后，新栽梨树进入盛果期，梨业生产出现繁荣局面。1963 年，收购

66 万公斤，比 1956 年上升 5.6%。1966 年，收购 109.5 万公斤，比 1963 年上升 65.9%，外贸出口占年收购量的 70%。

"文化大革命"中梨树遭到砍伐，生产受到影响，收购量下降。1974 年收购 27 万公斤，1975 年收购 34 万公斤。1976 年收购 44 万公斤，较 1963 年下降 33.4%。1977 年，仅收购 6.1 万公斤，优势受挫。1979 年后，随着生产责任制的全面实施，梨树实行承包，平均分树到人，但因承包期限偏短，承包者重收益，轻管理，有的毁树种田，使梨园面积逐年减少。[41]孟津县原有梨树面积 3000 多亩，1982 年为 1347 亩，1983 年为 1119 亩，1984 年为 830 亩，1985 年仅存 692 亩。大部分梨园树萎枝枯，病虫害严重，濒临绝种，孟津梨的优势，再次受挫。①1984 年亩产梨 5530 公斤，每亩收益 2000 元以上。

图 6-5　不同品种的孟津梨（一）　　　图 6-6　不同品种的孟津梨（二）

三、孟津梨在 21 世纪的大发展

进入 20 世纪 90 年代后，孟津县把恢复和发展孟津梨作为一项富县富民的重要林果产业，建立了万亩优质梨生产基地，1995 年和日本农林水产交流协会在会盟镇建立了中日友好梨树示范园。会盟镇把"孟津梨"作为主导特色产业来抓，2013 年，该镇政府尝试通过梨花传媒，唱响"孟津梨"品牌，做大做强"孟津梨"产业，把三月的"十里梨花香雪海"作为一种资源进行利用，吸引八方宾朋前来观花休闲，形成了集农业开发、旅游观光于一体的"梨花经济"。至 2018 年，会盟镇已连续成功举办六届梨

---

① 产地网. 孟津梨 [EB/OL]. [2015-12-02]. http：//www.chandi.cn/features/c/172.html。

花节,"会盟梨花节"不仅成为洛阳都市生态农业的一个品牌,也给"孟津梨"打开市场做了鲜活的广告。[42]如今,以铁炉村、吕村、双槐村等村为中心,全镇梨树种植品种已达 30 余个,面积 10000 余亩,年产 4000 万公斤,产值 9000 余万元。产品除满足本地需求外,还远销北京、西安、上海、广州等大中城市,被誉为"洛阳金橘"和"中国金橘",深受各地消费者欢迎。近年来,该镇依托产业资源优势,大力实施品牌化战略,孟津梨成功申报了国家地理标志商标、国家地理标志农产品和无公害农产品,实现了孟津梨品位和身价的持续提升,同时,在特色农业、生态旅游和服务商贸业融合发展方面不断进行积极探索,前瞻性地引入"互联网+"战略发展思路,并在具体发展中和河南本易信息工程有限公司开展"互联网+"的战略合作,在洛阳市乡镇层面率先迈出了电子商务信息化建设的坚实步伐。据悉,在孟津梨采摘节期间,该镇还开展摄影作品展、"梨园秋歌"戏迷擂台赛、游客梨园采摘体验和孟津梨梨王评选活动等一系列活动,丰富节会内容。[43]

第三节 孟津梨的文化内涵

孟津梨已有 2000 多年的种植历史,能与其媲美者甚少。传说孟津梨由晋皇宫芳林苑传出,曾为历代皇家贡品,远销东南亚诸国。南北朝时期北魏人贾思勰在《齐民要术》中记载:"洛阳北邙有张公夏梨,甚甘,海内唯有一树。"明朝末年,因给皇后治愈咽疾,而年年进贡皇宫,成为贡梨,止咳平喘效果显著。清代《孟津县志》记为名产。

一、贡梨得赏银千两

孟津曾流传一个"贡梨得赏银千两"的故事。相传明末时期某年夏天,孟津老城铁炉村有一姓徐的梨农,载梨两船,运销外地。因世乱民贫,购者甚少,加之酷暑盛夏,热气蒸腾,梨子大量烂掉,卖梨者心焦如焚。此时,皇太后病重,很想吃梨,百官奉旨四处寻找,他们费尽周折,才找到了这位卖梨人。经过翻拣，选出一个好梨，太后用后，很快病愈。皇帝欣喜，重赏卖梨者。此后，孟津梨年年进贡，供皇家食用，被誉为"贡梨"。

二、三子分家的故事

读过晋朝潘岳《金谷集》"灵囿繁石榴，茂林列芳梨"的诗句吗？芳梨，就是如今的孟津梨。这种梨与别的梨不大相同，皮青肉细，滋味甘美，咬一口香醇沁脾，唇齿留芳，所以古称芳梨。为什么如今叫孟津梨？这里有个传说。

芳梨原生在皇帝的芳林园之内，只有皇上和他的亲眷们才能享用。洛阳乃兵家必争之地，朝朝代代战乱不息，宫苑遭焚，名园废弃，芳梨树也屡次遭劫，渐渐绝种了。

孟津有个果农孟老汉。他平生酷爱芳梨树，也是种梨的行家，看到名园被毁，芳梨无存，常常为此长吁短叹。这一天，他路过芳林园，突然发现废墟上长出了3棵不高的梨树苗，于是小心翼翼地把它们移回家中，细心培植。功夫不负有心人，仅几年的工夫，由最初的3棵幼苗变成了有50余株梨树规模的果园。由于终日劳累，加上年老体衰，老汉患了重病，茶饭难进，便把3个儿子叫到跟前说："我辛勤一生，总算积累下一点家产。我快不行了，把财产分成3份交给你们。一是500两银子，二是50石粮食，三是50棵梨树。这3样东西，你们兄弟三人各挑一样吧。"

老大比猴还精，抢先开口："爹，500两银子我要吧！"

老二比鬼还机灵，也急忙接了腔："爹，我就要那50石粮食吧！"

老三是个实诚人，他说："爹，两个哥哥的话正合我意，我就是要那50棵梨树哩！"

孟老汉点点头，一蹬腿去了，3个儿子就这样分了家。老大、老二认为自己在分家时占了便宜，心里十分得意，自恃家底雄厚，又没有老人管束，乐得清闲自在，天天啃老本，什么活也不干。老三夫妻则和往常一样，每天在梨园施肥、浇水、耕耘、除草，辛勤地劳动着。

这天，老大和媳妇吃饱喝足，到城里游逛，路过梨园时，见三弟和弟媳正在给梨树施粪肥，忙捂起鼻子紧催毛驴快跑，还讥笑说："三弟妹呀，咱爹说过，梨树是摇钱树，赶快摇吧，一摇银子就下来了！"老三和媳妇自得其乐，笑着答道："梨树会结金银的，不信咱们走着瞧吧！"

常言道："创业犹如针挑土，败业好似浪淘沙。"过了两三年，孟家三兄弟家里都发生了大变化。孟老大银子花光了，房地产业也卖了，只好住进了破庙里，靠偷鸡摸狗混日子。孟老二夫妇是懒汉对懒婆，手不提四两，肩不挑半斤，把分得的粮食连吃带糟蹋，折腾得一干二净，仍不愿干活，便拿起打狗棍要饭吃。老三和媳妇力没白出，汗没白流，梨树长得枝繁叶茂。春天一片翠绿，秋天硕果累累。金黄色的大梨，咬一口酥脆，吃起来蜜甜。收获时，老三和媳妇把梨一个个从树上摘下来，然后装进筐，运到城里，换回银子和粮食，一家人吃用不尽。后来，老三夫妇又将梨园逐步扩大，形成了千余棵树的梨林，收成一年比一年好。老三富而不吝，不忍心看着哥嫂沿街乞讨，就把他们接回家来，劝他们参加劳动。哥嫂们又愧又恨，都表示要好好干活。老三说："梨树是摇钱树，咱们要永远种好它。"

从此，芳梨就在孟津扎下了根。人们都叫它孟津梨。

第七章　孟津黄河鲤鱼

第一节　孟津黄河鲤鱼的产地环境及其品质特征

一、黄河鲤鱼简介

鲤鱼，是我国淡水鱼中的"佼佼者"，其中又以黄河鲤鱼为最佳。黄河鲤属鲤形目、鲤科、鲤亚科，胸部较长，脊有厚肉，内脏少，骨骼小，口部尖，脑骨扁平。鲤鱼之得名，据说因"鳞有十字纹理，故为鲤"。（《本草纲目》）自古以来，鲤鱼就有"诸鱼之长""鲤为鱼王""圣子"等美称。鲤鱼鲜嫩肥美，营养丰富。《食疗本草》称："将鲤鱼煮汤食，最有补益而利水。"《枣林杂俎》称："黄河之鲤，肥美甲天下。"与其他几种鲤鱼相比，其肌肉中具有较高的蛋白质含量（17.6%）和较低的脂肪含量（5.0%），含有丰富的人体所必需的 8 种氨基酸和 4 种鲜味氨基酸，还含有 3 种人体所必需的微量元素铁、铜、锌及大量元素钙、镁、磷等。自古以来即为民间各种宴席所不可缺少的佳肴。

黄河鲤鱼同淞江鲈鱼、兴凯湖鱼、松花江鲑鱼被共誉为我国四大名鱼。黄河鲤，自古就有"岂其食鱼，必河之鲤""洛鲤伊鲂，贵如牛羊"之说，向为食之上品。黄河鲤还以其肉质细嫩鲜美，金鳞赤尾、体型梭长的优美形态，驰名中外，是我国的宝贵鱼类资源。河南黄河鲤鱼以肉嫩鲜美、营养丰富，与宁夏黄河鲤、陕西黄河鲤、山东黄河鲤、山西天桥黄河鲤并列为黄河干流的"五大名鲤"[44]。所以在沿黄地区到处都有烹烧鲤鱼的餐馆。孟津地处黄河南岸，历史悠久，烹烧鲤鱼而形成独特的地方风味，是很自然的。[45]

图7-1　黄河鲤鱼（一）

图7-2　黄河鲤鱼（二）

图7-3　黄河鲤鱼（三）

图7-4　黄河鲤鱼（四）

二、孟津黄河鲤鱼的品质特征

孟津黄河鲤鱼是河南省洛阳市孟津县的特产。世人对其评价为：体态丰满，肚皮鲜白，肉质肥厚，细嫩鲜美，无泥腥味，营养丰富，滋补健身，为宴席佳肴。

2014年，孟津县会盟农业协会申报的"孟津黄河鲤鱼"被国家工商总局商标局认定为地理标志证明商标，注册号是13348610。

三、孟津黄河鲤鱼的产地环境

黄河是我国第二大河流，全长5464千米，流域面积75.24万平方千米，素有"铜头、铁尾、豆腐腰"之称，穿越河南境内的692千米，主要位于"豆腐腰"上。孟津以东河道开始放宽，两岸堤距一般10千米左右，最宽处可达20千米。河床宽而浅，含沙量少，透明度高，水中富含鱼类生长所需的各种营养盐类。孟津有59千米黄河河岸线，境内黄河干流上有小浪底、西霞院两座水利枢纽，水域盛产鲤鱼、鲶鱼等各种鱼类。该流域气候温和，年日照时间和鱼类生长期长，黄河滩生长着大量的野生杂草可作为鱼类饲料，这些都是发展渔业生产的优越条件，也是历史上盛产优质黄河鲤的主要原因。

第二节　孟津黄河鲤鱼的产业开发

一、孟津建设了万亩无公害黄河鲤鱼养殖基地

孟津黄河鲤鱼资源开发利用始于 20 世纪 80 年代，孟津县委、县政府提出建设"万亩黄河鲤鱼商品鱼基地"，并把它作为振兴孟津经济的"金钥匙"来抓。2008 年，全县万亩黄河鲤鱼养殖基地通过无公害水产品产地认证，2010 年孟津黄河鲤鱼通过无公害水产品认证，2012 年，申报了"孟津黄河鲤鱼"地理标志商标，并于 2014 年 6 月被国家工商总局商标局认定为地理标志证明商标。2013 年底，全县繁育纯种黄河鲤鱼鱼苗 1 亿尾，推广面积 4500 亩，年产量 15750 吨，实现经济效益 1260 万元。孟津黄河鲤鱼资源的开发、利用和地理标志的申报成功，对保护野生黄河鲤鱼种质资源、恢复黄河鲤鱼种群数量，促进全县渔业增收、渔民增效具有重要意义。[46]

近年来，孟津县会盟镇政府充分利用黄河滩区的独特地域优势发展水产养殖业，通过技术指导和优化养殖结构突出了黄河水产品种特色，大力发展黄河鲤鱼高效生态养殖技术，并通过了无公害水产品产地认证，加快了黄河鲤鱼产业的发展。孟津县人民政府制定的"2014 年孟津县十大福民实事"中，第四项为"富民增收工程"，其中县渔业办为责任单位，"加大水产品养殖技术推广，培育水产养殖示范户 200 户，新发展黄河鲤鱼养殖面积 3000 亩、抗病草鱼养殖面积 1000 亩、稻田泥鳅养殖面积 500 亩"[47]。2015 年，这里的黄河鲤鱼养殖水面已超过万亩，年产值达 1 亿元，成了远近闻名的万亩无公害黄河鲤鱼养殖基地。[48]

二、品孟津鲤鱼，赏"流鱼"奇观

吃黄河大鲤鱼最好在黄河边上，或者等到黄河"流鱼"时。"流鱼"原本是黄河上的一种自然现象，自然"流鱼"形成时，由于河水中含沙量相对较少，所以鱼也比较少。三门峡大坝和小浪底大坝投入使用后，每年都要调水调沙，使黄河"流鱼"成为人工制造出来的奇观，比自然形成的"流鱼"更加集中和壮观。

每年农历六月初六前后，黄河进入主汛期，位于洛阳上游不远的三门峡水库都要提前开闸放水。泥沙大，水流急，河水中供氧不足，导致鱼儿翻出水面，顺流而下，形成"流鱼"奇观。河南省孟津县长达30多千米的黄河河面上，要出现一个小时的"流鱼图"，浪花裹着密密麻麻的鱼儿顺河而下。这一壮观景象，吸引了大批沿黄群众观看和捕捞。"流鱼"多是鲜活的黄河鲤鱼，偶尔也有甲鱼出现。"流鱼"或仰面或侧身在水面上密密麻麻地漂浮一层，大小不一，大的估计能有二三十公斤。鱼跃波闪，场面壮观，沿河观看和捞鱼的群众成群结队，兴致勃勃。据估计，这一天沿黄群众打捞上来的鱼可能超过1万公斤。[49]

图7-5　游客在黄河岸边的鱼塘里撒网捕鱼

如今，黄河野生全鱼宴成为独具孟津特色的著名餐饮美食。赏尽美景的游客可前往银滩农业休闲观光园、小浪底承大山庄、小浪底镇寺院坡、白鹤镇大河古渡文化园参加孟津独特的"流鱼美食节"，品尝黄河野生鱼。2015

年 6 月 28 日，孟津县在白鹤镇大河古渡文化园还举行了中国·孟津首届黄河野生全鱼宴烹饪大赛。[50]

第三节　黄河鲤鱼的发展历史①

一、20 世纪 50 年代至 70 年代黄河鲤鱼的发展困境

20 世纪 50 年代以来，由于人类活动因素的影响，诸如水质污染、滥捕、毒鱼、炸鱼、隔离天然繁殖场地以及黄河断流，天然水域生态平衡遭到严重破坏，黄河鲤鱼的资源量急剧下降，引起了国家、省、市有关部门的高度重视。20 世纪 50 年代，在三门峡、灵宝、洛阳、巩义、郑州及开封等地均有专业捕捞队在黄河里捕鱼，月捕鱼量 600 ~ 1150 公斤/船，其中黄河鲤可占总重量的 45% ~ 50%，黄河河南段每年能捕捞黄河鲤 15 万公斤；而到 1981 ~ 1982 年，同样的作业方法在同一季节的月捕获量不超过 125 公斤/船，且渔船数量大大减少，特别是黄河鲤鱼的产量下降更为严重，年捕捞量还不足 1 万公斤，年龄与个体均减小；如今已很少能见到捕鱼的船只了，可见鱼类资源已明显衰退。特别是 20 世纪 70 年代末至 80 年代初，在全国一片鲤鱼引种杂交热的直接影响下，经黄河的不同支干流水域，混进了多种杂交鲤，使得河道内黄河鲤种质资源遭到了更为严重的破坏，出现多种鲤鱼混杂现象，黄河鲤鱼品质下降。主要表现为体色不一，鳞被杂乱，体型改变等性状变异。

二、黄河鲤鱼国家水产种质资源保护概况

20 世纪 80 年代，河南省水产科学研究所等单位在承担国家水产总局、省科委、省"七五"科技攻关、国家"八五"重点科技攻关、农业部"九

---

① 黄河鲤_百度百科 [EB/OL]．[2015-12-11]．http：//baike.baidu.com/link？url=SmBJ3Yzpg V1ZT6Sp6ooies4lvvad0-FQOsEpdfZ0KBiulD9MKGSDUdGe5Rj4sadVMDltyS-q-Ycmbh9MHb8Wmq。

五"重点科技攻关项目的支持下进行了系统选育,选育出的黄河鲤表现出了良好的经济性状,体型接近于原河道鲤,从而使其优良性状趋于稳定,生长速度得到了较大提高,使已混杂的黄河鲤种质资源得以初步保护和恢复。

多年来,河南省十分重视对黄河鱼类,特别是黄河鲤种质资源的保护,依据《中华人民共和国渔业法》对辖区内黄河渔业资源实施了有效的监督管理。大力宣传《中华人民共和国渔业法》,使广大渔民自觉合理利用当地的渔业资源,不竭泽而渔,保持黄河鱼类资源的永续利用。渔政部门为在河道内作业的渔户全部办理了捕捞许可证,清理违法渔具,并对违法捕鱼的渔户依法进行了处理。2000年以来,在黄河郑州段黄河鲤产卵场划定了禁渔期和禁渔区,在黄河鲤繁殖季节实施保护。《中国水生生物资源养护行动纲要》颁布以来,郑州市水产管理局把以黄河鲤为主的黄河鱼类资源保护工作列入重要议事日程。

2007年12月12日,农业部第947号公告公布了我国第一批40处国家级水产种质资源保护区名单,黄河郑州段黄河鲤鱼国家级水产种质资源保护区名列其中,编号是4101。[51]这意味着黄河鲤鱼这个具有重要经济价值、文化价值和遗传育种价值的名贵品种,获得了国家项目的支持和保护。黄河郑州段黄河鲤鱼国家水产种质资源保护区主要保护对象为黄河鲤鱼,保护区设立两个核心区(花园口核心区和伊洛河核心区)。建设保护区,不仅能够涵养水源、净化水质,而且能够保护黄河鲤鱼种质,保护生物多样性,促进黄河水产种质资源保护和生态改善,逐步恢复日益枯竭的黄河鲤和其他经济鱼类种质资源,对遏制黄河水域生态荒漠化趋势,促进我国水产业可持续发展具有重要意义。

"黄河金生态鲤鱼"是河南省农科院水产所培育的提纯种苗,选择无污染、矿物质丰富的黄河沙滤地下水大面积放养,水体和饵料都采用了高科技的生物净化和发酵技术,严格执行国家无公害水产品标准。产出的成品鱼,肉质筋道、口味鲜美,既有野生黄河鲤鱼体型修长、金鳞赤尾的外观特征,也接近野生鱼的营养和口味,特别是高科技生物技术的运用,革命性地彻底去除了鲤鱼的土腥味,活鱼清蒸的味道比原种野生鱼更佳,大大丰富和提高了黄河鲤鱼菜品的样式和品质。在2012年郑州举办的首届黄河鲤鱼大赛中,黄河金生态鲤鱼获得金奖。[52]

第四节　孟津黄河鲤鱼的人文底蕴

黄河大鲤鱼自古就有"岂其食鱼，必河之鲤"之说。孟津黄河鲤鱼具有极高的文化价值，是我国宝贵的鱼类资源，是中原文化不可缺少的组成部分。

一、话说古今黄河鲤鱼

早在春秋战国时，鲤鱼就被当作贵重的馈赠礼品。据《史记·孔子世家》载，孔子得子，鲁昭公送鲤鱼作为贺礼。因此，孔子为其子取名曰孔鲤。汉代也有不少诗文提到鲤鱼，如"就我求珍肴，金盘脍鲤鱼"，就是把鲤鱼作为佳肴来称颂。[53]

到了唐代，鲤鱼的身价倍增，高到了不准食用买卖的地步。因为"鲤"与"李"谐音，所以鲤鱼也就随着李唐王朝飞黄腾达了一个朝代。山东孔府历史上也有不吃鲤鱼的禁忌，因为孔府第二代祖先名鲤。不过他的后代因为想吃鲤鱼，便将其起了个特殊的名——"怀抱鲤"（此菜如今可在济南"孔膳堂"中吃到），或者干脆将鲤鱼改名为"红鱼"[54]。

鲤鱼跳龙门的传说，几乎是家喻户晓。白居易等古代诗人都曾为其写诗作赋，称其为"龙鱼"[55]。

二、鲤鱼跳龙门的故事

很早很早以前，龙门还未凿开，伊水流到这里被龙门山挡住了，就在山南积聚了一个大湖。居住在黄河里的鲤鱼听说龙门风光好，都想去观光。它们从河南孟津的黄河出发，通过洛河，又顺伊河来到龙门水溅口的地方，但龙门山上无水路，上不去，它们只好聚在龙门的北山脚下。"我有个主意，咱们跳过这龙门山怎样？"一条美丽的大红鲤鱼对大家说，"那么高，怎么跳啊？""跳不好会摔死的！"伙伴们七嘴八舌拿不定主意。大红鲤鱼便自告奋勇地说："我先跳，试一试。"只见它从半里外就使出全身力量，像离弦的箭，纵身一跃，一下子跳到半天云里，带动着空中的云和雨往前走。一团天火从身后追来，烧掉了它的尾巴。它忍着疼痛，继续朝前飞跃，终于越过龙门山，落到山南的湖水中。山北的鲤鱼们见大红鲤鱼尾巴被天火烧掉，一个个被吓得缩在一块，不敢再去冒这个险了。这时，忽见天上降下一条巨龙说："不要怕，我是你们的伙伴大红鲤鱼，因为我跳过了龙门，就变成了龙，你们也要勇敢地跳呀！"鲤鱼们听了这些话，受到鼓舞，开始一个个挨着跳龙门山。可是除了个别的跳过去化为龙以外，大多数都过不去。凡是跳不过去神仙道，从空中摔下来的，额头上就落了一个黑疤。直到今天，这个黑疤还长在黄河鲤鱼的额头上呢，成为鲤鱼跳龙门时留下的印记。后来，唐朝大诗人李白，专门为这件事写了一首诗："黄河三尺鲤，本在孟津居。点额不成龙，归来伴凡鱼。"[56]这恐怕是孟津黄河鲤鱼最好的广告词。

第八章　宜阳韭菜

第一节　宜阳韭菜的植物学特征及保护范围

一、宜阳韭菜的植物学特征

韭菜原产于我国，栽培历史悠久，在《诗经》中有"献羔祭韭"的诗句，由此可以证明韭菜在我国已有 3000 年以上的栽培历史。韭菜又叫起阳草、草钟乳、长生草、扁菜等，属百合科多年生草本植物，以种子和叶等入药，性温，具有健胃、提神、止汗、固涩、补肾补阳等功效，有素菜中的荤菜之称。在中医里，有人把韭菜称为"洗肠草"。韭菜入药的历史可以追溯到春秋战国时期。[57]

宜阳韭菜是河南省洛阳市宜阳县的特色产品。宜阳县是韭菜原产地之一，县城南部的锦屏山上，野生韭菜随处可见，味道辛辣清香。宜阳韭菜颜色碧绿纯正，根粗叶壮，观感优美，肉厚质肥，鲜嫩味美，营养丰富，功能特别，享誉古今，有"养生药膳"的美誉，乃韭菜中独具特色之精品。

二、宜阳韭菜的保护范围

2010 年 3 月经农业部公告，宜阳县万家果蔬种植专业合作社申请的"宜阳韭菜"被列为中国农产品地理标志保护产品，公告文号是〔2010〕第 2 号，登记证书编号：AGI2010 - 03 - 00352。保护范围是宜阳县辖区内柳泉

镇、韩城镇、三乡乡、莲庄乡、张坞乡、上官乡等6个乡镇所属各村，地理
坐标为东经 111°45′~112°26′，北纬 34°16′~34°42′。

第二节　宜阳韭菜的食用价值和药用价值

一、宜阳韭菜的食用价值

春寒还料峭，春韭入菜来。春天气候冷暖不一，建议人们多吃一些春韭，
以祛阴散寒。而且，春季人体肝气偏旺，影响脾胃消化吸收功能，多吃春韭
可增强脾胃之气，有益肝功能。韭菜对于男女老少皆宜，食时可用韭菜（韭
黄）做主料，也可做配料，或做水饺、春卷的馅料。体质虚寒、皮肤粗糙、
便秘、痔疮及肠道癌症患者宜多食，每次50克。适宜夜盲症、眼干燥症患者
食用，因为韭菜中含有大量的维生素 A。

二、宜阳韭菜的药用价值

在医学界，韭菜被称为"洗肠草"，它可预防习惯性便秘和肠癌，其所
含的粗纤维可促进肠蠕动，帮助人体消化。宜阳韭菜不仅有丰富的营养价值，
同时还有一定的药用效果。韭菜中的硫化物具有降血脂的作用，适用于治疗
心脑血管病和高血压。韭菜根味辛，性温，有温中开胃、行气活血、补肾助
阳、散瘀解毒的功效。由于韭菜种子味辛、咸，性温，入肝、肾经，所以它
能补肝肾，暖腰膝，壮阳固精。全韭可补肾益胃，充肺气，散瘀行滞，安五
脏，行气血，止汗固涩，干呃逆。

第三节　宜阳韭菜的规模化种植和品质指标

一、宜阳韭菜的规模化种植

2010 年 7 月 22 日，《河南日报》、河南省绿色食品办公室和河南省无公害农产品认证委员会办公室主办的河南省绿色食品网、中华人民共和国商务部主办的中国保护知识产权网、河南省电视台等媒体纷纷报道了宜阳韭菜获国家农产品地理标志认证的消息。2011 年，宜阳县鼓励和引导群众，采取出租、转让、转包、互换等多种方式流转土地 3.3 万亩，重点建设了万亩韭菜园[58]等 5 个万亩设施果蔬基地，加快推进新型农业现代化进程，促进了农业增效、农民增收。

二、宜阳韭菜的品质指标

宜阳韭菜的外在感官特征：宜阳韭菜品质分为一等品、二等品、三等品 3 个等级，每个等级按株长分为长（30 厘米以上）、中（20～30 厘米）、短（小于 20 厘米）3 个规格。一等品整齐度在 80% 以上，二等品整齐度在 70% 以上，三等品整齐度在 60% 以上。具有外观鲜嫩、无异味、无冻害、无病虫害、无机械伤、无腐烂等特点。

图 8-1　宜阳韭菜

图 8-2　塑料大棚种植的韭菜

宜阳韭菜的内在品质指标：宜阳韭菜不仅菜质柔嫩味香辛，而且含有丰富的营养物质，每 100 克可食用部分含蛋白质 2.0 克以上、粗脂肪 0.15 克以上、粗纤维 1.0 克以上，还有大量的维生素，如胡萝卜素、核黄素、维生素等。此外，韭菜含有挥发性的硫化丙烯，因此具有辛辣味，有促进食欲的作用。[59]

第九章　水沟庙大蒜

第一节　水沟庙大蒜的产地环境、品质特征及成分功效

一、水沟庙大蒜的产地环境

　　水沟庙大蒜是河南洛阳宜阳县的特产。大蒜属百合科，亦称香辛蔬菜，是重要的调味品。水沟庙大蒜的主产区在唐代诗人李贺故里三乡镇，该镇位于洛阳市宜阳县西部，距县城 39 千米，郑卢路东西贯穿全境，交通便利，境内有洛河、连昌河、杜阳河 3 条河流，土地肥沃，气候温和，最适宜大蒜生长。[60]全县常年种植大蒜 6000 亩左右，年产量 5000 多吨。水沟庙大蒜不仅在豫西驰名，而且远销新加坡、马来西亚、日本、中国香港、中国澳门和中东等国家和地区。

二、水沟庙大蒜的成分功效

　　大蒜的蒜薹入菜，风味鲜美，其茎部蒜头是一种厨房不可或缺的调味品。大蒜的味道浓烈辛辣，而腌制的糖醋蒜头甜酸可口，广受欢迎。大蒜味道香辛，其特有的蒜精可以抑制肝脏中胆固醇的合成作用，有助于血管扩张，进而达到降低血胆固醇、松弛血管、降低血压的作用；蒜精还具有杀菌作用，它能同时有效地对付细菌、病毒、霉菌及原虫对人体产生的威胁。据中医理

论，蒜头性味辛温，入脾、胃、肺，其功用为行滞气、暖脾胃、消积解毒、杀虫，有"土里长出的青霉素"的美称。据说，古埃及人在建造金字塔时，民工们就是靠大蒜强身健体的。明代药学家李时珍在《本草纲目》中也对大蒜的防病治病功效做了充分的肯定。

三、水沟庙大蒜的品质特征

水沟庙大蒜，历史悠久，久负盛名，素以蒜头大、色泽白、瓣大、皮薄、易剥皮、耐储藏、味辛辣、隔夜不变馊而闻名省内外。蒜汁味鲜，浓而不沉淀，是餐厅、酒店、家庭必备的绿色保健佳品。[61]

当地蒜农在大蒜专业合作社的统一指导下，前期使用有机肥料，减少化肥污染；后期科学管理，病虫害采取生物防治，产出的大蒜口味更鲜、更美。2008 年顺利通过省级无公害产地认证，认证号 WNCR – HA08 – 00177。2009 年通过中国质量技术监督局无公害产品认证，认证号 WGH – 09 – 08535。经省农产品质量安全检测中心检测，接近绿色食品标准。

2014 年，经国家工商总局商标局认定，宜阳县大蒜种植协会申请的"水沟庙大蒜"荣获中国国家地理标志证明商标，注册号是 13942530。

图 9 – 1　宜阳县水沟庙大蒜

（左边 2 个为外地大蒜，右边 3 个为宜阳水沟庙大蒜）

第二节　水沟庙大蒜的种植历史和市场起伏

一、水沟庙大蒜的种植历史

宜阳种蒜历史悠久，汉武帝时期，张骞出使西域时，大蒜已引入该地，到了明朝，宜阳大蒜已颇具盛名。农民起义军领袖李自成路过三乡镇水沟庙村时，就非常欣赏这里的大蒜，并亲自下地和农民一起种蒜，至今被传为美谈。近年来随着市场经济的发展，宜阳县根据市场需求，不断改进栽培技术，选用新的优良品种，使该地大蒜种植面积迅速扩大，质量进一步得到提高，宜阳大蒜种植面积扩大到 1 万亩，年产量上升到 2 万～3 万吨，成为当地农民致富的支柱产业之一。[62]

位于三乡镇东部的南村是该镇大蒜种植面积最大的行政村，全村 1800 多口人，耕地面积 2000 亩。南村的大蒜种植历史可上溯到东汉时期。南村以前属水沟庙村，中华人民共和国成立后，水沟庙村撤分为东阳、上沟、南村 3 个行政村。虽然南村人种植大蒜由来已久，但真正靠种植大蒜让生活面貌开始发生变化还要从 1988 年说起。那年，村里从山东引进了产量较高的红皮蒜，推广覆膜种植。从白蒜到红蒜，亩产量翻了一番。一些村民由于扩大了种植面积，加之当年的市场较好，赚了个盆满钵满。其他村民受到启发，也加入了扩种的队伍。从此，南村的大蒜种植面积不断扩大，产量逐步提高。

20 世纪 90 年代初，南村的大蒜外销量达到高峰，有数千吨的大蒜被出口到日本、欧洲等地。2003 年 7 月，当时的三乡被河南省无公害农产品产地认定委员会认定为"无公害大蒜生产基地"。也是在那年，"九都大蒜"商标被正式注册，南村的大蒜种植和销售开始走向规范化和市场化。2007 年，南村的大蒜开始包装销售，年销量达 1 万盒，包装后的大蒜价格比包装前的价格翻了一番。

如今，南村的大蒜全部进行了异地调种品种改良，推广了无公害种植技术，全部蒜地实施地膜覆盖，品质、产量有了更大提高。每逢大蒜收获季节，各地客商云集于此，南村大蒜远销河北、福建、新疆等地。南村人仅大蒜种植一项，每户年均纯收入在 5000 元左右，种植大户的最高年收入可达 6 万元。如今的南村，靠种蒜富裕起来的农民越来越多，村里的汽车已有 200 多辆。

目前，三乡镇年产蒜薹 6000 吨、蒜头 1.5 万吨，全镇大蒜常年种植面积稳定在 1 万亩。该镇还争取到国家农业种植开发项目专项资金 2300 多万元，这些资金将被用来进行大蒜种植产业化提升以及相关配套设施建设。

南村要抓住全镇建设河南省知名无公害大蒜基地的机遇，继续扩大大蒜种植面积，提高绿色无公害种植程度，尽快通过河南省"绿色产品"质量认证。南村党支部书记说："能让消费者觉得贵也要买，是我们的奋斗目标；能让'九都大蒜'这个品牌走向全国，走向世界，是南村人最大的梦想。"[63]

二、市价飘忽不定影响蒜农："姜"你军，"蒜"你狠

2006 年，三乡镇南村一村民种了 4 亩多蒜，赔得血本无归。2009 年，他只种了 1.8 亩大蒜，收获后留下 350 公斤大蒜做蒜种。刚出蒜时，他以每公斤 3.4 元的价格卖掉了 500 公斤湿蒜；进入 6 月，他又以每公斤 11 元的价格卖掉了其余干蒜。"跟往年相比，我认为这价格已经够高了，每亩大蒜能净挣 2000 多元，再等的话，万一蒜价跌了怎么办？"跟他有同样想法的蒜农大有人在。据了解，当时蒜农们除留一部分大蒜作为种子外，手中已无存蒜。

大蒜不能受太阳直射，又要通风防潮，气温一高还容易发芽，蒜农们不愿意储藏大量干蒜，多数经纪人也会尽快将手上的蒜卖出。据介绍，每个种蒜的村子都有几个大蒜经纪人，几乎所有村民手中的大蒜都通过经纪人卖出。经纪人存储蒜的量一般不会太大，都是一边收一边销，手里不会囤积太多。从出蒜开始，这些经纪人就敞开收购蒜农手中的大蒜，然后卖给各地客商，从每公斤几角钱到 1 元钱的差价中赚钱；蒜贩、卖场、酒店等来大批量买蒜时，经纪人会为其代收，挣取劳务费。

蒜价波动大，蒜农扩种热情低。三乡镇有 4 万多亩耕地，2006 年，该镇的大蒜种植面积达到 1.4 万亩以上，为历史最高。2007 年大蒜滞销价跌，该镇的大蒜

种植面积开始减少，2009 年全镇种植大蒜不足 4000 亩。2010 年 5 月出蒜的时候，湿蒜的价格涨到每公斤 3.4 元左右；6 月，干蒜的价格达到每公斤 10 元左右——这是 10 多年来从未出现过的高价，蒜农们喜出望外，纷纷将蒜出售。

大蒜的价格虽高，但变化也快。种一亩大蒜需要 1700 元的蒜种（约 170 公斤），100 元的地膜，50 元的机耕费，300 元的化肥，180 元的浇水费，再加上农药、生物化肥和人工各项，每亩蒜需要投入近 4000 元。按照亩产 1000 公斤湿蒜或 750 公斤干蒜计算，如果湿蒜价格低于每公斤 4 元或干蒜的价格低于每公斤 5.4 元，成本就收不回来。这两年，大蒜价格波动很大，不少蒜农怕担风险，不愿扩大种植面积。[64]

蒜农一般都把蒜直接卖给经纪人，每公斤大蒜的单价 2014 年收购价是 1.6 元左右，2015 年收购价是 2.4 元左右，2016 年收购价是 5.4 元左右。多年来，南村的大蒜主要在省道以南、洛河以北的土地种植，这里的土壤属于沙土，大蒜也不再用河水浇灌，而改用深井水浇灌；省道以北的耕地多为红色的黏土，也有少量种植，但比省道以南的大蒜质量优秀。传说中的李自成耕种过的那片土地早已成为农民的住房，穿过这片土地的河流也不复存在。自 20 世纪 80 年代以来，该地种植的都是从中牟引进的产量高的红蒜，80 年代之前世代种植的白蒜已经没有种子了，一些老村民还念念不忘那种白蒜的味道。

图 9-2　抽薹期的水沟庙大蒜

图9-3 现在的水沟庙桥头

第三节 水沟庙大蒜的文化底蕴

一、关于水沟庙大蒜的歇后语

由于当地人常在三乡镇水沟庙村里的一处桥头进行大蒜交易，所以"水沟庙桥头——蒜市儿（算事儿）"成为当地乃至周边地区流传已久、妇孺皆知的歇后语。

二、李自成与三乡大蒜[65]

在宜阳县三乡镇、韩城镇一带，流传着一个李自成与三乡大蒜的故事。

明朝末年，宜阳县三乡镇水沟庙的楼下村，住着一户姓李的人家。

有天夜里，这家的李老汉突然被自己的梦惊醒。他梦见自家门前蜷卧着一只猛虎。毕竟是做梦，李老汉并未在意。可是，当他又要入睡时，刚才的梦境再一次出现。李老汉睡不着了，他穿衣下床，要去看个究竟。

初秋夜深，已有几分寒意。李老汉打开大门，发现门楼下蜷卧着一个十多岁的男孩，正在呼呼大睡。趁着月光，李老汉发现男孩衣衫褴褛，蓬头垢面，原来是一个叫花子。

李老汉一生为人谦和，乐善好施，见小孩被冻得瑟瑟发抖，顿生怜悯之心，就唤醒小孩，把他带到家里，安顿住下来。

第二天白天，李老汉才发现穿了干净衣服的那个叫花子却生得天庭饱满，地阁方圆，满脸阳刚之气。当时正值种大蒜季节，那男孩在李家一连住了几天，天天帮着种大蒜。大蒜种完后，小男孩也恋恋不舍地离开了李家。

后来，人们逐渐发现，李家地里的大蒜长得个大、色白、辛辣，捣出的蒜泥隔夜也不会变味。人们纷纷都来买李家的大蒜做种子。李家大蒜，声名远播。久而久之，水沟庙的蒜也有了名气。李自成称帝后，派人前来感谢李老汉的救命之恩。人们这才恍然大悟：李老汉家神奇的大蒜，原来是李闯王种下的。

李闯王既是天上星宿，他种的蒜也自然与众不同。

三、李自成与昌谷大蒜的传说[66]

"昌谷大蒜"出产于九朝古都洛阳以西的宜阳县三乡镇，是唐代诗人李贺的故乡。

昌谷大蒜历史悠久，品质优良，隔夜不变味，闻名全国。传说李自成当年带兵路过三乡镇，在水沟庙楼下居住。一日，部队中午吃蒜捞面，炊事员刚把蒜汁捣好准备下面吃饭时，全体将士接到命令外出迎战，等到第二天中午才回来，吃蒜捞面时还用是昨天捣好的汁。将士们端起碗来，蒜香扑鼻而来，蒜味新鲜如初，全军将士饱吃一顿，个个跷起大拇指称赞昌谷大蒜味美。因此，李自成所在部队就把此事（昌谷大蒜隔夜不变味）传遍全国各地。

第十章　洛宁金珠果

第一节　洛宁金珠果的植物学特征和品质特征

一、洛宁金珠果的植物学特征

洛宁金珠果是河南省洛阳市洛宁县的地理标志产品。金珠果又称沙梨王，是一种罕见的红梨品系。因其色泽赤金，似腰鼓又似鹅卵石，似珍珠又似猕猴桃，故称金珠果。金珠果是我国高级农艺师李应贤在中国农科院著名果树专家指导下，利用豫西崤山森林 100 多种野生山果，历经 14 年反复嫁接试验，选优汰劣，培育而成的一种保健型红梨新品种，是一种美味高营养保健水果。1998年 11 月通过了由省科委组织的科技成果鉴定，1999 年获得河南省科技进步奖三等奖及河南省科技发明展览会金奖，2014 年经河南省林木品种审定委员会审定为金珠沙梨。金珠果集野山杏、野欧李、野樱桃等多种野果风味于一体。平均单果重 150～350 克，果形美观，香味独特，富含多种营养成分。据测定，其果肉中可溶性固形物含量高达 17.6%，比驰名世界的中国酥梨、香梨以及日本的"三水梨""水晶梨"还高 3%～6%，居众梨之首。

金珠果梨极耐贮藏和运输，采收后在 0℃～15℃条件下可贮藏 5 个月，保持质不变，果皮有较强的韧性，适合长途运输。

二、洛宁金珠果的品质特征

洛宁金珠果梨肉质酥脆细腻，汁液丰富，入口香酥酸甜，令人百食不厌，具有润肺止咳、降低血脂、健脑益智等保健功效，可谓是果中珍品，深受广大消费者的喜爱。[67]

金珠果的食用方法也很多，除了可以鲜食、熟食外，榨汁、熬汤也是不错的食用方法，另外还可以制作果茶。其方法是：取金珠果 300 克，水 1000克，加冰糖适量，煮沸 30 分钟，食果饮茶。

第二节　洛宁金珠果的保护范围及标准化种植

一、洛宁金珠果的保护范围

2013 年 9 月，农业部发布了〔2013〕第 1989 号公告，对洛宁县金珠果协会申请登记的洛宁金珠果实施农产品地理标志保护。保护范围是洛阳市洛宁县境内，辖 18 个乡镇，389 个行政村。地理坐标为东经 111°08′00″ ~ 111°49′00″，北纬 34°05′00″ ~ 34°38′00″。登记面积是 10 万亩，登记产量是 2万吨。[68]

图 10 - 1　生产基地在洛宁县马店镇关庙村李应贤金珠果果园的原生态环境

图 10 –2　洛宁县马店镇关庙村成熟的金珠果

二、洛宁金珠果的标准化种植及综合开发

金珠果在洛阳市的洛宁、嵩县、栾川等县种植较多，其中洛宁县种植面积达 3 万亩左右，年产量 1000 万公斤，产品品质较好，供不应求。

金珠果速生丰产，头年种植，翌年结果，打破"桃三杏四梨五年"的常规；该梨成熟晚，耐贮运，10 月中旬至 11 月上旬成熟。一般单果重 150 克左右，最大达 350 克以上，盛果期亩产 4000～5000 公斤，而且连年结果，可维持 50 年以上。我国除高寒区和亚热带地区外，全国大部分地区可推广栽植。近年来，金珠果市场售价为 3～4 元/公斤，供不应求，发展前景广阔。

位于豫西崤山山区的洛宁县遍布各种野生植物，过去长在深山无人知，现在通过科技的改造加工，成了身价倍增的药食兼用的绿色食品，也成了当地农民致富的"神器"。该县 2013 年承担了河南省科技惠民计划项目"高效药食兼用植物新品种示范推广"，重点推进金珠沙梨标准化栽培基地建设等 3 个项目，通过金珠果沙梨标准化栽培技术示范，在丘陵区发展金珠沙梨高效药食兼用植物种植，带动了农民增收和县域经济发展。

目前已有金珠沙梨标准化示范基地 650 余亩，指导乡村发展金珠沙梨 6000 余亩，以树莓、金珠沙梨、药用牡丹为原料开发的食品、饮品、化妆品新产品已达 11 个。在金珠沙梨标准化示范基地，由县林果办、应贤公司为龙头，全县广大种植户参与，对已建成的老果园全面改造，大面积推广修剪通光、果园种草、科学施肥、叶面喷肥（海绿素、氨基酸等）、配置授粉树、疏花疏果等综合配套管理技术，使金珠沙梨的产量和质量大幅度提高，亩产由 2000 公斤提高到 3000 公斤，优质果率由 70% 提高到 90%，糖度由 9.7% 提高到 11.5%，售价由 2.5 元/公斤增加到 4 元/公斤，亩增收 5000 元以上。3 年内共有 500 余户农民掌握了金珠沙梨果园综合管理新技术，改造果园 2000 余亩，户均增收 2 万元以上。2014 年，郑州万邦果品市场客商云集洛宁，提前一个月进入生产基地，日交易量达 50 余吨。以金珠沙梨为主要原料的农产品精深加工，年收购残次果 200 余吨，使农民增收 30 万元。

李应贤的生产基地在洛宁县马店镇关庙村，每年产量不超过 10 万公斤。关庙村三面环山，一面临水，独特的地理环境和仿野生种植，使得李应贤的金珠梨供不应求。应贤公司负责人介绍，他们目前正在探索果园机械化管理技术，采用宽行密植小冠栽培，可使金珠沙梨提早两年进入结果期，亩产鲜果 4000 公斤，市场售价每公斤 10 元，亩产值达 16000 元以上。[69]

近年来，洛宁县委、县政府大力发展经济林苗木栽植，全县果树面积达 23 万亩，崤山上的百亩荒山如今已变成了生态园，一片片诱人的果园中就种植有金珠果。[70] 该县立足比较优势，打造特色品牌，充分发挥烟、果、林、牧、粮五大特色优势，加快推行标准化生产，实施质量标准认证和有机、绿色、无公害认证，提升金珠果、上戈苹果等特色农产品的知名度和美誉度，努力培育特色农业品牌 10 个以上，争创一批"中国品牌""河南品牌"和国家级省级农业标准化示范区。

洛宁县金珠果特色农产品深加工项目由河南军创投资有限公司投资，位于马店镇上窑村，利用该县豫西兄弟食品有限公司专利技术生产加工金珠果饮料、果片、果酒及其他农副产品。全部工程完工并正常投入运营，年产值可达 1 亿元。[71]

第十一章 上戈苹果

第一节 上戈苹果的产地环境、品质特征及保护范围

一、上戈苹果的产地环境

上戈苹果是河南省洛阳市洛宁县的特产。洛宁县地处豫西山区，自然环境和生态环境良好，平均海拔高度 800~1200 米，加之工业经济不发达，环境污染小，1986 年被确定为优质苹果生产基地。而上戈镇又是这片区域中的最佳优生带，最适宜的自然条件造就了上戈苹果与众不同的风味和口感，是洛宁苹果的主产区。

上戈镇位于洛宁县西北部，地形呈三角状，北部高，南部低，东北部耸立着海拔 1884 米的崤山。上戈镇属暖温带大陆性季风气候，冬季寒冷干燥，夏季炎热多雨，海拔 386~1700 米，年降雨量 600~700 毫米，年日照时数 2258 小时，昼夜温差 11℃~17℃。[72]该镇境内山清水秀，海拔较高，土壤肥沃，光照充足，昼夜温差大，无霜期长，无污染，非常适宜苹果生长，是农业部划定的优质苹果最佳适生区之一。

二、上戈苹果的保护范围

2013 年 4 月，农业部发布了〔2013〕第 1925 号公告，对洛宁县上戈苹

果专业合作社申请登记的洛宁上戈苹果实施农产品地理标志保护。保护范围是洛阳市洛宁县上戈镇、故县镇和罗岭乡的 44 个行政村。地理坐标为东经 111°09′05″～111°26′06″，北纬 34°05′32″～34°29′27″。

三、上戈苹果的品质特征

上戈苹果具有个大型正、色泽艳丽、香味馥郁、内质细脆、酸甜适口、营养丰富、维生素含量高于同类苹果、含糖量高、耐贮耐运等特点，全部使用有机肥和苹果专用肥，无农药，果皮嚼而无渣，经常食用可起到帮助消化、养颜润肤的独特作用，备受各果树专家和广大消费者的好评。[73]

苹果所含的多酚及黄酮类天然化学抗氧化物质，可及时清除体内的代谢"垃圾"。吃熟苹果，可治疗便秘。吃擦成丝的生苹果，其果胶能止住轻度腹泻。苹果酸可以稳定血糖，预防老年糖尿病，因此糖尿病人宜吃酸味苹果。苹果含有糖和锂、溴元素，是一种有效镇静的安眠药，且无副作用。苹果含有锌、镁元素，故常吃苹果能增强记忆力，对孩子还有促进发育的作用。苹果的一些元素能排除体内有害健康的铅、汞元素，所以，欧洲科学家称苹果为防癌药。[74]

上戈苹果的营养很丰富，它含有多种维生素和酸类物质。1 个苹果中含有类黄酮约 30 毫克以上，含有 15% 的碳水化合物及果胶，维生素 A、维生素 C、维生素 E 及钾和抗氧化剂等含量也很丰富。苹果中的含钙量比一般水果丰富，有助于代谢掉体内多余的盐分。苹果酸可代谢热量，防止下半身肥胖。可溶性纤维果胶可缓解便秘。果胶还能促进胃肠道中铅、汞、锰的排放，调节机体血糖水平，预防血糖的骤升骤降。从长期调查研究中发现，每天吃 1 个苹果的人，胆汁的排出量和胆汁酸的浓度增加，有助于肝脏排出更多的胆固醇。

图 11-1 洛宁上戈苹果

图 11-2 一级上戈苹果

图 11-3 二级上戈苹果

图 11-4 洛宁县上戈镇的现代化种植果园

第二节 上戈苹果的标准化种植和综合开发

一、上戈苹果的种植历史

洛宁县上戈镇在 20 世纪 40 年代初期引入苹果,当时有小规模园林和庭院栽种,50 年代稍有发展,1967 年开始大面积种植。1983 年后,相继引进种植着色系富士(红富士)和新红星等短枝型优良品种。[75]

上戈镇素有"中原苹果第一乡"之美称,全镇拥有耕地面积 5.6 万亩,其中苹果种植面积 4.6 万亩,人均 3.07 亩,主栽品种为红富士、新红星、皇家嘎啦等,单产 2800 公斤,从以前每公斤售价不足 2 元到现在售价 8 元,亩均收入约 10000 元,是粮食产业亩均收入的 6.7 倍,占该镇农业总产值的 80%，占该镇农民人均纯收入的 70% 以上。近年来在上级党委、政府的大力支持下，上戈镇为全面提高苹果质量，增强果品市场竞争力，与省内外多家科研单位联合提出了"大整型、旱改水、巧施肥、无公害、产业化"的 15 字方针，推广了一系列高新苹果生产技术，引进开发了具有延缓衰老、增强免疫力等保健功能的 SOD 苹果，高钙、富硒等多维营养果品，优质的品质引起了省内外专家的关注，投放市场后深受广大消费者的青睐，具有十分广阔的市场前景。同时，组织成立了上戈绿色果品开发有限公司，以公司为龙头，以市场为导向，以 3120 户果农为基础，建设了上戈苹果农民协会、果树医院、果品冷藏保鲜库、果品交易市场、果品包装用品厂、果醋生产厂等产业化服务企业，进一步延长了产业链条。[76]

二、上戈苹果获得的荣誉称号

1986 年以来，洛宁苹果在全国和省、市同类产品鉴评会中屡屡夺冠，共获得 45 项优质产品奖。上戈镇曾是河南省唯一的绿色食品苹果生产基地，1997 年 10 月在国家工商行政管理局申请注册了上戈牌商标；1998 年"上戈牌"红富士苹果被中国绿色食品发展中心认定为绿色食品；2004 年以来，"上戈牌"苹果连续 3 届被河南省名牌战略推进委员会授予"河南省名牌农产品"称号，也是洛阳市唯一获此殊荣的农产品；2010 年上戈苹果被中安质环认证中心确定为"有机食品苹果"，荣获第八届中国国际农产品交易博览会金奖；2012 年上戈苹果成功通过农业部中国农产品地理标志认证；2014 年 9 月，上戈苹果经过县、市、省级及农业部相关专家对产品质量、种植环境等方面的层层考查，最终入选全国"名特优新"农产品目录。2013 年，洛宁县国家级苹果标准化示范区通过验收。上戈苹果不仅远销省内外，还成为当地的支柱产业。

三、上戈苹果的标准化种植

自 2002 年起，洛宁县质监局与当地农业部门一同调研，从选址、建园、果树间距密度开始，当年建立 8 个相关标准，随后相继建立《无公害产品管理》《绿色食品管理规范》等一系列标准，引导果农标准种植、科学管理，苹果含糖度及单产量均有明显提升。洛宁县质监局在宣传贯彻标准种植的同时，为扩大苹果种植面积，推动规模种植，在全县建立苹果示范基地，推动优质苹果示范园建设。截至目前，全县苹果面积 13000 多公顷，年产量 2.2 亿公斤，产值 4.8 亿元，全县 18 个乡镇中有 16 个乡镇种植苹果。[77]

四、上戈苹果综合价值的开发利用

2011 年上戈镇通过"土地流转、结构调整、生态旅游"3 篇文章一起做，3 个效益最大化，通过推行"运行公司制、投资业主制、科技推广承包制、联结农户合同制"的运行模式，全镇共流转出土地 10170.8 亩，成功引进了 5 个农业综合开发项目，不但促进了苹果产业化、规模化程度的提高，而且使上戈逐步形成了以林果改善生态、以生态带动旅游、以旅游激活三产的新的发展格局。[78]

产业是福民之基、强镇之魂。为尽快使以苹果产业为主的农业生态观光游在上戈发展壮大，该镇连续举办了十届河洛金秋上戈苹果采摘节，并以节为媒，广招客商，奏响了"苹果为名片、土地为优势"的农业招商最强音，先后引进了海升集团、荣盛集团、众森果业、华丰果品、三生缘农业等十余家企业，建设了一批规模大、档次高、技术领先、有影响力的苹果综合观光示范园区，为上戈苹果基地和农业生态观光游的可持续发展注入了新的生机和活力。上戈苹果已迈出了由传统果业向现代果业转变的坚实步伐，吹响了"苹果二次革命"的号角。[79]

全县苹果主要分布在上戈、罗岭、故县、城郊、东宋等乡（镇），品种主要有红富士、嘎啦、新红星、美国 8 号。目前，苹果生产在洛宁调整农业产业结构、促进山区农民增收、发展县域经济中发挥了重要作用，已成为全县农村经济发展的支柱产业和山区群众脱贫致富的主导产业。

从 2013 年起，洛阳市还增加水果贮藏、保鲜量，拉长市场供应时间；鼓励和扶持集体、个人采取多种形式投资兴建果品贮藏保鲜加工企业，在果品集中产区建立果品冷藏库，鼓励果农兴建土窑洞，支持建立生产果汁、果酒、果酱等的果品加工企业，促进水果产业的快速发展。洛宁县现有果品冷库 3 座、土窑洞 2000 余孔，年贮藏量 440 万公斤；果品加工企业 2 家，年加工消耗残次苹果 3000 公斤；3 个果品批发市场，年交易果品 2000 万公斤；还有 2 个果袋厂。几乎达到一年四季都有苹果供应，满足市场消费和企业需求。

近几年，洛宁县立足资源优势和生态优势，着力培育龙头企业，拉长产业链条，健全完善苹果销售体系，实现果品优质优价，真正把苹果产业做大、做强。县政府以市场为导向，以科技为依据，以经济效益为核心，以提高果品质量和市场竞争力为目标，大力发展以苹果为主的林果业，加强新品种及新技术引进、推广、应用，严格按照绿色果品生产技术操作规程，推广果实套袋、果园种草、四季修剪、配方施肥、铺反光膜、生物农药等先进生产技术，确保了绿色果品质量，取得了良好的经济效益和社会效益。

第十二章　伊川平菇

第一节　伊川平菇的产地环境、品质特征及保护范围

一、平菇的植物学特征

平菇在分类学上属担子菌纲、伞菌目、白蘑科、侧耳属。中国古称天花、"槐莪"，欧美各国称蚝菌，日本人又称造口蘑。别名北风菌、糙皮侧耳、白平菇、美味侧耳、凤尾菇、金顶侧耳、榆黄蘑、栎平菇。平菇含有丰富的营养物质，每百克干平菇含蛋白质 20～23 克，而且氨基酸成分齐全，矿物质含量十分丰富。[80]

二、平菇的营养价值及医药价值

平菇是当今世界上栽培最多的四大食用菌（蘑菇、香菇、草菇、平菇）之一。平菇食味虽不如蘑菇鲜美，也不如香菇具有浓郁香味，但营养成分很丰富。平菇蛋白质含量为 21.175%，比香菇高 3.128%。在所含的 18 种氨基酸中，甲硫氨酸 1.27%，比蘑菇（0.063%）、香菇（0.17%）都高得多。平菇还含还原糖 0.87%～1.8%，糖分 23.94%～34.87%。每 100 克鲜菇含维生素 C 32 毫克，比香菇（23.32 毫克）及蘑菇（16.8 毫克）分别高 8.68 毫克和 15.2 毫克。矿物质含量也十分丰富，磷 9500 毫克/100 克、钾 700 毫

克/100 克、镁 1500 毫克/100 克、钠 450 毫克/100 克、铁 233 毫克/100 克。平菇性味甘、温，具有追风散寒、舒筋活络的功效，用于治腰腿疼痛、手足麻木、筋络不通等病症。经常食用平菇类菇体，能调节新陈代谢，降低血压，减少血清胆固醇，对肝炎、胃溃疡、十二指肠溃疡、软骨病等都有疗效，对患有更年期综合征的老年妇女也有调理作用。据日本学者研究，还有抑制癌细胞增生的功能，能诱导干扰素的合成。

三、伊川平菇的产地环境、品质特征及保护范围

伊川平菇是洛阳市伊川县的特产。伊川县坐落在豫西八百里伏牛山区，这里山清水秀，空气新鲜，无污染，是理想的食用菌栽培基地，产出的菇柄短，口感好，味鲜美，蛋白质、氨基酸、各种微量元素及维生素含量更高。伊川平菇口感鲜嫩，营养价值高。2011 年经农业部第 1635 号公告，被列为中国农产品地理标志保护产品，登记申请人是伊川县平等乡马庄食用菌种植专业合作社，登记证书编号：AGI00567，登记面积 3 万亩，登记产量 1 万吨。[81] 保护范围为河南省洛阳市伊川县城关镇、鸣皋镇、平等乡、酒后乡、半坡乡、葛寨乡 6 个乡镇。地理坐标为东经 112°12′00″~112°46′00″，北纬 34°13′00″~34°33′00″。

图 12-1　仿野生覆泥栽培种植的伊川平菇

图 12-2　仿野生立体菌墙
覆泥栽培的伊川平菇

图 12 - 3　伊川平菇

第二节　伊川平菇的技术创新和产业化种植

一、"仿野生立体菌墙覆泥栽培"种植技术

伊川县平等乡马庄食用菌种植专业合作社是集食用菌种植研发、技术培训、产品回收、品牌销售为一体的现代农业综合开发经济组织，是洛阳市农业产业化龙头企业，该合作社理事长王建民经过 20 多年探索，打破传统种植模式，在国内独创发明了"仿野生立体菌墙覆泥栽培"种植技术。它是模拟野生菇的生长环境，在林荫下建造半地下式塑料大棚，在大棚内把即将出菇的菌袋脱袋后用菌泥垛成高 6 层的菌墙。菌墙表面覆菌泥，管理出菇。立体覆泥的关键是覆泥的处理，它是在艳阳的状态下将菌糠在水池内浸泡至少两个月，在不依靠化学药剂的情况下将菌糠中的杂菌、害虫全部杀死，达到无公害生产的目的。[82]先将玉米秆用铡草机切成 1.5 厘米长的小段，再掺些牛粪、鸡粪等有机肥料，经过搅拌、发酵、消毒、装袋等制成一堵堵"平菇墙"，然后用特殊的"泥土"进行固定，不久，一朵朵平菇就会长出来。这些"泥土"是曾培育过平菇的废料，这种模拟自然环境生长的平菇，具有原生态、口感嫩、味鲜美等特点，其中蛋白质、氨基酸、维生素等营养物质含

量比传统方式生产的高 30% 以上。

二、王建民及其"马庄育良"食用菌

如今，该合作社被授予"国家级示范社""河南省杰出青年农民专业合作社""河南省农业标准化生产示范基地""河南省放心菜工程达标创优先进单位"等称号。2014 年，合作社产值达到了 1536.8 万元，带动周边地区 2700 多名农户从事食用菌种植，年创社会效益 6000 余万元。王建民成立了洛阳峰山食用菌有限公司，在国家工商总局注册"马庄育良"食用菌商标，并获得农业部无公害产地和无公害产品认证标志，该商标成为"河南省著名商标"。他先后被评为"全国农村青年创业致富带头人""河南省青年星火带头人""河南省科技致富带头人"。[83]该合作社推出的简装、精装、礼品盒和"带回家的蘑菇园"生长箱等系列产品，畅销洛阳、郑州、西安、北京等地。[84]

第十三章　栾川豆腐

第一节　栾川豆腐的保护范围、产地环境及品质特征

一、栾川豆腐的保护范围及产地环境

栾川豆腐是栾川当地以及整个洛阳地区最负盛名的地方小吃，产于洛阳市栾川县。栾川豆腐依托栾川县的自然优势，由勤劳的栾川人民代代传承，以其质优、物美、绿色安全而享誉县内外，是栾川最大也最具影响力的饮食品牌。尤其是强力开发旅游以来，品尝栾川豆腐成为广大游客到栾川旅游的目的之一。"到栾川来，不吃栾川豆腐，等于没到栾川"，这应该是栾川豆腐助推栾川旅游的高度概括。[85] "栾川豆腐"在 2011 年 12 月 19 日被列为市级非物质文化遗产。栾川豆腐汤馆被市商务局指定为放心早餐工程并受到奖励。

图 13-1　栾川豆腐（一）

图 13-2　栾川豆腐（二）

2013 年 5 月 28 日，"栾川豆腐"被国家工商总局商标局核准为国家地理标志证明商标，允许国家地理标志产品专用标志图案在栾川豆腐制品上配套使用。

该商标持有人为栾川县豆制品行业协会，位于河南省栾川县城关镇伊河南岸赤土店选厂家属楼一楼。① 栾川豆腐地域范围：栾川位于河南省西部，伊河上游，伏牛山与熊耳山两大山脉中段的中间地带。跨东经 111°12′～112°02′、北纬 33°39′～34°11′,地势西南高而东北低，面积 2477 平方千米，海拔 450～2212 米，东与嵩县毗邻，西与卢氏接壤，南与西峡抵足，北与洛宁摩肩，一直有"洛阳后花园"的美称。

栾川地处亚热带向暖温带过渡地区，处于地质造景最佳纬度区域和最适合人类居住的海拔区间。境内高峰深谷，气象万千，形成了"一日有四季，十里不同天"的奇异景象。年平均日照 2112.4 小时，年平均降水量 842.4 毫米，年平均气温 12.2℃，夏季平均气温 20.6℃，春日清新、夏日清凉、秋日清爽、冬日清净，年舒适期长达 9 个月。山清水秀，植被良好，全县有林地 296.6 万亩，其中天然林 251.8 万亩，人工林 44.8 万亩，森林覆盖率达 82.4%，居河南省第一位。环境空气优良天数常年保持在 320 天以上，空气质量优良率保持在 95% 以上，空气中负氧离子含量年平均每立方厘米 5208 个，$PM_{2.5}$ 值年平均每立方米 0.03 毫克以下，空气清新宜人，有"中原肺叶"之称，是河南省唯一的国家级生态县。[86]

二、栾川豆腐的品质特征

栾川豆腐的"过人"之处在于选料和加工。栾川豆腐的选料极为严格，加工精细，并配以当地自然酸浆点成，因而栾川豆腐质地细腻嫩滑，筋而松软，味道鲜美，佐以青红辣椒以及其他各种口味的调料，色香俱全，历来为人们所喜食。栾川海拔高，比较冷，环境好，无污染，所以豆子生长时间长，这样的豆子做出的豆腐有豆味，筋道、有嚼劲，越嚼越香。不像一些地方用转基因大豆做出的豆腐，不利于健康，还没口感。

---

① 2017 年 7 月，笔者和同事曾到栾川县城实地考察，几经周折也未能找到栾川县豆制品行业协会。据县城附近养子沟村一个豆腐作坊的张姓店主讲，现在制作栾川豆腐所用的大豆绝大多数是从外省购进的。

第二节　栾川豆腐的加工工艺和市场开发

一、栾川豆腐的加工工艺

随着洛阳对外旅游的开放，栾川豆腐成为游客们来洛阳都想品尝的美食。这里介绍一下栾川豆腐的制作流程和制作方法。

（1）山泉水泡豆。在豆腐制作之初，栾川人使用栾川特有、富含对人体有益矿物质以及多种微量元素的优质山泉水泡豆，山泉水水质甘甜，造就了栾川豆腐不可复制的独特特色。正是这一特点使得栾川豆腐口感更好、更加鲜美，同时营养更加丰富。

（2）石磨磨浆。栾川豆腐讲究慢工出细活，不用高温一体机器快速粉碎、除渣、出料，而是选择机器碾子，甚至石碾的老方法冷制作。因栾川山地以及泉水较多，使得栾川各种优质的水磨石甚多，栾川人将这种水磨石制作成碾磨豆子的石磨，由于石磨的温度较低，在碾磨豆子的过程中不会破坏豆子的营养成分，豆子的原有豆味才能保留，不改变其醇正的口感，从而有效地保证了栾川豆腐的营养。

（3）酸浆点卤。用栾川所独有的酸浆——酸菜卤水（不添加任何食品添加剂）对磨好的豆子进行点卤，使豆腐中大豆特有的豆香更加浓郁、醇厚，同时形成了独特的口感。这一过程是栾川豆腐制作最为重要的一道程序，也是最为保密的一道程序，现代化的生产流程，使其生产过程自动化，使其质量更加稳定，且干净卫生。

（4）石板压榨。石板的压力大，压榨时间长，出品率低，但豆腐口感筋道，久炖不烂，耐嚼爽口。

其中，栾川当地的山泉水泡豆和酸浆点卤是栾川豆腐独具特色的核心所在。

二、栾川豆腐的市场开发

做栾川豆腐是细活，而且出品率低，所以成本比一般豆腐高。1 公斤豆用上述工艺只能出 2 公斤多的栾川豆腐，却能出 4 公斤多普通豆腐、6 公斤多水豆腐，所以栾川豆腐价格也比较高。多少人为了让栾川豆腐走出山门而不懈努力，为了打造这个品牌而大胆探索，但终因运输、保存、商标等复杂问题而半途而废，致使栾川豆腐的生产仍然是小作坊形式，卫生、品质、标准等参差不齐，难以形成品牌。

栾川县豆制品行业协会于 2011 年应运而生，并且一成立就致力于栾川豆腐的品牌建设，做了大量的基础工作。搞了一系列前期实验，进行设计、规划、设备考察、品牌注册、建实验基地等前期准备工作。2013 年 5 月 28 日，"栾川豆腐"被国家工商总局商标局核准为国家地理标志证明商标。

如今，栾川县通过独特的回卤除酸工艺和杀菌技术，生产出的栾川豆腐不但完好保存和升华了栾川豆腐的传统特色，并且有效延长了豆腐的保鲜时间，使栾川豆腐这一地方名吃，走出深山，成为更多市民餐桌上的一道佳肴。

由于豆腐及其制品营养丰富，老少皆宜，所以可以常年生产、常年销售。一般而言，每年 10 月至来年 5 月为旺季，6 月至 9 月为淡季。全县每年总产量达 300 吨，小作坊主要以路边摊位零售为主，大企业的产品多供应超市，摆放位置在蔬菜区域内。

目前，使用该地理标志的企业是栾川瑞龙食品有限公司（和洛阳栾川豆腐食品有限公司），该公司主要生产经营栾川豆腐，该公司总投资 2000 多万元，年收入 120 万元。目前，企业的发展瓶颈主要是推广、销售投入大，资金紧缺严重影响企业效益。

公司有专门实验室取代人工制作，以供豆腐生产研发，降低生产成本，提高生产效率，节约人力资源。现在主要以供应洛阳、郑州的各大超市及市场为主，扩大生产后将推向周边各大城市。

第十四章　栾川白土无核柿子及其制品

第一节　栾川白土无核柿子的产地环境和品质特征

一、栾川白土无核柿子的产地环境

栾川白土无核柿是洛阳市栾川县白土镇的知名土特产。白土镇地处栾川县西北部，这里属于伏牛山区，海拔高、气温低、昼夜温差大，典型的地理位置和土壤条件，对植物的单性结实非常有利。[87]因此，白土所产柿子都不形成种子，故称无核柿子。当地生产的无核柿子醋曾在全国农产品加工业博览会上获得金奖。2002年国家质量监督检验检疫总局发布了2002年第42号公告，公布栾川白土无核柿子及其制品为原产地域保护产品，并颁发了相应证书。

二、栾川白土无核柿子的品质特征及营养价值

白土无核柿品种多，个头大小有别，色泽美观，皮薄肉厚，味甜多汁，含糖量高，营养丰富，含有丰富的维生素、黄酮类、糖、蛋白质。据检测，每百克鲜柿中含胡萝卜素0.16毫克、核黄素0.02毫克、维生素C 16毫克、钙10毫克、磷19毫克、铁2毫克、蛋白质1.2克、脂肪0.2克、糖分14克。此外，柿子、柿霜、柿饼、柿酒还有重要的医疗保健作用，有养颜、益气之功效，对肠胃病、便秘、高血压、咽喉肿痛、口疮等都有很好的疗效。

新开发的柿子保健醋具有润肺、清热、降血脂、软化血管等功能。无核柿是柿中精品，其外观晶莹剔透，橙红可人，触之柔软光滑。柿子全身是宝，主治呃逆等症，柿蒂也可入药，柿饼灸炭，可治便血。[88]

第二节 栾川白土无核柿子的产业化发展及综合开发

一、栾川白土无核柿子的产业化发展

由于白土坡耕地较多，粮食产量受自然条件制约一直上不去，种粮增收的潜力十分有限，广大农民群众栽种柿树的积极性很高。2004年白土无核柿子及其产品申报国家工商总局原产地保护产品成功后，乡党委、乡政府按照县委、县政府"建设无核柿子名乡"的工作要求，不断扩大柿子种植面积，壮大龙头企业生产规模，增加科技投入，拉长产业链条，开发出了食用醋、保健饮品等一系列新产品，已远销省内外。目前，白土镇已发展柿树100万株以上，其中盛果期果树约35万株，主要有牛心、雁过红、水花、面胡栾、八月黄、花疙瘩等10余个品种，年产鲜果6000万公斤，其中牛心、雁过红被称为柿中之王，备受消费者青睐。其制品柿饼上过广州物交会，享誉国内外，白土镇也拥有了中国无核柿子第一镇美誉。为扩大种植规模，优化品种，搞好农副产品深加工，拉长产业链条，形成公司＋基地＋农户的产业化格局，进一步发挥种植优势，该项目的实施对规范化种植，强化科技扶贫，加速整村推进工作，调整农业产业结构，提高经济效益，增加农民收入，都具有十分重要的意义。

建设基地，保证质量。2012年，白土乡撤乡建镇。镇党委、镇政府立足实际，围绕"企业兴乡、特产富民"的发展思路，紧紧抓住"创无核柿子名乡"这条主线，为了建成栾川县白土万亩无核柿子基地，政府出台了优先返租者优先补偿等优惠政策，引导群众返租土地2000亩，建成了无核柿子产业基地，栽植新品种柿子14万株，做到种苗良种化、整地标准化、栽植规范化，使柿子基地建设扎实推进，为柿子产业化发展提供了稳定可靠的基础保

障。为保证质量，政府采用组建专业队、聘请专业技术人员等方式全面负责对柿树栽植技术标准的监督，严格要求，保栽保活，建立长效机制，确保一次成功。

二、栾川白土无核柿子的综合开发

全力打造千亩无核柿生态观光带。依托国家工商总局 WTO 无核柿及其制品原产地标记认证这一优势，在莳王醋业公司等龙头企业的辐射带动下，扩大规模，提高质量，推行"能人"领办大户承包、示范园示范户带动的新机制，积极实施项目带动战略，沿椴树村—歇脚店村沿线建立千亩无核柿子生态观光带，做大做强白土无核柿子产业，达到景观效应、产业效益、农民增收三丰收。

柿子旅游产品开发。白土镇以知名的无核柿子醋系列产品为依托，结合旅游市场定位，对无核柿子醋系列产品生产规模、生产工艺包装进行了全面升级，进而开发了无核柿原生醋、醋饮料、柿子酒等高端化旅游产品。[89] 其中，无核柿子酒口感鲜香绵润，富含维生素 C 及各种矿物质元素，有祛火、润肺、降血压等药用功效。白土镇党委政府还与科技局对接，与该镇龙头企业洛阳柿王醋业有限公司合作引进先进技术，在传统风干柿饼的基础上更新设备，采用新型烘焙办法，研发了新型产品——贡品柿饼。洛阳柿王醋业有限公司年处理鲜柿 2000 吨，年生产柿子保健醋、柿子饮料、口服液、柿叶茶等 3000 吨，年产值 900 万元，企业厂房面积 10 亩，拥有固定资产 400 万元，流动资金 200 万元，拥有 4 条生产线，职工人数 24 人。

创新营销方式。2015 年秋冬季节以来，栾川县白土镇的优质无核柿子红遍山野，也红遍了微信朋友圈。同样的果子，由于采取了网络宣传及销售方式，柿子的销路市场与往年大不一样。白土镇区优质无核柿子作为原产地保护产品，果实质厚、甘甜，更有无核之独有特点。因为山高路远，往年农户们常为柿子销路犯愁。如今，白土镇引导柿农借助互联网＋的营销理念，通过微信、微博、QQ 等网络平台，晒柿子，卖柿子，吸引了三门峡、郑州、洛阳等周边地区的众多买家前来采购，预计柿农人均收入达到 3500 余元。[90]

图 14-1　洛阳市柿王醋业有限公司

图 14-2　栾川柿子

图 14-3　栾川柿子醋

图 14-4　栾川柿子种植区

第十五章　伏牛山连翘及其制品

第一节　伏牛山连翘的品质特征、
植物学特征、产地环境

一、伏牛山连翘的医药价值

伏牛山连翘是河南省洛阳市栾川县的特色产品。连翘为木樨科连翘属植物，又名黄花条、连壳、青翘、落翘、黄奇丹等，果实入药。连翘是清热解毒的中药，味苦，性微寒，归肺、心、小肠经。连翘有清热解毒、清脓散结等功效，用于痈肿、瘰疬、乳痈、丹毒、风热感冒、温病初起、温热入营、高热烦渴、神昏发斑、热淋尿闭等症。研究表明，连翘化学成分复杂，生物活性多样。果实主要成分为咖啡酰糖苷类，木脂素及其苷类、环己乙醇类、三萜和黄酮、挥发油及其他共6类。其中主要含白桦脂酸、熊果酸、齐墩果酸、牛蒡子苷元、牛蒡子苷、罗汉松脂素、罗汉松脂酸苷、连翘脂素、连翘苷及连翘酚。故其具有抗菌、抗炎、解热、镇吐、强心利尿、抗肺损、镇痛、抗内毒素、抗病毒、降血压等作用。

二、伏牛山连翘的产地环境

连翘在全国主要有三大主产区，即河南、山西、陕西，伏牛山连翘集中产于栾川、卢氏、嵩县等县，属河南主产区，尤以栾川县最多。全县野生连翘面积达 150 万亩，年产连翘 3000 吨。而白土乡是栾川连翘的主产区。白土乡位于栾川县西南部，地处伏牛山和熊耳山两大山脉中间，绝大部分属伏牛山，为大陆性季风气候，年平均气温 12℃，年降水量 827.6 毫米，无霜期 198 天。白土乡总面积 123 平方千米，境内沟壑纵横，重峦叠嶂，植被茂盛。由于境内多被群山环绕，形成许多相对封闭的小气候，四季分明，气候适宜，为连翘繁衍提供了得天独厚的自然条件。由于冬无严寒，夏无酷暑，受昼夜温差大和生长期长等自然条件影响，伏牛山连翘品质优良，药效明显优于其他产区，远近闻名，是豫西主要产地之一。目前全乡野生连翘面积达 5 万亩以上，年产连翘 150 吨以上，被国家有关部门确定为连翘生产基地。[91]

三、连翘的植物学特征

连翘的萌生能力强，平茬后的根桩或干支，都能繁殖萌生，较快地增加分株的数量，增大分布幅度。连翘枝条连年生长不强，更替比较快，随树龄的增加，萌生枝以及萌生枝上发出的短枝，其生长均逐年减少，并且短枝由斜向生长转为水平生长。据调查，8～12 年生植株，4 年萌生枝上的一年生短枝是最多的，以后逐渐减少。连翘的丛高和枝展幅度不同年龄阶段变化不大。连翘枝条更替快，萌生枝长出新枝后，逐渐向外侧弯斜，所以尽管植株不断抽生新的短枝，但是高度基本维持在一个水平上。

连翘可采用扦插、播种、分株繁殖。扦插于 2～3 月进行。播种在秋季，10 月采种后，经湿沙层积于翌年 2～3 月条播。苗木移栽于落叶期间，选向阳且排水良好的肥沃土壤栽植；每年花后剪除枯枝、弱枝叶及过密、过老枝条，同时注意根际施肥。

连翘为落叶灌木，高达 3 米；枝细长并开展呈拱形，节间中空，节部有个斑，皮孔多而显著。单叶或有时三出复叶，对生，叶片卵形或卵状椭圆形，叶长 3～10 厘米，叶缘有锯齿，叶表面黄棕色，有纵皱纹及多数突起的小斑点，两面各有 1 条明显的纵沟。顶端锐尖，基部偶有果柄。花单生或数朵生于叶腋；花萼绿色，裂片矩圆形；花冠黄色，倒卵状椭圆形，雄蕊长于或短于雌蕊；3～4 月叶前开放。连翘果皮硬脆，断面平坦。青翘果实完整，表面绿褐色，大多无疣状突起，内有多数种子着生，黄绿色，细长，一侧有翅。

青翘以干燥、色黑绿、不裂口者为佳；老翘以色棕黄、壳厚、显光泽者为佳。药用部位是植株的果实。

四、伏牛山连翘及其制品的原产地保护

2004 年 9 月，经国家质量监督检验检疫总局审核通过，批准栾川县申报的"伏牛山连翘及其制品（君山牌）"为原产地标记产品，实施原产地保护（国家质量监督检验检疫总局公告 2004 年第 107 号），原产地标记注册证书号为：0000268。[92]

图 15-1　连翘的花

图 15-2　即将成熟的白土连翘

图 15-3　春季漫山遍野盛开的白土连翘

图 15-4　白土镇野生连翘基地

第二节　伏牛山连翘的多元价值及标准化种植

一、伏牛山连翘的多元价值

连翘既可药用，也可用于食品天然防腐剂或化妆品，还是重要的油料作物、观赏植物和水土保持植物。所以连翘既可用于园林美化，也可用于生态保护，其茎、叶、果实、根均可入药。连翘早春先叶开花，花开香气淡艳，满枝金黄，艳丽可爱，是早春优良观花灌木。适宜于宅旁、亭阶、墙隅、篱下与路边配置，也宜于溪边、池畔、岩石、假山下栽种。因根系发达，可做花篱或护堤树栽植。[93] 连翘根系发达，繁殖能力强，生命力很顽强，几乎可以生长在任何质量的土壤里，具有很强的防沙固土能力，是国家推荐的优良退耕还林生态树种。

二、伏牛山连翘的标准化种植

栾川县以白土乡为主，制订了《伏牛山连翘发展规划》，建立了连翘规范化管护区 5 万亩，建立了共 1500 亩的 5 个标准化栽培基地。建立连翘栽植基地投入小，产量高，效益好，5 年后连翘挂果逐步进入盛果期，亩产达 100 公斤，亩产值 1000 元以上，并逐年递增，其经济效益、生态效益和社会效益非常可观。该县扶持益民药业开发有限公司等建成了连翘深加工项目，使连翘原药价值提高 2~3 倍，同时安置了大量农村剩余劳动力就业。如今，采摘连翘成为农民增加收入的主要手段之一，对连翘产业的重点培育和连翘产品的深加工成为白土乡调整种植结构和农民增收的主要手段。

第十六章　洛阳唐三彩

第一节　洛阳唐三彩的原产地标记保护

一、洛阳唐三彩的取名

洛阳唐三彩是河南省洛阳市的特色产品。唐三彩全名唐代三彩釉陶器，是唐代生产的一种低温釉陶器。在同一器物上，黄、绿、白或黄、绿、蓝、赭、黑等基本釉色同时交错使用，形成绚丽多彩的艺术效果。"三彩"是多彩的意思，并不专指3种颜色。许多器物多以黄、绿、白为主，甚至有的器物只具有上述色彩中的一种或两种，人们统称为"唐三彩"。因唐三彩最早、最多出土于洛阳，亦有"洛阳唐三彩"之称。

图 16-1　唐三彩

图 16-2　三彩胡人牵骆驼俑

二、洛阳唐三彩的原产地标记保护

2002 年 1 月，国家质量监督检验检疫总局发布了 2002 年第 6 号公告，对洛阳唐三彩实施原产地标记保护，并颁发了相应证书。

20 世纪末期，洛阳唐三彩几乎遭受灭顶之灾，假冒伪劣产品一度泛滥，几乎坏了唐三彩的好名声。实施原产地标记保护后，高档正宗的洛阳唐三彩产品增加了专门的地理标志标签，重新焕发了青春活力。据洛阳工艺美术陶瓷总公司负责人介绍，2006 年洛阳牡丹花会期间，仅 10 天时间洛阳唐三彩的销售额就有 100 多万元。而在获得保护前的 2001 年，整个公司全年的销售额才 160 万元。[94]

第二节　洛阳唐三彩的发展史

一、唐三彩及其复制和仿制工艺

唐代是中国封建社会的鼎盛时期，经济上繁荣兴盛，文化艺术上群芳争艳，唐三彩就是这一时期产生的一种彩陶工艺品，它以造型生动逼真、色泽艳丽和富有生活气息而著称。唐三彩始见于唐高宗时，开元年间极为盛行，器物造型多样，色彩绚丽，到天宝以后数量逐渐减少。唐三彩在唐代时期作为随葬品使用，用于殉葬。唐三彩不仅在唐代国内风行一时，而且畅销海外。还在印度、日本、朝鲜、伊朗、伊拉克、埃及、意大利等十多个国家发现了唐三彩。中华人民共和国成立以来，随着人们对唐三彩的关注增多，以及唐三彩复原工艺的发展，人们热衷于文房陈设，唐三彩是馈赠亲友的良品。

唐三彩的生产吸取了中国国画、雕塑等工艺美术的特点，已有 1300 多年的历史。唐三彩制作工艺复杂，以经过精细加工的高岭土作为坯体，用铜、铁、钴、锰、金等矿物作为釉料的着色剂，并在釉中加入适量的炼铅熔渣和铅灰作为助剂。先将素坯入窑焙烧，陶坯烧成后，再上釉彩，再次入窑烧至800℃左右而成。由于铅釉的流动性强，在烧制的过程中釉面向四周扩散流淌，各色釉互相浸润交融，形成自然而又斑驳绚丽的色彩，是一种具有中国独特风格的传统工艺品。

唐三彩不仅贵在釉色浓艳瑰丽，而且骆驼、马和人物等的造型生动传神，富有生活气息，当年在国际上就已负有盛名，成为中外经济文化交流的重要物品之一。1928年，陇海铁路修筑到洛阳邙山时，出土了大量唐三彩，古董商们将其运至北京，受到了国内外古器物研究者的重视和古玩商的垂青。之后，洛阳地区不断有唐三彩出土，数量之多、质量之美，令人惊叹。

随着社会的进步，复制和仿制工艺的不断提高，唐三彩的品种也越来越多。洛阳人在传统唐三彩造型的基础上开发出了平面唐三彩，他们还将在此基础上开发出更多更好的唐三彩作品。

唐三彩的复制和仿制工艺，在洛阳已有百年的历史。经过历代艺人们的研制，唐三彩工艺技术逐步完善，烧制水平不断提高，使"洛阳唐三彩"的工艺技巧和艺术水平达到了一定的高度。在国际市场上，唐三彩已成为极其珍贵的艺术品，曾在有80多个国家和地区参加的国际旅游会议上被评为优秀旅游产品，被誉为"东方艺术瑰宝"。在继承前代彩塑艺术传统基础上开发研制的现代洛阳唐三彩，被国务院礼品司定为国礼，唐三彩大马、骆驼等曾赠送给50多个国家的元首和政府首脑。[95]

二、唐三彩在国际上的文化交流

唐三彩作为传统的文化产品和工艺美术品，不仅在中国的陶瓷史上和美术史上有一定的地位，而且在中外的文化交流上也起到了相当重要的作用。唐三彩早在唐初就输出国外，深受异国人民的喜爱。这种多色釉的陶器以斑斓釉彩、鲜丽明亮的光泽，优美精湛的造型著称于世，唐三彩是中国古代陶器中一颗璀璨的明珠。据考古界的挖掘，在丝绸之路、地中海沿岸和西亚的一些国家都曾经挖掘出来过唐三彩的器物碎片。这种文化流传到国外也对当地的陶瓷业带来了一定的影响，如日本和朝鲜。日本奈良时期曾经仿制中国的三彩制作出三彩器物，当时被称为奈良三彩。朝鲜的新罗时期也仿造中国的三彩，制作过三彩的器物，叫新罗三彩。正因为唐三彩有如此的魅力，随着旅游业的进一步发展，国际、国内市场的开放，喜爱收藏唐三彩的人越来越多。

第十七章　洛阳牡丹红茶

第一节　洛阳牡丹红茶的品质特征

一、洛阳牡丹红茶荣获中国国家地理标志证明商标

　　洛阳牡丹红茶是河南省洛阳市的特产。众所周知，洛阳牡丹甲天下，洛阳市具有牡丹生长的良好自然环境。然而，却很少有人知道牡丹的花瓣和花粉中含有多种有益于人体的营养物质。茶为国饮，品种繁多，福建武夷山的极品红茶金骏眉更是享誉海内外。2011 年，洛阳人利用特殊工艺研制成功了洛阳牡丹红茶。它将红茶中的极品金骏眉与国色天香的牡丹花合二为一，实现了国花与国饮的水乳交融，品质可谓独一无二，有着极其巨大的市场价值和发展潜力。2012 年，经国家工商总局商标局认定，洛阳牡丹红茶协会申请的"洛阳牡丹红"荣获中国国家地理标志证明商标，注册号是 10636790。

　　洛阳牡丹红茶不仅是牡丹花与茶的融合，更是洛阳牡丹文化与中华茶文化的融合，具有深远的影响和特殊的意义。作为我国红茶中研发成功的首个调制花茶，洛阳牡丹红茶打破了此前我国只有茉莉花茶一种调制花茶的格局，并成为河南省继"信阳红""桐柏红"与三门峡"函谷红"之后，兼顾金骏眉与牡丹双重名贵血统的又一红茶新贵。洛阳牡丹红茶一问世便受到人们广泛关注，成为洛阳市重要的旅游商品与文化名片，成为洛阳市招牌旅游产品中的一颗新星。

二、洛阳牡丹红茶的品质特征及功效

"洛阳牡丹红"以红茶为主料，牡丹花瓣为辅料，把牡丹花的甜香与红茶的甘醇有机融合，既具有牡丹花的养生保健功能又有红茶的暖胃养颜效果。牡丹红茶汤色金黄、明亮，香气鲜甜，滋味绵醇，叶底肥壮，具有香、活、甘、清之韵味。经检测，洛阳牡丹红茶富含茶黄素、茶红素、茶多酚、氨基酸、维生素、黄酮类物质等多种有益于人体的营养成分，具有生津清热、调养气血、活血化瘀、顺畅经络、健胃润肠、养颜美容、降血糖、降血压、降血脂等养生保健功效。[96]

洛阳牡丹红茶的研发成功，为洛阳茶产业的发展提供了良好的契机。发展洛阳牡丹红茶不仅有利于调整农业结构、增加农民收入，也有利于保持水土、改善生态环境，还可以拓宽牡丹开发应用渠道、为牡丹深加工产业增加一条途径，拉长牡丹产业链，推动牡丹产业做大做强、做出特色，还将对洛阳市刚刚起步的茶叶种植业起到带动作用。洛阳市委、市政府将大力实施茶叶示范种植的"百、千、万"工程，加快基地建设、培育龙头企业，逐步把洛阳建成全国著名的优质无公害茶叶生产加工基地、茶叶流通区域中心和重要的茶文化生态旅游休闲区，使茶产业成为洛阳的特色优势产业，使洛阳牡丹红茶成为洛阳的一张亮丽名片。[97]

第二节 "洛阳牡丹红茶"的研发、生产、营销和品赏

一、"洛阳牡丹红茶"的研发与生产

洛阳发展牡丹红茶是为了延伸牡丹文化、做强牡丹产业、提升牡丹花影响力的需要，洛阳市发展牡丹红茶，也有牡丹花和茶上的资源优势。洛阳市西南部山区，具有茶叶生长的良好自然环境，自古就有种茶传统。洛阳市在

西南部嵩县山区条件适宜的乡镇进行茶园建设，并积极引种，种植优质茶树。与此同时，正山茶业已在洛阳注册且积极筹备建立洛阳正山堂茶业有限责任公司。祥和公司也针对牡丹红茶研发设立新项目，在牡丹品种选择、培育及处理技术方面开展进一步研究，以争取推出更多的牡丹红茶系列产品。洛阳市将逐步实现采用本地种植的茶叶与本地采摘的牡丹花瓣，生产出质量更优、品位更高，并且是完全本土化的"原汁原味"的"洛阳牡丹红茶"系列产品。[98]

在与正山茶业联合研发新产品的同时，洛阳市还利用本土牡丹产业和科研优势，洛阳祥和牡丹科技有限公司在研制的"武皇"牌牡丹花茶系列产品的基础上，对产品进一步改善提升，并推出"神都牡丹"牌洛阳牡丹红茶系列产品。中国的古都有不少，但"神都"是唯一的，选择这一品牌名称，不仅体现了洛阳悠久厚重的历史文化，而且突出了洛阳牡丹元素，显示了洛阳牡丹红茶的高贵、高端和与众不同。

将牡丹与红茶按照一定配比有机融合，既要考虑在符合大众口味的基础上，使花香味与茶香味完美相融，达到香甜、绵醇；又要在感官方面讲求冲泡效果，汤色透彻、金黄，茶叶与花瓣点片结合，相辅相成；此外，功能方面要兼顾牡丹花养生保健和红茶暖胃养颜的效用，使黄酮素、植物多糖、氨基酸、维生素、茶黄素、茶红素、茶多酚等诸多成分有效融合，发挥生津清热、调养气血、活血化瘀、通经络等功效。

一般情况下，每12公斤至13公斤新鲜牡丹花瓣最终能制成1公斤干牡丹花瓣的花丝。牡丹干花在洛阳制成后，密封打包送往福建，再由正山茶业利用正山堂高端红茶工艺与创新技术，配合武夷山金骏眉茶青，生产加工制出"正山堂"牌洛阳牡丹红茶。无论"福建产"还是"洛阳产"的洛阳牡丹红茶，其品质都是上乘的。一般的工夫茶冲到五六泡就得弃掉，而洛阳牡丹红茶采用高端工艺发酵，冲到七八泡后仍然味道香浓。

目前，由福建、洛阳两地生产的两个品牌的"洛阳牡丹红茶"共有工夫茶、工艺茶、功能茶三大系列4种产品。其中，福建"正山堂"牌洛阳牡丹红茶属于工夫茶系列产品，即茶叶与牡丹花点片结合，可按照工夫茶技法冲泡；洛阳祥和牡丹科技有限公司的"神都牡丹"牌洛阳牡丹红茶则三大系列俱全，既有适合技法冲泡的工夫茶类，又具有减肥瘦身等保健效果的功能茶类，还有牡丹工艺茶。工艺茶是以茶叶为原料，与脱水鲜花经独特的手工艺与现代技术相结合精制而成，冲泡后形成造型而具有一定观赏性的一类茶。

二、"洛阳牡丹红茶"的营销

在原先推出的"武皇"牌牡丹花茶的经销网络的基础上，洛阳牡丹红茶将通过市场店面、超市和公司自营店途径，将销售网点扩展到 100 个以上，市民和游客可以方便地购买到"神都牡丹"牌洛阳牡丹红茶系列的 3 种不同礼盒包装产品。这 3 种礼盒内含产品规格不同，价格也分高、中、低三档。根据前期直营店的试销售情况来看，洛阳牡丹红茶上市效果良好，深受洛阳人和外地游客的欢迎，普遍认为该产品"有特色、显档次、很实用"。

三、"洛阳牡丹红茶"的品赏

牡丹工艺茶的品赏。先将一袋牡丹红茶倒入透明高脚玻璃杯中，随着开水沏入茶杯，干茶在杯内旋转，一颗牡丹干花的花球在杯底慢慢"长大"，花瓣逐渐舒展并缓缓上升，最终"绽放"于茶叶之上。透过玻璃杯观看，金色茶汤晶莹剔透，深色茶叶在下，牡丹花灵动飘逸在上，花瓣片片鲜明，令人赏心悦目。从某种程度上说，这种工艺茶在洛阳牡丹红茶系列产品中，更明显、更直观地突出了牡丹花的元素，一些专家认为，以此来作为名片，"洛阳牡丹红茶"更易深入人心。

牡丹红茶的喝法。牡丹花瓣含有氨基酸、黄酮等多种营养成分，在用泡过其他种类茶叶的茶具冲泡时，应首先将茶具清洗干净，否则很容易破坏牡丹花瓣含有的营养成分。洗茶很关键，冲泡牡丹红茶时，最好洗一至两遍。水质也很重要，水质硬的水，泡出来的茶会发红，最好用纯净水、矿泉水，或者净水器的水，水温在 80℃ 左右为宜，这样泡出来的茶味道最好。[99]

图 17 - 1　洛阳牡丹干花球

图 17 - 2　绽放的洛阳牡丹全花茶

图 17 - 3　洛阳牡丹红茶商户参加旅游商品展览

第十八章　洛阳杜康酒

第一节　汝阳杜康系列白酒

一、汝阳杜康的品质特征、保护范围及产地环境

汝阳杜康酒曾是河南省洛阳市汝阳县的特色产品。杜康酒是中国历史名酒，因杜康始造而得名，有"贡酒""仙酒"之誉。而杜康是中国酿造秫酒的鼻祖。据东汉刘向所辑史书《世本》载："辛女仪狄作酒醪，以变五味，杜康造秫酒。"宋人朱翼中在《北山酒经》中说："杜康作秫酒，以善酿得名。"汝阳杜康酒为浓香型白酒，这种以上乘小麦和高粱为原料，以优质杜康矿泉水为酿酒水源，把传统工艺和现代化技术相结合，精酿而成的高、低度杜康酒均获国家优质产品称号，被外交部确定为国宴用酒和馈赠外宾的专用礼品酒，销售遍及全国并出口到俄罗斯、欧美、东南亚等多个国家和地区，受到了国内外消费者的普遍赞誉和好评。[①] 2002 年经国家质量监督检验检疫总局公告，列为"原产地标记注册"产品，公告文号是 2002 年第 6 号。当年，杜康酒成为河南省第一批"原产地标记"产品，为扩大产品出口创造了更为广阔的发展前景。

汝阳杜康酒的原产地在杜康造酒的遗址——杜康村，是中国秫酒的发源

---

① 汝阳杜康_ 百度百科［EB/OL］.［2015 – 11 – 14］. http：//baike. baidu. com/link? url = n9OQd B4LPLuRsgwMJ8Uev3lIuqpJJVWvI122zPiygMr7PVajjs4JuXaX3W3y2EzHuJWN8He_ lsTVeoSb7D9ZZK。

地和酒文化摇篮。该村距县城 25 千米，现为汝阳县蔡店乡所辖的一个行政村。这里独特的山地丘陵盆地地貌，优质而丰富的地下水源，肥沃的土壤，适宜酿酒的气候特征，造就了杜康酒的先天优势。自杜康在此造酒以来，民间酿坊林立，世代传承杜康酿酒技艺，使杜康村酿酒业千载不衰，造就了杜康村酿酒民俗和杜康酒文化这一华夏奇葩，成为华夏酒文化根之所在。[100]

杜康造酒遗址在汝阳县城北 25 千米的蔡店乡杜康村。该遗址南北长 3 千米，东西宽 2 千米。《直隶汝州全志·伊阳（今汝阳县）古迹》载："杜康石八，城北五十里，杜康造酒处，有杜水，《水经注》名康水。"该志卷九又载："杜水涧，城北五十里，因杜康造酒于此，故名。"省、市水利部门勘测认为：当地地下水天然资源储量超过 2.5 万吨/天，且水源有充分保证。地下水质为优质天然矿泉水，达到 GB5749－85 和 GB383888 确定的一级水质标准。该地南部水质优良，符合国家规定的饮用水标准，完全可满足生产的需要。[101]酿制杜康酒的泉水清冽碧透，味甜质纯。每遇夏季，可闻到一股天然的酒泉香。杜康酒属浓香型，以优质小麦采制高中温混合使用，又精选糯高粱为酿酒原料，并采取"香泥封窖、低温入池、长期发酵、混蒸续槽、量质摘酒、分级贮存、陈酿酯化、精心勾兑"等先进工艺。

汝阳县原名伊阳县，1959 年国务院将伊阳县更名为汝阳县，清顺治、康熙、乾隆、道光时期编修的 4 部《伊阳县志》都有相同的关于杜康村的记载。清道光重修的《伊阳县志》和道光年修的《汝州全志》中，也都有关于杜康遗址的记载。《伊阳县志》中"水"条里，有"杜水河"一语，释曰"俗传杜康造酒于此"。[102]

二、汝阳杜康酒的发展史

民国以来，人们在杜康村先后发现了 6 处古酿酒作坊遗址，其中东周酿酒遗址一处，汉代酿酒遗址一处，明、清酿酒遗址各两处。出土的古酒器有新石器时代的陶制酒器，夏商周三代的铜爵、铜尊等青铜酒器和明、清瓷质酒器等。从这个侧面可看出杜康历史文化的厚重。

1958 年出土的清《孙氏族莹碑》云："孙氏祖居洁泊，比及清初，迁居杜康村，卜葬刘伶池西，坟地四分。"杜康村，又称杜康仙庄。民国时期杜康村寨门楼上镶嵌的"杜康仙庄"石匾，为汉代遗物。杜康村民使用的柳条篮、钱褡等均书"杜康仙庄"字样，这些实物有一部分收藏在今杜康故里纪念馆内。

《中国名胜词典》第 699 页载：杜康村，在河南省汝阳县城北 25 千米，为杜康造酒处……所酿之酒为杜康酒。

汉代至唐宋年间杜康村的酿造业由官府督造，杜氏后裔主酿，从业者颇众。

1915 年杜康村民马福源所造"杜康"字号高粱酒代表河南官厅参加了巴拿马太平洋万国博览会，获甲等大奖章。

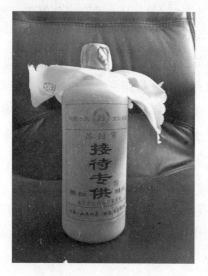

图 18-1 汝阳杜康（一）

图 18-2 汝阳杜康（二）

1947 年，中国人民解放军横渡黄河挺进豫西，9 月，陈赓兵团九纵二十七旅解放了汝阳县城。杜康村农民马九堂等民众用毛驴驮着杜康酒前往九纵司令部慰问，受到司令员秦基伟、政委黄镇接见。

1972 年，在周总理"复兴杜康，为国争光"的号召下，汝阳县政府组织力量，把杜康民间酿酒作坊合并扩建为汝阳县杜康酒厂。

党的十一届三中全会后，汝阳杜康酒厂所酿汝阳杜康酒畅销国内外，先后获得国家和国际金奖 136 个，被外交部定为"国宴用酒"。

图18-3　20世纪初生产的汝阳杜康酒　　　图18-4　如今位于汝阳县的杜康酒厂

2001年，汝阳杜康酒更以其独有的文化品牌优势被评为"中国十大文化名酒"之一，"汝阳杜康"牌商标亦被河南省工商局命名为"省著名商标"。2002年3月，"汝阳杜康"牌杜康酒被中华人民共和国国家质量监督检验检疫总局命名为河南省第一批"原产地标记"产品，从而在河南省"原产地标记"注册史上实现了零的突破。

第二节　伊川杜康酒的历史渊源

一、伊川杜康酒的原产地标记保护

伊川杜康酒曾是河南省洛阳市伊川县的特色产品。河南省伊川杜康实业有限公司的前身是伊川杜康酒厂，公司地处伊川县城南，位于当年酒祖杜康为酿酒所选的"虎泉"遗址上，周围青山绿水，环境优美，具有得天独厚的地质、水文、气候等自然酿酒条件。相传杜康当年"觅遍千里溪山，独择黑虎、白虎二泉"，在黑虎、白虎二泉附近酿酒。我国夏商周断代工程在伊川发掘出土的酒器，可以证实杜康造酒的渊源始于伊川地区。2002年4月国家质量监督检验检疫总局发布了 2002 年第 38 号公告，对伊川杜康酒（杜康牌）实施原产地标记保护，并颁发了相应证书。[103]

图 18-5　位于伊川县城的杜康塑像

二、伊川杜康酒的复兴与衰落

伊川杜康酒厂于 1968 年建厂，1971 年该厂酿酒师何修路率领攻关小组首先在国内恢复生产杜康酒。伊川杜康酒属于浓香型曲酒，选用杜康当年造酒的天然白虎泉水，以优质高粱和小麦为原料，采用古老的传统工艺和现代化科技精酿而成，具有"清洌透明、柔润芳香、醇正甘美、回味悠长"的独特风味。1972 年 9 月，日本国首相田中角荣访华，在宴会上说，"天下美酒，唯有杜康"，希望喝到杜康酒。周恩来总理当时答复一定让首相尽快喝到杜康酒。1979 年底，伊川杜康酒厂通过外交部将伊川杜康酒赠送给田中先生。此后，伊川杜康酒厂打入国际市场，并于 1988 年荣获中华人民共和国轻工业部出口创汇先进企业称号。1973 年，杜康酒生产由实验室小型实验转入工业试产进展顺利，当年试产杜康酒 35.7 吨。伊川杜康酒，1979 年被评为河南省优质产品，1984 年荣获全国旅游产品"景泰蓝"奖杯，1984 年在轻工业部酒类质量大赛中荣获银杯奖，1988 年被定为国宴用酒和馈赠外宾礼品用酒。1989 年，38 度、52 度伊川杜康在第五届全国白酒评比中荣获银质奖、国家优质奖，同年获首届北京国际博览会金奖。1992 年，获中国名优酒博览会金奖。1993 年 8 月，"中国杜康"在中国国际名酒节上同茅台等酒一起被评为特别国际金奖，同年，在全国驰名白酒精品推荐活动中，"中国杜康"和 45 度、38 度杜康酒被评为"中国驰名白酒精品"，跨入中国名酒行列。1994 年，获第五届亚太国际贸易博览会受消费者欢迎的最佳产品奖；1998 年，获国家质量达标食品称号；2002 年，获国家质检总局"原产地标记"产品称号；2006 年，"杜康"商标被认定为"中国驰名商标"和"中华老字号"。

2002 年，伊川县人民法院在伊川杜康酒厂大门前贴出公告：自 1994 年始，至 2002 年 7 月，该厂累计亏损 14141 万元，总资产 13401 万元，资产负债率 170%。申请人申请理由成立，依照《中华人民共和国破产法（试行）》第三条第一款之规定，于 2002 年 8 月 29 日裁定宣告河南省伊川杜康酒厂破产还债。[104]

2003 年 11 月，洛阳高新申泰有限公司斥资 4501 万元全资收购伊川杜康酒厂，组建了伊川杜康实业有限公司，并于 2004 年 1 月 10 日正式挂牌运营，一举成为洛阳市民营企业收购国有企业的成功范例。伊川杜康实业有限公司成立以来，始终坚持以质量为生命、向管理要效益的原则，内抓管理，外树形象，取得了良好的社会效益和经济效益。由于"产量高、质量好、效益佳"，2004 年 12 月，杜康牌系列酒获得了"河南省免检产品"称号。2005 年，杜康牌商标荣获"全国酒类产品质量安全诚信推荐品牌""河南省著名商标"和"中国驰名商标"称号。董事长刘更申被评为"豫酒十大领军人物"之一。2006 年 9 月，伊川杜康又荣获"河南省名牌产品"称号。[105] 2007 年，伊川杜康实业有限公司的杜康牌白酒入选商务部公示的第六届"中国名酒"评定初选名单。

第三节　一个商标两省三企争战四十年

一、第一轮杜康商标权纠纷

20世纪60年代至70年代，河南省的伊川县、汝阳县和陕西省白水县，先后办起了杜康酒厂，开始研制生产杜康酒。3家杜康酒厂建厂之时正处在我国计划经济时代，企业和政府管理部门保护商标的意识比较淡薄，加之法律法规不健全等历史原因，3家酒厂根据我国酿酒行业的传统习惯，都将杜康作为酒的特定名称，而没有作为商标注册。1980年，国家工商总局等部门联合发出《关于改进酒类商品商标的联合通知》，要求酒的名称和商标名称统一，一种商标只允许一家注册。伊川、汝阳、白水3家酒厂先后以杜康传人的名义，申请在酒商品上注册杜康商标，开始了第一轮杜康商标争夺。河南省为保证杜康商标注册后两家共同使用的权益，下发了豫政〔1981〕137号文件，文件明确做出了"同一商标，两厂共同使用"的规定。为协调杜康商标的注册和使用，国家商标局于1983年7月将伊川、汝阳、白水3方召集到北京，试图通过座谈解决这一纠纷。三方"杜康传人"达成一致意见：由伊川酒厂注册"杜康"商标，允许汝阳、白水两家共同、无偿使用，即采用一家注册，许可其他两家共同使用的方法处理这个历史遗留问题。

签订协议后，伊川、汝阳、白水3家酒厂共同使用杜康商标，从此开创了杜康酒新时期的辉煌。不但国内紧俏，而且出口海外多个国家，被国家主管部门授予了各类荣誉奖项，3家酒厂均成为当地的利税支柱。但随着市场竞争日趋激烈，3家酒厂在销售、广告宣传等方面逐渐出现了分歧，以致3家酒厂对当初杜康商标由伊川酒厂注册、3家共同使用的协议产生了分歧。白水杜康主要在陕西渭南地区销售，跟另外两家酒厂几乎不存在竞争，因此得以置身事外。而伊川杜康和汝阳杜康都在洛阳市，相距不过几十千米，常常因为产品相似、市场相同而擦枪走火，市场竞争白热化，最后发展成为当地和业内熟知的"两伊大战"（注：汝阳古称伊阳）。

二、第二轮杜康商标权纠纷

1989 年 8 月，河南汝阳酒厂向国家商标局提出了"杜康河""杜康泉""杜康村"商标的注册申请，这一申请的提出，拉开了长达 15 年的第二轮杜康"商标内战"。2001 年，伊川杜康的广告语说"正宗杜康，根在伊川"，表示自己是真正的杜康酒。汝阳杜康则在酒店布满了上书"汝阳杜康，酒祖故乡"的宣传广告牌，说自己是杜康酒的发源地，双方毫不示弱。[106] 由于杜康商标是由伊川杜康注册的，遂成为伊川杜康在竞争中的尚方宝剑，而商标归属权一直成为汝阳杜康的软肋。

20 世纪八九十年代，杜康酒曾被中央办公厅和外交部专函采购，用于招待中央首长和接待海内外贵宾，还畅销北京、天津等全国各地市场，并出口到日本、韩国等数十个国家和地区。但由于杜康商标"一家注册、多家使用"引发的"商标大战"等多种原因，杜康酒在世纪之交跌入历史低谷，品牌价值被严重稀释。①

2005 年新年伊始，关于"杜康"的商标纠纷再次达到白热化。北京市高级法院对杜康商标争议案做出终审判决，撤销了国家工商行政管理总局商标评审委员会"准予杜康村、杜康泉、杜康河商标注册"的裁决。

3 家杜康酒厂因为争夺商标爆发口水战甚至诉诸法律，价格战、产品战、促销战不断上演，消耗了彼此大量的精力和财力，导致杜康酒虽然名满天下，却没能借白酒行业快速发展的"东风"壮大。有事实为证：早在 20 世纪 80 年代时，杜康的品牌价值一度高达 50 亿元，陕西及洛阳 3 家杜康酒厂的总产值曾达到 4000 万元，而当时的五粮液销售收入仅为 1500 万元。20 多年后，当五粮液销售收入早已猛增到一两百亿元时，3 家杜康酒厂总体销售收入却不过 6 亿元，其没落程度可见一斑。其实，3 家酒厂都知道继续争斗下去无疑是严重内耗，但水火不容的态势让他们难以坐下来细谈。

就在杜康家族不断内讧时，各种与杜康商标近似的商标开始泛滥，假酒横行，使得杜康商标的市值从鼎盛时的 50 亿元缩到了 1 亿元。据不完全统

---

① 杜康控股［EB/OL］．［2015 - 12 - 13］．http：//www.dukangwang.com/intro/.

计，仅洛阳市场，各种名目的杜康品牌就有 400 多个，全国各地有杜康酒生产线 30 多条，甚至掏 2 万元就可以买到杜康酒的生产权。

由于白酒市场竞争日益激烈，再加上受到国企陈旧体制的束缚，伊川杜康的生产经营逐步陷入困境，几乎是"长醉不醒"。1992 年，洛阳市政府曾将两家企业组成中国洛阳杜康集团，但由于两县政府和企业都不太热衷等种种原因，双方的合作"貌合神离"，1 年之后，集团运作自动终止。1996 年，三九集团一度兼并了困境中的伊川杜康，但三九集团最终没能拯救伊川杜康，后黯然离去。一位知情人士说："双方在企业文化、经营理念上存在巨大的差异，三九集团派来的人员对白酒的经营管理也不熟悉。"为了挽救伊川杜康多年的困局，当地政府先后委派了八九位厂长，但是最终回天乏术。在市场的压力下，2002 年 8 月，伊川杜康正式宣布破产。

2003 年 5 月，伊川杜康曾经举行过一次拍卖会，因受"非典"等多种原因的影响，最后因无人缴纳保证金而流拍。一位熟悉伊川杜康的资深人士表示："伊川杜康酒厂当时的评估价格为 8000 万～9000 万元，而其销售渠道、市场占有率、现有厂房物资的总价值并不值这些钱。最被买家看好的'杜康'商标也因另两家杜康酒厂的争议而变得扑朔迷离，所以伊川杜康首次拍卖'流产'也在情理之中。"2003 年 11 月，在只有一家公司应标的伊川杜康酒厂第二次拍卖会上，最终被洛阳高新申泰有限公司以 4501 万元的价格收购。[107]

2006 年，"杜康"丢掉了商务部颁发的"中华老字号"的招牌。据悉，一个重要原因就是"在打官司的同时，忽视了对历史遗产的呵护与传承"，多年的纷争严重损害了"杜康"这一品牌的形象。2007 年，汝阳酒厂也进入了破产程序，百瑞信托成功竞买汝阳杜康（集团）总公司的破产资产，设立汝阳杜康酿酒有限公司，成为一家股份制企业。[108]

鹬蚌相争，渔翁得利。"两伊大战"使得洛阳的两个酒厂两败俱伤，破产倒闭；而陕西杜康却坐山观虎斗，羽翼丰满，异地崛起。2003 年，整个杜康品牌在全国的总销售量为 15 亿元左右，而陕西白水杜康年销售额已经超过了伊川杜康和汝阳杜康两家之和。2005 年，中央电视台国际频道播出了《谁为杜康解忧?》节目，道出了个中种种难言的滋味。[109]

三、第三轮杜康商标权纠纷

2009 年 3 月 29 日上午，洛阳市政府、河南杜康酒业股份有限公司的母公司河南杜康投资集团有限公司和汝阳杜康酿酒有限公司的母公司百瑞信托有限责任公司，在战略合作协议上签字。双方一致决定，依照统一经营管理、统一市场、统一品牌的原则，通过股权合作对杜康酒业实施全面整合，"内耗"了 30 多年的河南杜康两兄弟握手言和了。计划经济时期挽的"死结"，渐渐被资本和市场解开。但针对杜康商标的大战仍未结束。伊川杜康和汝阳杜康在签署合作协议时均表示，双方的合并是上市融资和统一国内外杜康概念的基本条件，为下一步整合白水杜康提供了条件。[110]2009 年 2 月底，河南杜康投资集团以商标侵权为由，将国家工商总局和商标评审委员会列为第一和第二被告，将陕西杜康酒业集团列为第三被告，向北京市第一中级人民法院起诉，但其核心目标是陕西白水杜康，认为杜康这个商标是河南的，而非陕西白水杜康的。[111]第三轮杜康商标大战由此开启。

同年 6 月，北京市第一中级人民法院一审宣判结果是：河南杜康集团的诉讼缺乏事实和法律依据，法院不予支持，维持国家工商总局商标评审委员会 2008 年做出的关于白水杜康商标的争议裁定，维持了白水杜康商标的注册。陕西白水杜康胜诉。[112]2010 年 8 月，北京高级人民法院做出行政裁定，行政裁定的内容表述了河南杜康正式撤诉，陕西杜康酒业集团正式拥有了白水杜康商标的所有权。河南杜康酒业股份有限公司的工作人员认为，河南杜康公司处于过渡状态，[113]高层领导做出这个决定可能是顾及这个因素。

第四节　洛阳杜康控股有限公司续写新辉煌

一、洛阳杜康控股有限公司及其系列产品

洛阳杜康控股有限公司是一家以酒业为主导产业，集研发、生产、经营、

销售、管理于一体的综合性控股公司，旗下拥有汝阳杜康酿酒有限公司和河南杜康酒业股份有限公司（原伊川杜康）两家全资、控股子公司。洛阳杜康控股有限公司主打产品有酒祖杜康、杜康醇、杜康（荷亭醉）、杜康贡酒等系列产品，100多个品种。该公司是在汝阳、伊川两家"杜康"战略整合的基础上，于2009年11月24日新组建的大型控股企业，注册资本6亿元人民币，下属两大生产基地（河南杜康酒业股份有限公司，简称"伊川生产基地"；汝阳杜康酿酒有限公司，简称"汝阳生产基地"）。企业占地面积1600余亩，拥有全自动成装生产线10多条，年生产原酒能力上千余吨。公司现拥有国家级评酒委员2名，省级酿酒大师1名，省级评酒员18名，其他工程师及技术人员近200名。通过系列化的技术管理，杜康酒已经形成了自己独有的特色和风格：清澈透明，浓郁芳香，醇正甘美，回味悠长。现在的杜康品牌无论是内在质量还是外在形象都已经具备了行业领先能力。国花杜康系列，与千年帝都、洛阳牡丹交相辉映，已成为省市商务、公务接待用酒。中华杜康系列，是中华"国之风范"代表性品牌，已成为德善修身、和谐兼爱、品位高雅的礼仪之酒。老杜康系列，口感纯正，质优价廉，深受消费者青睐。[114]

二、洛阳杜康控股有限公司的发展战略

2009年底，汝阳、伊川两家杜康酒厂战略重组成为杜康控股，通过提升原酒生产和储存能力，改善酿酒技艺和产品品质，优化主营产品线结构，吸纳行业内外精英，聚焦战略核心产品，加大广告宣传力度等，推动杜康销售收入连续3年每年至少翻两番，2012年从豫酒六朵金花末位升到第一位，经销商数量从几百家扩容到三千多家，并在中原酒业中率先打入英国、美国、韩国等市场，还在电子商务、微博微电影等微营销、白酒私人酒窖、白酒证券化等领域引领豫酒复兴，将杜康推向空前繁荣。

杜康控股有限公司将继续担负"复兴杜康、为国争光"的历史使命，实施"品质杜康、文化杜康、责任杜康"三大发展战略，依托杜康生态酿酒工业园、杜康造酒遗址公园、杜康文化广场、华夏第一窖等，打造集工业游、文化游、休闲游、生态游等于一体的中国独一无二的华夏酒文化传承基地、中国历史文化名酒旅游区；继续夯实各项生产发展基础，聚焦战略核心产品

酒祖杜康，全面提升杜康酒的酿造技艺和品质，加大品牌广告宣传投放力度，立足中原大地，面向全国甚至全球市场，推动杜康品牌价值强势回归。

第五节　杜康酒的文化内涵

杜康酒是中国最古老的历史名酒，又产在中国酒文化的摇篮——杜康村，吸引了古今中外无数名人对它讴歌赞颂，有力地推动了杜康酒的不断发展。历代墨客文人与它结下不解之缘，[1] 常以诗咏酒，以酒酿诗，诗增酒意，酒助诗兴，觥筹交错，华章汗牛。从 1968 年至今的 50 多年来，"杜康"承起了产业荣辱兴衰的发展史，这既是洛阳白酒产业发展的历史，也是一部有关现代企业经营管理的历史，还是杜康酒的现代文化史，谱写了诸多供其他行业和后来者参考的可圈可点的荣光、败笔和思想。

一、历史名人与杜康酒

魏武帝曹操在《短歌行》中有"慨当以慷，忧思难忘，何以解忧？唯有杜康"之句，成为千古绝唱。

曹植《七启》诗中有"春清漂酒，康狄所营，应化则变，感气而成"之句。

"竹林七贤"之一的诗人阮籍"不乐仕宦，惟重杜康"，听说步兵校尉衙门藏有杜康三百斛，便辞官而去。

东晋大诗人陶渊明在《止酒》诗题材下自注云："仪狄造酒，杜康润色之。"

前秦赵整《酒德歌》中曰："地列酒泉，天垂酒池，杜康妙识，仪狄先知。"

---

① 百度百科. 汝阳杜康 [EB/OL]. [2011 - 11 - 14]. http：//baike. baidu. com/link? url = n9OQd B4LP LuRsgwMJ8Uev3lIuqpJJVWvI122zPiygMr7PVajjs4JuXaX3W3y2EzHuJWN8He_ lsTVeoSb7D9ZZK。

唐代大诗人杜甫曾吟"杜酒频劳劝，张梨不外求"。

唐代大诗人白居易在《酬梦得比萱草见赠》中曰："杜康能解闷，萱草解忘忧。"

唐代诗人皮日休《酒床》诗中有"滴滴连有声，空疑杜康语"之句。

唐代诗人王绩著有《祭杜康新庙文》，其辞曰："两仪判辟，万象森罗。都邑未建，鸟兽独多。茹毛饮血，巢居穴窠。天地不交，人灵未知。智哉先生，爰作甘醴。上配百牢，下主五齐。以宴以祷，为樽为洗。万神以降，三献成礼。……我瞻前说，功高受赏。嗟嗟先生，其义可想。肇基曲蘖，先开祀缝。大礼斯备，群贤就养。敢依河曲，建尔灵祠。前临极案，却就长矶。茅茨不剪，采椽不治。扫地而祭，神期享之。"

唐诗人贾岛《送李登少府》中曰："伊阳耽酒尉，朗咏醉醒新。应见嵩山里，明年踯躅春。"

北宋文学家苏轼在《和陶止酒并引》中云："从今东坡室，不立杜康祀。"

北宋哲学家邵雍在其《逍遥津》中写道："总不如盖一座安乐窝，上有琴棋书画，下有渔读耕樵，闲来了河边钓，闷来了把琴敲。吃一辈子杜康酒，醉乐陶陶……"

宋文学家张表臣有诗曰："中古之时，未知曲蘖，杜康肇造，爰作酒醴，可为酒后，秫酒名也。"

南宋大词人辛弃疾在一首《沁园春》词中写道："杜康初筮，正得云雷。"

南宋朝王十朋有诗云："妙意能施杜康手。"

金代文学家元好问在《鹧鸪天·孟津作》中写道："总道忘忧有杜康，酒逢欢处更难忘。"

二、关于杜康造酒的十个民间传说

关于酒的起源的多种说法中，真正与酒的酿造有关系的，是杜康。他的历史贡献在于创造了秫酒的酿造方法。秫酒就是以黏性高粱为原料制成的清酒，即粮食造的酒。杜康奠定了中国酒品制造业的基础，被后人尊崇为酿酒鼻祖和酒圣，又被称作酒祖。

中国古代酿酒的历史源远流长，为酿酒业做出了杰出的贡献，非一人之力可以完成，但杜康是一位代表，在某种意义上，传说中的酒神杜康代表了古代中国人的文明精神、科学精神和独创精神。明代，冯时化所著的《酒史》讲道，杜康死后，人们尊杜康为酒神、酒祖，并立庙祭祀，逐渐将杜康发展成了一种光辉灿烂的文化，可见人们对于杜康在酿酒业上的地位是极度推崇的。[115]

1. 杜康造酒的传说之一

关于杜康最初是如何造酒的，有一种说法是杜康"有饭不尽，委之空桑，郁结成味，久蓄气芳，本出于代，不由奇方"。就是说，杜康将未吃完的剩饭，放置在桑园的树洞里，剩饭在洞中发酵后，有芳香的气味散出。这就是酒的做法，并无什么奇异的办法。这段记载在后世流传，杜康便成了能够留心周围的小事，并能及时启动创造灵感的发明家了。

2. 杜康造酒的传说之二

老辈人常说，杜康河上有三奇：河雾平不及岸，鸭蛋黄鲜血样红，虾米两两相抱蜷腰横行。据说，杜康河上这三奇，是王母娘娘贬金童玉女到杜康河上才有的。杜康河沿岸饮用此水的居民如果生双胞胎，往往是龙凤胎。

《汝州全志》中说："杜康叭""在城北五十里"处的地方。今天，这里倒是有一个叫"杜康仙庄"的小村，人们说这里就是杜康叭。"叭"，本义是指石头的破裂声，而杜康仙庄一带的土壤又正是山石风化而成的。从地隙中涌出许多股清洌的泉水，汇入村旁流过的一小河中，人们说这段河就是杜康河。杜康河流经杜康仙庄河段300米内，两岸峡隙，百泉喷涌，人称"一里百泉"。令人感到有趣的是，在杜康仙庄这段河道中，生长着一种长约1厘米的小虾，河中小虾呈红、白、黄、黑、紫五色，游时两两相抱，状如鸳鸯，蜷腰横行，为别处所罕见，俗称"五彩鸳鸯虾"。生长在这段河套上的鸭、鹅食此虾后产的蛋为橘红色，蛋黄泛红，且多为双黄。双黄蛋历来被称作"贡蛋"，与杜康酒一起有"双贡"之誉，为杜康仙庄两大特产。此地村民由于饮用这段河水，竟没有患胃病的人。在距杜康仙庄北十多千米的伊川县境内，有一眼名叫"上皇古泉"的泉眼，相传也是杜康取过水的泉子。

3. 杜康造酒的传说之三

传说，在很早很早以前，汝阳有个杜康村，村头有一口泉水，甘甜醇美，净无一尘。泉旁有户人家，老头姓杜名康，据说是夏禹的后裔。老头和老伴儿，就像那口甘泉一样，性情温和，心地善良，是远近闻名的好人。

老两口无田无地，就靠着那口泉水酿酒度日。他们清晨汲水，整日精心酿造，每月只酿得醇酒三坛。传说有什么"竹叶青""状元红"，但最醇美的要算"千日醉"了。那"千日醉"真是：开坛三家醉，泛杯十里香。饮此酒者，不过三杯，就要醉倒，一醉就是一千日。好酒得有个好价钱。杜老头在酒馆墙上题了一首诗：

一壶黄酒三百两，一壶烧酒换江山。君子但饮三杯酒，不醉三年不要钱。

在一个百花争艳的三月天，杜老头因有事，需要外出三天，临行时，他对老伴儿说："若有人来饮高酒，须得留下姓名和地址，以便讨要酒钱。"嘱咐完，就出门去了。

日将午时，从门外走来一位面净衣洁、举止温文的老头。他姓刘名伶，原是江南人，因为仕途坎坷，就和妻儿来到这汝阳县，置了几亩田产度日。刘伶有一个嗜好，用他自己的话来说，那就是："抱杯读经典，饮酒著文章。"他每日以酒为友，以酒为乐，还专门写过一篇《酒德颂》的文章。今日，他闲暇无事，就独自一个人到郊外来踏青，恰巧闻到了酒香，这下可刺醒了他那肚里的"酒虫子"。他迎着酒香，一路跑到泉边酒家。

刘伶一踏进门，就看到墙上那首既像价目表，又像酒广告的诗，不由得嗤之以鼻，心想：什么高酒，这样夸口。随即往桌旁一坐，呼唤："酒家，拿酒来！"杜老媪走出来一看，是个陌生人，忙问："客人，吃酒吗？"刘伶见是个老媪，就笑了笑，说："嫂夫人，我是来吃酒的，却要高酒。"杜老媪问明姓名、住址，就给捧来了"千日醉"。刘伶接到酒后，一股浓烈的酒香直扑鼻腔，喝后顿感一阵醉意。杜老媪一看，刘伶醉了，就唤来酒二，把刘伶送回家去。

刘伶回到家里，妻子一见，知道又醉了，和往日一样，忙去侍候。刘伶高枕在榻上，自觉这一醉不同往日，就对妻嘱咐说："人生总有个到头的一天，只要死得痛快，也就瞑目了。我们一世夫妻，我死后，你就把我埋在咱那酒缸旁。在世我爱吃酒，死后我还要醉倒在九泉。"说完，就渐渐地"死"

去……

刘伶叫酒魇死了，刘妻怎么能不痛伤呢？她痛苦地哭了一场，把丈夫埋葬了。但是，没有埋在酒缸旁，而是埋在了城南的一眼清泉旁。

三天过后，杜老头回到家里，知道了在他走后的那天，安宿庄有个叫刘伶的先生来到酒馆，吃了"千日醉"。于是他取来账簿，看到上面清清楚楚地记下了日期、姓名和村名。他亲自到安宿庄走了一趟，知道人已"死"了，也埋葬了，就把此事搁下了。

月缺了，又圆了。每到月圆的时候，杜老头就在刘伶的名下，画上一个形似月轮的圆圈圈。等画到34个圈圈时，杜老头掐指一算，刘伶已到酒醒之日。于是，他就准备去刨墓、讨账。

杜老头来到刘伶家里，对刘妻说："刘先生吃酒千日醉，已到了酒醒之时。"刘妻没有听完，就感伤地说："老大爷，你何必这样说。人死哪会复生？"杜老头忙解释说："刘先生吃的是'千日醉'。是醉，不是死。"刘妻略带愠色地说："你造的酒又不是王母娘娘蟠桃会上的仙酒，哪有一醉千日复醒的？一棵树死掉，只有一天天地腐朽下去，哪有再生之理？"杜老头劝不动刘妻，就闷闷地走了出来，他一路想：刘伶的妻子不知道酒的奥秘，不愿意刨墓。我若去刨，必然会引起误会，落个偷刨人家坟墓的坏名。若是不刨，刘伶到时间酒醒后，必然会因为憋闷而真的死去。这如何是好？他边走边想，想着想着，眉头渐渐地展开了，头也抬起来了，急急地走回酒馆。

天黑了，人静了。在头更鼓打过后，杜老头偕同酒二，掮上镢头、铁锨，出了酒馆，向刘伶坟上走去。

两人来到坟墓前，动手刨起来。刨呀，刨呀，刨到三更过后，才露出花棺。两人一见花棺，欣喜非常，就忙去撬棺盖。棺盖揭开后，一股子浓郁的酒气，直冲上来，立即把酒二冲倒了。杜老头一见，对酒二说："你这一醉，也少不了千日。"随即把酒二送出墓穴。杜老头回到棺材前，见刘伶已坐起来了，说："啊，刘先生已经醒过来了！"刘伶听到有人说话，睁开惺忪的双眼，借着月光仔细一看，咦？自己怎么坐在土坑的棺木里，莫非自己已经死掉了？再一细看，面前站着一位素不相识的老大爷。于是，他迷惑不解地问："我是死掉了，还是做梦？"杜老头哈哈大笑，说："刘先生是吃了'千日醉'，酒后复苏的。"刘伶忙问："老大爷，你是谁？""我叫杜康，是来讨要酒钱的。"一句话说得刘伶恍然大悟,忙起身作揖施礼。

东方发白的时候,刘伶偕同杜老头,回到家门前。叩开门,妻子一见,不由得跟跟跄跄地向后退了几步。她惊疑地盯着三年未见的丈夫,说不出话来,刘伶和杜老头一看,相视而笑。刘伶忙对妻子说:"是杜兄救我复生,快过来谢过杜兄。"妻子一听,惊喜得泪花扑簌簌地顺脸直流。她连忙对杜老头深深地拜了再拜,还说:"老人家可是大恩人。"

刘伶偕同杜老头走进家门,把他让在上位。刘妻连忙取来清茶,亲手捧给杜老头。两人论酒说酿,促膝相谈,直谈了三天三夜,还是不忍分离。后来,刘伶凑齐了酒钱,双手捧给杜老头。

杜康接钱在手,抚了又抚,叹息地说:"银钱可以通天地,利万事;也可以黑人心,绝亲友,伤骨肉。今日我不是为讨钱而来,是为了寻觅同道而来,老弟你就跟我走吧!"于是,两人出得刘伶的家门,携手并肩,有说有笑地向南去了。

4. 杜康造酒的传说之四[①]

据传洛阳伊川县皇得地村在风景秀丽的龙泉山下,南有九皋山,北对龙门山,东有凤山,西有虎山,四山中点缀六泉,上曰古泉,中曰酒泉,下曰龙泉,左谓凤泉,右谓虎泉,西谓平泉。龙门九皋山,有一段"杜康造酒醉刘伶"的趣闻。据说,杜康在洛阳龙门九皋山下开了一个酒店,店门上贴着一副对联:"猛虎一杯山中醉,蛟龙两盅海底眠。"横批:"不醉三年不要钱。"一天,名士刘伶路过这里,看了对联,大摇大摆地进了酒店。"店家拿酒来!"刘伶话音一落,只见店帐内一位鹤发童颜的老翁捧着酒坛走过来,刘伶连喝三杯,只觉得天旋地转,连忙向店家道别,跌跌撞撞回家去了。三年后,杜康到刘伶家讨要酒钱。家人说,刘伶已经死去三年了。刘伶妻子听到杜康来要酒钱,又气又恨,上前拉住杜康要去见官家。杜康拂袖笑道:"刘伶未死,是醉过去了。"众人不信,打开棺材一看,脸色红润的刘伶刚好睁开睡眼,伸开双臂,深深打了个哈欠,吐出一股喷鼻酒香,得意地说:"好酒,真香!"

---

① 好搜百科. 伊川杜康酒 [EB/OL]. [2015 – 12 – 11]. https://www.haosou.com/s? ie = utf – 8&src = dlm&shb = 1&hsid = b56854ef063bdef3&ls = n6075a44d8c&q = % E4% BC% 8A% E5% B7% 9D% E6% 9D% 9C% E5% BA% B7。

5. 杜康造酒的传说之五

杜康，中国秫酒的创始人，史称酿酒鼻祖。晋人江统著的《酒诰》中记载："酒之所兴，肇自上皇，或云仪狄，一曰杜康。有饭不尽，委余空桑，郁积成味，久蓄气芳，本出于此，不由奇方。"西汉刘向所辑的《世本》一书中记载："帝女仪狄作酒醪，变五味，杜康作酒。"宋朝朱翼中《酒经》中也说："酒之作尚矣，仪狄作酒醪，杜康作秫酒。"又说："空桑秽饭，酝以稷麦，以成醇醪，酒之始也。"其他如《竹书纪年》《战国策》《史记》《汉书》《水经注》《杜氏志要》《酒谱》等历史典籍中均有杜康造酒的记载和描述。

传说杜康原是黄帝手下的一位大臣，黄帝命杜康管理粮食生产，杜康很负责任。由于土地肥沃，风调雨顺，连年丰收，粮食越打越多。那时候由于没有仓库，更没有科学的保管方法，杜康把丰收的粮食堆在山洞里，时间一长，因山洞里潮湿，粮食全霉坏了。黄帝知道这件事后，非常生气，下令把杜康撤职，只让他当粮食保管员，并且说，以后如果粮食还有霉坏，就要处死杜康。杜康由一个负责管粮食生产的大臣，一下子降为粮食保管员，心里十分难过。但他又想到嫘祖、风后、仓颉等人，都有所发明创造，立下大功，唯独自己没有什么功劳，还犯了罪。想到这里，他暗自下决心：非把粮食保管这件事做好不可。有一天，杜康在森林里发现了一片开阔地，周围有几棵大树枯死了，只剩下粗大的树干，树干里边已空了。杜康灵机一动，他想，如果把粮食装在树洞里，也许就不会霉坏了。于是，他把树林里凡是枯死的大树，都一一进行了掏空处理。不几天，就把打下的粮食全部装进树洞里了。谁知，两年以后，装在树洞里的粮食，经过风吹、日晒、雨淋，慢慢地发酵了。一天，杜康上山查看粮食时，突然发现一棵装有粮食的枯树周围躺着几只山羊、野猪和兔子。开始他以为这些野兽都是死的，走近一看，发现它们还活着，似乎都在睡大觉。杜康一时弄不清是啥原因，还在纳闷，一头野猪醒了过来。它一见来人，马上蹿进森林里去了。紧接着，山羊、兔子也一只只醒来逃走了。杜康上山时没带弓箭，所以也没有追赶。他正准备往回走，又发现两只山羊在装着粮食的树洞跟前低头用舌头舔着什么。杜康连忙躲到一棵大树背后观察，只见两只山羊舔了一会儿，就摇摇晃晃起来，走不远都躺倒在地上了。杜康飞快地跑过去把两只山羊捆起来，然后才详细察看山羊刚才用舌头在树洞上舔什么。不看则罢,一看可把杜康吓了一跳。原来装粮食的树洞,已裂开一条缝子,里面的水不断渗出,山羊、野猪和兔子就是舔了这种水才倒在地上的。水的味道虽然有些辛辣,却特别醇美。他越尝越想尝,最后一连喝了几口。这一喝不要紧,霎时,只觉得天旋地转,刚向前走了两步,便身不由己地倒在地上,昏昏沉沉地睡着了。不知过了多长时间,当他醒来时,只见原来捆绑的两只山羊已有一只跑掉了,另一只正在挣扎。他翻身起来,只觉得精神饱满,浑身是劲,一不小心,就把正在挣扎的那只山羊踩死了。他顺手摘下腰间的尖底罐,将树洞里渗出来的这种味道浓香的水盛了半罐。回来后,杜康把看到的情况,向其他保管粮食的人讲了一遍,又把带回来的味道浓香的水让大家品尝,大家都觉得很奇怪。有人建议把此事赶快向黄帝报告,有的人却不同意,理由是之前杜康让粮食霉坏了,被降了职,现在又把粮食装进树洞里,变成了水。黄帝如果知道了,即使不杀他的头,也会把杜康打个半死。杜康听后却不慌不忙地对大伙说:"事到如今,不论是好是坏,都不能瞒着黄帝。"说着,他提起尖底罐便去找黄帝了。黄帝听完杜康的报告,又仔细品尝了他带来的味道浓香的水,立刻与大臣们商议此事。大臣们一致认为这是粮食中的一种元气,并非毒水。黄帝没有责备杜康,命他继续观察,仔细琢磨其中的道理,又命仓颉给这种香味很浓的水取个名字。仓颉随口道:"此水味香而醇,饮而得神。"说完便造了一个"酒"字。黄帝和大臣们都认为这个名字取得好。从这以后,我国远古时候的酿酒事业开始出现了。后世人为了纪念杜康,便将他尊为酿酒始祖。[116]

6. 杜康造酒的传说之六

杜康村流传着杜康造酒的另一个故事。传说杜康是周朝人,他的祖父叫杜伯,是周宣王的大臣。杜康小时候,周宣王杀了杜伯全家,只有杜康的叔叔杜隰带着他逃出家乡。这一天,他们来到汝阳地面,顶着日头爬上凤凰岭,热得汗珠儿直往地上掉,渴得嗓子直冒火。正在这时,前面出现一大片桑林,林边有一股泉水正往外冒。他们急忙跑到泉水边去喝水。谁知道一跑进桑树林,这里竟像换了一个天地。草绿绿、水清清,凉爽宜人,汗水很快也没有了。杜康说:"叔父呀,落难人四处都是家,这么好的去处咱们也难找,我看咱们就在这里住下吧!"往哪里去,杜隰心里也没谱,他听杜康说得有理,就在这里搭木为屋,住了下来,渴喝泉中水,饥采林中果,馋捕河中鱼,饿打树上鸟。虽然日子清苦，不似家中富贵，但自食其力免得被官府通缉倒也心情舒畅。有一天，杜隰正要带着杜康上山去打猎，从岭下走上来一个人。他叫胡大，是这凤凰岭一带有名的泼皮。他见杜隰叔年轻力壮有一身好力气，杜康虽年少，但眉清目秀，聪明机灵，两眼一眨巴就想出了个歪主意。他说："你们是何方人士，怎么住在我家的山林宝泉上？怪不得这些天我家净出倒霉事儿，原来是你们扰乱了我祖上的风水宝地，毁了我家的财气。"杜隰叔急忙上前赔礼道："官人息怒，我们是河西人氏，不知这里规矩，请您海谅。"那胡大一听杜隰叔说他们是外地人，知道好欺负，越发蛮横起来，说："并非是我有意欺侮你，我这里规矩，凡侵他人祖荫，要沦为人奴，你随我下山去吧！"杜隰叔是个老实人，怎会知道这其中有诈，随着胡大下了山。从此，杜隰叔给胡大家干农活，杜康就给胡大家放羊。那年杜康才 7 岁，天天顶风冒雨去放羊，你想那日子可咋过哩！暗地不知落过多少泪，哭过多少场。每天天刚麻麻亮，杜康就赶着羊上了山，他知道桑树林是个好地方，天天都把羊赶到那里放。这胡大是个掉粒芝麻也寻三天的吝啬鬼，光想让干活，舍不得让人吃饭，每天杜康上山放羊，只发给杜康一个秫米团做干粮。杜康每天把羊赶到桑树林，就把干粮放在一棵老桑树的树洞里，然后躺在树下歇。每到这时候，他就想心事。他想：我出身贵族，过去山珍海味吃不完，出门回家香车宝马相接相送。现在落到这步田地，秫米团团也不让吃饱，还挨打受气。他越想越生气，连那放在树洞中的秫米团也不想吃了。就这样天长日久，放在桑树洞里的秫米越积越多，而杜康不思饮食，身子越来越瘦。杜康的叔父见杜康一天比一天消瘦，心里很难过，认为杜康是常吃秫米受不住得了病，找人打听，得知用会发酵的曲粉能治这病，就找了些曲粉让杜康吃。这一天，杜康又把羊赶上山，坐在老桑树下嚼曲粉，他想："都是宣王那老东西不讲理，才逼得我有家难归沦为奴隶，心里积着仇恨，吃这曲粉有何用？"一气之下，顺手把一把曲粉也扔在桑树洞里，趴在地上就气呼呼地睡着了。突然，"轰轰隆隆"，天空响起闷雷，把杜康从梦中惊醒，他睁开眼一看，黑压压的乌云已经遮住了半个天空，冷飕飕的狂风也从西天狂卷而来，眼看就要下雨了。杜康一骨碌从地上爬起来，拿起鞭子赶着羊就往山下跑。没跑出半里路，突然一阵炸雷，几道电光闪过，接着雨就像天上扒开了豁子，一个劲儿地往地上浇起来。杜康的身子本来就很虚弱，怎经得住这暴雨淋、狂风吹，回去就病倒了。光阴似箭，日月如梭，转眼 3 个月过去了。杜康的病越来越重，一会儿热汗淋漓，一会儿浑身发抖，每天不知要热热冷冷多少次。杜康被折磨得颧额凸起，肋骨外张，浑身只剩皮包骨头。杜康知道自己的病没得治了，早晚要死在这地方。他想：我来这里受尽磨难，本想苦尽甘来，再有出头之日。怎料想，世事坎坷，苍天不留杜家之后，竟让我这样窝窝囊囊地死去，不如趁我还有一口气，到桑树林去，在那棵大桑树上刻字留记，就是死在那里，家里人来也能寻到我的遗骨。主意拿定，杜康苦撑着虚弱的身子往老桑林走去。刚走到桑林边，忽觉一阵扑鼻的芳香气味飘过来，顿觉目清气顺，身上也有了劲儿。这是啥味儿？他一边想着，两眼滴溜四处瞅，瞅来瞅去瞅到他扔秫米团的那棵桑树。天哪，原来这香味是从那桑树上飘来的。他三步并成两步来到桑树下，细细一瞅，只见从他扔秫米团的桑树洞里有一股浓浓的香汁沿着树的裂缝往下淌。杜康趴在桑树身上，用舌头舔那香汁，"哎呀，好香甜"。他趴在树身上贪婪地吸吮起来，一会儿，他感到浑身轻松，病也好像好了。这是怎么回事？难道是神仙搭救我？杜康站在老桑树下皱眉思索。只不过一眨眼工夫，再看那桑树洞下，流出的香汁隐隐约约显出两行字迹："宦海无望兮莫强求，造福民间兮乐千家。"杜康看着这两行字想：啊，是神仙告诉我，我不能做高官，但能为人们做点好事。可是怎样才能造福民间呢？秫米加上曲，兑上水就能生成这香汁，为人治病，喝着有味儿，能造福民间的可能就是这东西，这真是上苍赐给我杜康的洪福啊！他急忙跪在地上感谢神灵，突然天空一黑，数不清的小鸟从四面八方飞过来落满桑树枝头。"啾——啾——啾——啾——"小鸟欢快地叫着。"酉——酉——酉——酉——"杜康在细细品味着。"对，这水是上苍赐给的，是上苍告诉我这东西叫酉，就将这水起名叫酉吧。"杜康转而又想，不行啊，酉是首领之意，此物怎能和首领同名呢？不犯忌吗？他灵机一动，"哎，这东西是一种水，干脆就在酉字的前面再加上三点水不就行了吗？就叫它'洒'吧。"到了后来，杜康死于酉日，人们说做酒人没有头儿了，为了纪念杜康，就去掉了"洒"字头上的两点，变成了现在的"酒"字。从此，酒就有了正儿八经的名字。这是后话。全村的人见杜康摇摇晃晃抱病外出，都为杜康悲伤，谁知过了半天工夫，他竟又高高兴兴地回来了，人们感到惊奇，纷纷跑来问杜康是怎么回事。杜康告诉大家说，是酒救了他的命，并拿出美酒让大家尝。谁知那酒让众人一尝，老年人耳聪眼明，青年人满面红光，姑娘们光彩照人。杜康揣摩着，酒有这么多好处，自己何不想法多造出一些酒让大家喝？从此，杜康常在桑树洞里放秫米团酿酒让大家喝。这事一传十，十传百，很快传到了胡大耳朵里，他也想尝尝酒是啥滋味，就找到杜康说："杜康，听说你会做酒，很好喝，为啥不送来让我尝尝？""好，好，好，我这就去给你拿。"杜康说着走进屋去抱了一竹筒酒递给胡大。胡大接过竹筒一闻，好香啊，他忙把酒筒送到嘴边，美滋滋地喝起来，一口气把一竹筒酒喝得精光，还逼着杜康再去取酒让他喝。杜康说："做酒可不忒容易，我3个月操心挂意才酿出这点酒，你一口气就喝光了。你要想常常有酒喝，就把那片桑林给我做酒。"胡大想：那山林尽是树木野草，本来就不是我的，是我想让他们叔侄给我干活才诳他们。只要能让我喝酒，就把桑林给他们。因此道："好，一言为定，我把山林给你，以后你要天天供我喝酒。"杜康有了这片桑林，就把林中的大桑树都挖出洞来做酒，从此杜康就以酿酒为业了。后来，这里渐渐形成一个村落叫杜康村。因为杜康在老桑树下发明了酒，后来人们就把那棵老桑树叫酒树。

7. 杜康造酒的传说之七

据《史记·夏本纪》及其他历史文献记载，在夏朝第五位国王相在位的时候，发生了一次政变，相被杀，那时相的妻子后缗已身怀有孕，逃到娘家"虞"这个地方，生下了儿子，取名杜康，又名少康。少年的杜康以放牧为生，每天带着饭食早出晚归。他经常在一棵中空的桑树下吃饭，偶尔会把剩饭倒进桑树洞里。一段时间后，少康发现树里的剩饭变了味，产生的汁水竟甘美异常，这引起了他的兴趣。他从"空桑秽饭，酝以稷麦，以成醇醪"中得到启发，就反复地研究思索，终于发现了自然发酵的原理，遂有意识地进行效仿，并不断改进，终于形成了一套完整的酿酒工艺，从而奠定了杜康中国酿酒业开山鼻祖的地位，其所造之酒也被命名为杜康酒（《说文解字》注："杜，甘棠也。"）。相传杜康正是取些水造酒，有文字为证："他邑酒，足滋酒；白之酒独医病。故饮之终日，而无沉湎之患；服之终身而得气血之和。邻里百里许，多沽酒于白。先泽之遗，本地独得其身，至今遗址槽沿存，此其明验也。"今汝阳县杜康仙庄杜康河西岸有一株老柘桑，树的中心已半空，树龄超过2800年仍然枝繁叶茂，冠盖如云。相传，这就是当年那株"空桑"

的后裔，人们都称之为"酒树"。

8. 杜康造酒的传说之八

另一个传说是杜康经常把黏小米粥装进竹筒里，带着饭去牧羊。有一天放羊时，他把盛着饭的竹筒挂在一棵桑树上。还没来得及吃饭，忽然风雨大作，杜康急忙赶着羊回了家，把竹筒遗忘在树上。过了半个月，他在那棵树上找到了竹筒。打开一看，里面的小米粥已经发酵，变成了酒。村里人喝了，都夸奖这东西好喝。杜康从中得到启发，就反复地研究思索，反复研试，遂得酿酒之秘，造出了开天辟地的第一杯秫酒，被黄帝提拔为宫中的膳食官，即"宰人"。杜康酒问世后，历代帝王视其为珍品。[117]

9. 杜康造酒的传说之九

杜康某夜梦见一白胡老者，他告诉杜康将赐其一眼泉水，杜康需在9日内到对面山中找到3滴不同的人血，滴入其中，即可得到世间最美的饮品。杜康次日起床，发现门前果然有一泉眼，泉水清澈透明，遂出门入山寻找3滴血。第3日，杜康遇见一文人，吟诗作对拉近关系后，请其割指滴下一滴血。第6日，遇到一武士，杜康说明来意以后，武士二话不说，果断出刀慷慨割指滴下一滴血。第9日，杜康见树下睡一呆傻之人，满嘴呕吐物，脏不可耐，无奈期限已到，杜康遂花一两银子，买下其一滴血。回来后，杜康将3滴血滴入泉中，泉水立刻翻滚，热气腾腾，香气扑鼻，品之顿觉如仙如痴。因为用了9天时间，又用了3滴血，杜康就将这种饮品命名为"酒"。

因为有了秀才、武士、傻子的3滴血在起作用，所以人们在喝酒时一般也按这3个程序进行：第一阶段，举杯互道贺词，互相规劝，好似秀才吟诗作对般文气十足；第二阶段，酒过三巡，情到深处，话不多说，一饮而尽，好似武士般慷慨豪爽；第三阶段，酒醉人疯，或伏地而吐，或抱盆狂呕，或随处而卧，似呆傻之人不省人事。[118]

10. 杜康造酒的传说之十

传说酒圣杜康发明酿酒术那年，举家迁到了镇江，在城外开了个前店后厂的小作坊，酿酒卖酒。儿子黑塔帮助父亲酿酒，干些提水、搬缸的粗活。一天，黑塔给缸内酒糟加了几桶水，兴致勃勃地搬起酒坛子一口气喝了好几斤酒，没多久，黑塔就醉醺醺地睡着了。突然，耳边响起了一声震雷，黑塔迷迷糊糊睁开眼睛，看见房内站着一位白发老翁，正笑眯眯地指着大缸对他说："黑塔，你酿的调味琼浆已经 21 天了，今日酉时就可以品尝了。"黑塔正欲再问，老翁已飘然而去。他大声喊："仙翁，仙翁！"自己便被惊醒，原来是做了个梦。

黑塔回想刚才梦中发生的事情，觉得十分奇怪，这大缸中装的不过是喂马用的酒糟再加了几桶水，怎么会是调味的琼浆？黑塔将信将疑，就喝了一碗。谁知一喝，只觉得满嘴香喷喷、酸溜溜、甜滋滋，顿觉神清气爽。

黑塔急忙去见父亲，将刚才梦中所见、口中所尝一五一十地告诉了他。杜康听了也觉得神奇，便跟黑塔一起来到水缸旁看个究竟。只见大缸里的水与往日不同，黝黑、透明。用手指蘸了蘸，送进口中尝了尝，果然香酸微甜。

杜康想起老翁讲的"二十一天""酉时"，他突然拽住黑塔在地上用手指写了起来："二十一日酉时，这加起来就是个'醋'字呀，兴许这琼浆就是'醋'吧！"杜康父子按照老翁指点的方法酿出了香醋。这醋在镇江城内卖开了，又传出镇江城，名扬四方。[119]

以上传说，可能自相矛盾，不符合历史事实，但反映了人们对杜康造酒的肯定和纪念。

三、国际友人与杜康酒

1915 年 2 月 20 日，巴拿马太平洋万国博览会正式开幕。25 日，美国副总统马歇尔和前任总统罗斯福等政界人物到中华政府馆和中国食品馆参观，品尝了中国十几种名酒，其中就品尝了参展的汝阳"杜康"字号的高粱酒。美国《旧金山报》《万国博览会快讯》介绍"杜康"字号高粱酒说："风味独特又以冰晶而显其长，受到诸国青睐。"

1972 年 9 月，日本首相田中角荣访问中国。29 日晚，周恩来总理设宴招待，席间，田中首相称赞"天下美酒，唯有杜康"，希望能喝到杜康酒以品仙味。中国科学院院长郭沫若当即向客人介绍了杜康酒的渊源，并欢迎田中首相到中国酒文化的摇篮——杜康村参观。由于当时杜康酒只是民间小规模酿造，田中首相未能如愿。之后，周总理发出"复兴杜康，为国争光"的指示。杜康酒厂建立后，生产发展很快，1979 年打入国际市场。杜康酒厂委托冶金部访日代表团给田中带去杜康酒，并写了一首诗赠田中角荣："田中原首相，和好利家邦，献上杜康酒，周公古义长。"委托日籍华人欧阳如水代为转送，欧阳先生又写了《杜康酒赠田中角荣先生》一诗："美酒古来唯杜康，河南一饮卅年香，诺言生死无更改，七载做成献寿长。"用甲骨文刻在一只龟板上，以祝田中先生健康长寿。该诗在日本广播电台、电视台播出，后来在日本形成了杜康热。田中接到杜康酒非常高兴，吟咏着曹操的《短歌行》，用杜康酒招待亲友。之后，田中角荣先生还委托日本朋友给杜康酒厂赠送樱花种子。

1988 年 10 月 30 日，国际友人黄文欢亲自到汝阳杜康酒厂在京驻地看望杜康酒厂代表，他说："你们是生产中国最古老历史名酒的厂家，是有功之臣，希望你们继续努力，争取进入国优。"并为杜康酒厂题词："香飘四海，为国争光。"

四、杜康民俗文化

在杜康文化之乡的汝阳县，杜康文化已融入寻常百姓的日常生活之中。首先，带有杜康文化色彩的地名俯拾即是：距杜康村西 1 千米的妙黍村，据传是杜康时代酿酒所用高粱的产地，至今还有种植高粱的习惯；距杜康村北不足 1 千米的曲营村，是专门存制酒曲的村庄；距杜康村南 2.5 千米之遥的蔡店老集，在唐贞观年间有酒肆、酒馆 30 多家，规模较大的属蔡姓酒庄，因此有"蔡店"之称，一直沿袭至今，现为乡级政府所在地；距杜康村 2.5 千米之遥的铁炉村，据传是专门制作酿酒用的木甑和配套蒸锅的地方；杜康村东的陶营村，是专制盛酒陶器的地方……

生活的真谛在于人类对物质与精神的不断追求，当地的地域风光、人文景观、民情风俗、劳动追求等皆为杜康文化提供了丰富的创作源泉，源于生活又飘有酒香的精彩酒文化层出不穷。一些专业作家和部分业余作者多次到杜康村采风，创作出版了《杜康造酒的传说》《中国民间故事全书·河南汝阳卷》《杜康赋》《杜康民间传说故事》《酒乡新姿》等十余部图书和画册，收集整理民谣民谚 400 多首。

此外，杜康庙会也是杜康文化的一个重要内容，在每年三月初六主会日，泼酒祭酒神仪式规模宏大，仪仗隆重。历史悠久的杜康威风锣鼓不仅在附近闻名遐迩，还经常到古都洛阳和省会郑州演出。

五、杜康仙庄的酒文化

为祭祀杜康，自汉光武帝始，为其建庙立祠，唐、宋、明、清历代都曾予以修复或重建，后经沧桑巨变，故迹荡然无存。20 世纪 80 年代，杜康酒厂、杜康村和杜康遗址修建指挥部在施工和搞农田水利基本建设中，发现了建安时期的酒灶遗迹，出土了汉代盛酒的陶壶、陶罐 80 多件。1989 年 2 月，又在杜康遗址上出土古钱 5000 多枚，其中有秦代的铲币、汉代的五铢钱、唐代和宋代的古币等，被视为难得的珍品。此外，原放置在杜康仙庄寨门口两侧，镌刻有"八仙醉酒"浮雕的明代石狮，杜康河中的杜康墓塚，记载刘伶池方位的清代墓碑和存世千年的"酒树""酒龟石"等，都进一步确认了汝阳县杜康村就是当年杜康造酒的地方。

为弘扬祖国文化，中共汝阳县委、县政府于 1988 年 3 月成立了"杜康遗址修建指挥部"。经过认真考察，反复研究，按照杜康遗址丰富的酒文化人文景观和得天独厚的自然景观，确定以突出酒文化为主要特征的指导思想，由太原工业大学建筑研究设计院设计，太原市园林古建筑工程公司等施工，自 1990 年 9 月 15 日动工，至 1993 年 8 月 31 日竣工，历时 3 年，完成了建筑面积为 5286.96 平方米、以纪念酒祖杜康并弘扬我国酒文化为主题的杜康仙庄修建任务。后来，杜康仙庄被更名为杜康造酒遗址公园，但当地人仍习惯称它为杜康仙庄。该遗址占地 206 亩，是全国第一个酒文化旅游胜地，吸引着无数中外宾朋前来参观游览，寻根问祖，是祭祀酒祖、观光旅游、品酒休闲的绝佳去处。

此处的地理地貌是杜康地区较为典型的代表。由于此地距火山爆发口仅有 3 千米，受巨大的火山爆发力冲击，地壳深层的玄武岩翻卷至上层，并叠加构成了玄武岩洞裂地貌。加之该地区属黄河流域和淮河流域的交汇处，充盈的地下水经玄武岩层层过滤，不仅清冽碧透，而且玄武岩中富含的有益于人体健康的多种微量元素融于其中。自古以来，这里就是人类最佳的居住处。当年，杜康选择此地酿造秫酒自然是缘于此理。据《汝阳县志·第七章·古遗址》记载：在杜康村周边方圆不足 2 千米内，有新石器时期遗址 3 处。分别是：商代遗址 1 处；西周时期遗址 1 处；位于杜康村北 1 千米处的下蔡店遗址，面积 6 万平方米，灰土文化层 2 米以上。

杜康仙庄是中国秫酒的发源地，中国酒文化的摇篮，酒祖杜康在此创造了秫酒，开创了酿酒之先河。仙庄位于汝阳县蔡店乡杜康村，在县城北 25 千米处，依山傍水，采用仿古设计。①

仙庄正面山门上镶嵌的是中国书协主席张海所书的"杜康造酒遗址公园"匾牌；左侧 3 幢歇山琉璃屋组合的侧门上镶嵌着书画大师李苦禅所书的"杜康仙庄"青石匾额。该公园常年对外开放，游客需要购票才能入内参观。

杜康仙庄周围有 3 座山，人称龙山、凤山和虎山。如今，仍可见凤山的旖旎秀丽，龙山的巍峨挺拔，虎山的重峦叠嶂。杜康河横截杜康仙庄，分杜康河西岸和东岸。东岸香醇园是园中之园，园内有大观亭、香醇堂、通玄阁等建筑。该园建在龙山之巅，以前是仙庄的大山门，即仙庄的入口。如今已经关闭，不再对游客开放。

进入大门，视域骤开，站在山门的台阶上，杜康仙庄的所有景观尽收眼底。对面的景象由山门外的漫无边际变得高低起伏、错落有致，青山绿水环抱着杜康仙庄，好一派人间仙境。三山夹一河，杜康河把杜康仙庄一分为二，蜿蜒其中。而九曲二仙桥和桑涧桥又将东西两部分合为一体，桥下河水潺潺，清澈碧透。在这里可以游仙庄，祭酒祖，赏美景，品杜康。

杜康河两岸罅隙，怪石嶙峋，万泉喷涌，清冽碧透。若用力脚踏泉边的沙砾，泉中会立即冒出一串串晶莹透亮的白色珍珠，在脚踏的地方立即现出一汪泉水。仔细地用手清除泉中沙砾，会见或粗如手指或细如麦秆状数眼泉水汩汩外翻。自源头至杜康村 300 米河段内，到处可见这种泉眼，无法数清，故称"一步百泉"。每逢夏秋阴雨季节，还可闻到一种天然的酒香，有人美其名曰"一里百香"。其中最大的泉为"杜康泉"，相传系杜康当年取水酿酒之泉。此水为重硫酸钙型矿泉水，含有 40 多种有益于人体的微量元素。

逐级而下，迎面是一个广场。广场正中，5 块背景墙连为一体，其前方横卧一块巨石，巨石两侧，依次各放有一个酒缸、两个酒坛和一个龙头龟。

---

① 携程网．杜康仙庄［EB/OL］．［2015 - 12 - 12］．http：//you. ctrip. com/sight/luoyang198/9330. html。

两个龙头龟都有底座（底座正面上书"保护文物，禁止攀登"），酒龟背上都各载一神兽大樽，虎目狮口，龙爪象身，据说这是杜康当年的护坊门神。后人为了图祥避邪，亦以此图形制作为酿酒之器。巨石像一张古代的卧床，人称"醉仙石"。传说张果老成仙之前在此饮过杜康酒，从此对杜康酒念念不忘。后来由张果老推荐，玉皇大帝派八仙下凡，来招杜康为天宫酿酒御师。八仙来到杜康村，仗着自己的海量，指名要最好的杜康酒喝。杜康见他们个个海量，怕他们把已经酿好的杜康酒全部喝完，便把能醉人的酒母拿出来让八仙喝。八仙每人刚喝一杯，便纷纷醉倒。他们跟跄着向村东南走去，当走到这块石头边时，已是烂醉如泥，都东倒西歪于石床上。后来，村民们便称这块石头为"仙人卧榻"。

相传，自从杜康开始在这里造酒，杜康河里就来了一只金龟，这金龟只饮泉中水，不沾异地食。因为杜康河上游有一眼甘泉叫"酒泉"，传说泉水是玉皇大帝酒壶里的酒浆，有仙酒之气，那金龟喝得多了，体态丰盈，心机灵通，能腾云驾雾，会呼风唤雨。有一年夏天，天降大雨，山洪暴发，河水猛涨，眼看大水就要冲毁山庄和杜康酿酒作坊。只见这只金龟，在杜康河里翻上翻下，滚滚巨浪到这里便扭了头，村子、作坊安然无恙。人们都说，这只龙头金龟是玉皇大帝派来保护杜康造酒的神龟。

从广场沿河向北不远，是一幢仿清重檐复屋天井式的建筑——中国酒文化博览中心，从中可以领略到一万多种名酒，700多种酒器，几千年的中国杜康酒文化和杜康酒厂灿烂辉煌的历史。酒文化博览中心为六棱六边，外壁3层用黄色琉璃瓦覆盖，屋檐下安有4个垂莲柱，上嵌立卧枋，下穿斗拱托楣子，绕馆四周，22个假窗上有"诗圣与酒仙"等众多人物壁画。天井院内一汪清池，虾鸭嬉戏，金鱼漫游。池边一巨石上镌刻着篆书"寿"字。绕过水池，步入"中国酒品馆"，从国酒茅台到小厂珍酿，从古色古香的包装到现代科技的瓶形，从古老的大曲酒到现代的鸡尾酒，应有尽有，尽展酒品风采。二楼为"中国酒器馆"。历来中国人饮酒注重酒器酒具，从夏商至今，陶瓷器、青铜器、金银器、玉骨器、玻璃器等酒器酒具的生产和发展，几乎像酒一样历史悠久，千姿百态。三楼是"中国酒文化资料馆"，在这里，不仅能对中国的酿酒历史与现状有个简单的了解，更能领略到中国酒文化的广博内涵。可惜的是，2009年以后，这里不再对外开放。近10年，由于疏于管理，如今这里已经破败不堪，难以同贵州省茅台镇的中国酒文化城相媲美，对杜康仙庄的旅游产生了负面影响。

由中国酒文化博览中心前行，在凤山腰间有一座古朴别致的小院，里面有座四面坡顶连环套建筑，门楼上方有一个"杜"字，这便是杜康酒家。院内水池旁有一刘伶醉卧的青石雕像。相传，杜康酒秘传至晋代仍不失杜康遗风。一天，嗜酒成性的刘伶驱车来到杜康酒家，开怀畅饮，谁知三碗酒下肚，便力不能支，抱一坛酒昏昏欲醉，倒卧在地，从此，这里便生出一池清水，人们称之为"刘伶池"。

在杜康酒家以北数米，路旁有一坟茔，坟前立有一古碑，碑上刻有"孙氏祖茔"。碑志云："孙氏祖居洁泊，比及清初，迁居杜康村。卜葬刘伶池西，坟地四分。传至三世，昆仲二。长曰瑾，迁葬于村东南河西；次曰琇，改葬于祖茔小路南。族人恐后世远年湮，无所考稽，因载贞珉，永垂不朽云。孙氏祖茔族人全（同）立。大清宣统二年四月十五日。"从碑志可知：这个村落古名杜康村；清初时"刘伶池"遗址尚具一定规模。

沿河继续北行，最引人注目的是那座重檐六角亭，上悬"杜康酒泉"匾额。匾额两侧的柱子上，黑底金字书写着"一年寒暖酒泉香，千里溪山最佳处"楹联。厅内有一池泉水，弯腰可取，莫变深浅。泉口青石栏杆虽已风化，但淙淙泉水却是清冽碧透。亭南基座正中伸出一个龙头，涓涓泉水日夜不停地从龙口里流到龙头正下方的小池子里。泉水从小池子流出，蜿蜒流淌在刻有"曲水流觞"4字的石板上，然后汇入杜康河。

这就是流传千古的"酒泉"，又称"杜康泉"，为当年杜康造酒取水之处。该泉天愈旱而水愈旺，天愈冷而水愈暖。水为酒之骨，名酒产地必有佳泉。得天独厚的优质杜康泉水，给杜康酒的酿造提供了无可替代的优势条件。经原地质矿产部取样化验，该泉水达到了饮用天然矿泉水国家标准的界限指标，属含偏硅和锶的重碳酸钙型矿泉水，可用于瓶装矿泉水。

令人称奇的是，杜康河两岸的人家，有许多双胞胎，并且龙凤胎居多。传说，杜康河中的虾和鸭原本是王母娘娘身边的男、女侍童，因私下相爱，仙童被贬成虾，仙女被贬成鸭。虾鸭对爱情忠贞不渝，到南天门去长跪求赦，王母许诺：当杜康河晨雾接天时，便了却他们的心愿。千百年来，杜康河的晨雾总是围着杜康河滚动。这就是当地的著名景观"康河晨雾"。

当地有这样一首顺口溜："杜康河，五大怪，两脚一跺泉出来；鸳鸯虾，抱一块；鸭生双黄蛋，人生龙凤胎；柳树的肚子扭了个结。"南北朝时的文学家庾肩吾和唐诗人刘万平均有诗词赞颂杜康泉水。1990年，时任中共中央政治局委员、国务委员李铁映在此地观赏五彩虾后，高兴地说："真是天下一奇！这是个宝贵的资源，你们一定要把杜康河保护起来。"

在河道上游，有一座33米长的独拱桥，名叫"桑涧桥"。桥上设有18个喷珠吐玉的青石龙头。站在桥的最高点向南极目远眺，可以见到杜康河逶迤而来。由于河面落差较大，形成了一座瀑布。尤其是夏秋季节，降水较多，这瀑布好似一条10余米宽的玉带倾泻下来，浪花飞溅，瀑声动地。透过桥孔观看水帘瀑布更有无尽情趣。

站在桥上向北看，河中央建有一个岛屿，形似葫芦，故称葫芦岛。岛上花草锦绣，"饮中八仙"的雕塑分布在岛上不同位置。这八仙分别是苏晋、张旭、李白、崔宗之、李琎、李适之、贺知章、焦遂。据传唐代诗人杜甫的祖父杜审言曾官任膳部员外郎、洛阳县丞。他非常喜欢饮酒，并自称杜康后裔，专饮杜氏家酒。杜甫饮酒也不离祖风，他创作有《饮中八仙歌》，分别描写了八位"酒仙"醉酒之后的不同形态和性格。前3位从显贵着手，然后描写潇洒奔放之人，重点突出了李白、张旭和焦遂不畏权贵、狂放不羁的性格以及惊人的才情和技艺。诗人以幽默谐谑的语调、洗练的语言、轻快的旋律、人物速写的笔法，将八仙写进一首诗里，构成了一幅栩栩如生的饮酒群像图。他们虽对酒兴趣不同，饮酒形态各异，但都与杜康酒结下了不解之缘。

走过"桑涧桥"，右转再往前走便是背山面水、隐于丛林之中的杜康祠。杜康祠门前有一个雕栏池，其中长着一棵老态龙钟但枝叶繁茂的暴皮柘桑，人们都称之为"酒树"，是河南省命名保护的"国家一级古树"。晋朝江统所著的《酒诰》中记载："酒之所兴，肇自上皇，或云仪狄，一曰杜康。有饭不尽，委余空桑，郁结成味，久蓄气芳，本出于此，不由奇方。"它的生命力极强，虽然80%以上的树干已经腐朽，但仍然枝繁叶茂，树冠直径有6米多。

"酒树"北边数米，是"二仙桥"。二仙桥迂回曲折，桥廊和桥顶的彩绘一幅接一幅，都是古今中外与酒相关的故事。中国酒的历史源远流长，品种繁多。酒与中国的政治、经济、文化、教育、伦理、道德、精神、情操等关系十分密切。从氏族社会的酋长，到阶级社会的天子、诸侯；从踌躇满志的官僚、贵人，到失意落魄的文人寒士；从鬓发皆白的长者，到满身稚气的幼童；从人口众多的汉族，到散居各地的少数民族；从酒仙酒圣，到僧侣道士；从行将就木的病人，到即将行刑的犯人，都与酒结过不解之缘。政治家、军事家、诗人、画家、书法家、新郎、新娘、医生、厨师，各行各业，三教九流，都离不开酒。或笼络臣属，或克敌制胜，或写诗作文，或绘画写字，或庆喜贺吉，或祭亲悼亡，或飨客饯别，或排忧解愁，或添乐增趣，或祈福禳灾，或烹调治病，诸多方面不可无酒。正如三国时的大政治家孔融说的，"酒之为德久矣"，它有"和神定人，以济万国"的作用。

杜康，黄帝时人，因始创秫酒而被后世尊为"酒祖"。自周迄今，历代帝王尊其为酒仙、酒圣。至汉，光武皇帝赐杜康为酒神并立庙享祀，千余年来香火鼎盛。隋唐时，晋地建杜康新庙，诗人王绩亲撰《祭杜康新庙文》。之后，燕京（今北京）皇城内外也建起杜康庙多处。据《析津志》《大元大一统志》等史料记载，本祠已有 1300 余年的历史。虽历经战火，沧海桑田，但酒乡民众及酿坊酒肆酒工屡捐资修葺，延续酒祖殿之香火。20 世纪 80 年代，在原址原地按照原貌进行了复修。

"杜康祠"整个建筑为唐宋廊院式格局，高低错落，虚实对比，布局均衡对称，纵横轴线分明，结构、造型、色彩则集汉、唐、宋、明、清之萃，表现出显著的时代风尚。杜康祠最前面的一座悬山式建筑，便是该祠山门，其上悬挂着我国近代书画家李可染亲书的"杜康祠"匾额，檐柱上镌刻着"芳逐康河千载老，不返仙庄一杜魂"楹联。

拾级步入山门，迎面是一尊 3 米高的仿古青铜酒爵，此爵根据 1976 年在杜康仙庄出土的最大的一尊青铜爵放大后仿制而成。泉水自爵内汩汩溢出，象征杜康佳酿源远流长。酒爵两侧为"龙吟""凤鸣"重檐四角亭。当年杜康造酒于"龙山""凤岭"环绕的"空桑涧"（后杜康村），故名。龙吟亭下置《重修杜康祠碑记》；凤鸣亭下立《杜康仙庄八景诗题》厂碑。

祠内纵轴线正中为"献殿"。献殿无墙无壁，现在空无一物。据工作人员介绍，献殿是一个高规格的祭坛，是祭祀时用来摆放供品的地方，也可以作为主祭人、有身份的祭祀参与者的活动场所，位于祭祖活动区中轴线位置上，面阔三间，单层重檐，廊围四边。仙庄刚刚建成的时候，献殿左右陈列有"饮中八仙"彩塑。献殿东面正中两根立柱上有一楹联"慧眼识地灵选取甘泉一段水，圣心出天巧酿成玉液万年香"，正中挂一匾额，上书"酒宗"；西面正中挂一匾额，上书"功昭千秋"。献殿游廊上描绘了以下历史人物与酒的故事：南宋女词人李清照及其《如梦令》、曹操和刘备"青梅煮酒论英雄"、赵匡胤"杯酒释兵权"、周世宗柴荣"以酒振军威"、北齐的大将彭乐乘醉杀敌、商纣王造糟丘酒池淫乐、周幽王爱酒误国、隋炀帝杨广"妓航酒船"、西汉的卫青和李息等俘虏醉酒的匈奴右贤王等。

位于祠院后部正中的"酒祖殿"，为全祠的主体建筑，砖木结构，歇山重檐，20根大柱构成四面回廊，明间前置抱厦，其形制具有明显的宋、明、清相融合之特征，其色彩则继承了汉纹锦格调，悬挂在抱厦额枋上的那块匾额上镌有"酒祖殿"3个黑底金字，是中国末代皇帝的胞弟、当代著名书法家爱新觉罗·溥杰84岁高龄时所书，两边柱子上挂有"德存史策，纵万事纷争，称觞乃成礼义；功在人寰，任百忧莫解，借酒能长精神"楹联。抱厦前嵌一大型透雕券口，八仙醉饮栩栩如生。酒祖殿前两侧的那对"朝天吼"石狮，原放置在杜康仙庄寨门两旁，造型奇特，做工精细，其配座镌刻有"八仙醉酒"浮雕，各路大仙抱坛执壶，俱呈醉态。据有关学者考证，该狮为明代成化年间遗物。入殿可见须弥座上神龛内的汉白玉杜康雕像，鹤发银须、神姿潇洒，温厚纯朴、聪慧俊拔，左手按酒坛，右手举酒爵，稳坐于当年造酒保护神——龙头龟上。左侧墙上壁画是"杜康醉刘伶"神话，右侧墙上壁画是"杜康造酒"故事。

酒祖殿两侧直通厢房的爬山碑廊里，珍藏着60多通古今中外文人骚客、知名人士的书画题词碑刻。这些碑刻，楷篆隶草，龙飞凤舞，或赞美杜康，或歌颂仙庄，且均为名家大作，有很高的艺术价值。

献殿左右连以游廊通向左右10间厢房。以前，这里分别设置了十组群像，以真实的故事、生动的形象，展示了"酒"这柄双刃宝剑在我国历史长河中的功过、得失，故名"酒功馆""酒过馆"。

通过杜康祠南侧的"拜祖"门即可来到"杜康墓园"，宽阔的甬道大约有20米长，从镌刻着"酒祖胜迹"的青石牌坊下直通杜康墓塚。杜康墓周长30多米，高3米。墓前有康熙二十八年（1689年）所立墓碑，上书"酒祖杜康之墓"；左右两侧矗立着两个歇山碑楼，分别刻有"酒祖杜康传略"

和"重修杜康墓园铭"铭文。

魏晋时期，在墓冢四周，茂林修竹；唐开元年间曾立石坊翁仲；宋嘉祐年间，又建廊坊数楹。后历经沧桑，墓园日渐荒芜。清康熙年间重修了一次并立碑一通。负碑的古赑屃为汉代遗物，虽已遭风化，但仍栩栩如生。20 世纪 70 年代，杜康酒厂建立后，在原址上按照原貌进行了重修。《会客论略》云："杜康善造酒，酉日死。"故后人选择了每年立春后的第一个酉日（后确定为三月初三）作为杜康神的忌日。在古代，每进入三月，杜康庙的香火就特别旺盛。四方酿坊、酒肆和嗜酒爱酒者都会带上美酒，从各地云集到这里祭祀酒神杜康。

过"拜祖"门，在杜康墓的西侧有一座硬山卷棚顶建筑，如今放着杂物。导游介绍，这里原来取名"魏武居"。内有魏武帝曹操著名诗篇《短歌行》的魏体刻文和曹操像。该像内设机关，开启后魏武帝曹操会站起来，举起金爵饮一杯杜康酒，并会吟道："慨当以慷，忧思难忘。何以解忧？唯有杜康。"魏武帝曹操的《短歌行》堪称是古往今来对杜康酒最好的广告词。"对酒当歌，人生几何！譬如朝露，去日苦多。慨当以慷，忧思难忘。何以解忧？唯有杜康。青青子衿，悠悠我心。但为君故，沉吟至今。呦呦鹿鸣，食野之苹。我有嘉宾，鼓瑟吹笙。明明如月，何时可掇？忧从中来，不可断绝。越陌度阡，枉用相存。契阔谈宴，心念旧恩。月明星稀，乌鹊南飞。绕树三匝，何枝可依？山不厌高，海不厌深。周公吐哺，天下归心。"古往今来，不知道有多少人是看了其《短歌行》才知道杜康酒的，也不知道有多少人在孤苦忧愁时一边喝酒，一边感叹"何以解忧？唯有杜康"。杜康仙庄专门为曹操建一座"行宫"，一点儿也不为过。

墓园东侧、"魏武居"对面是一处廊院格局的小庭院，名曰"古酿斋"。相传，杜康及其后人曾在此地整理总结出了我国最早的制曲、酿酒工艺规程——"五齐""六法"。导游介绍，过"蕉叶门"，沿回廊前行便是"酒源"展室，屋内有 7 组 28 尊彩塑，把杜康造酒的全过程生动形象地展现了出来。"酒源"的对面，陈列有出土的商代青铜爵，汉代陶壶、陶罐，秦、汉、唐、宋等朝代的制钱以及战剑、铜锅，古代酿酒时用来粉碎谷物的臼，书有"杜康仙庄"字样的古代民间家什以及新发现的建安时期的酒灶等数百件文物，为研究杜康酒文化提供了十分珍贵的资料。

在"拜祖门"对面，是杜康祠北的垂花门"圣门"。步出"圣门"，则是另外一番洞天。沿曲径进入翠竹掩映的"七贤胜景"，奇石异卉组成的高台上，有 7 尊形态各异的汉白玉雕像，或饮酒，或赋诗，或对弈，或鼓瑟。他们是著名的"竹林七贤"，分别是山涛、向秀、王戎、嵇康、阮咸、阮籍、刘伶。他们才华横溢，不满当时虚伪的名教；追求真实的情感，个性解放独立，令人敬仰。他们虽有济世之志，但生逢魏晋易代之际，政治腐败、社会黑暗，他们崇尚老庄学说，反抗旧的礼教，不求名利，以酒交友，经常在杜康仙庄酣饮，借以发泄内心的苦闷和愤世嫉俗的感情。

步出竹林，就到了"梅园"。寒冬腊月的时候，这里的蜡梅、红梅、绿梅、榆叶梅会竞相开放。一步之隔，就是枝繁叶茂的"樱园"。1979 年，日本原首相田中角荣 60 寿辰，杜康酒厂通过中国冶金代表团送去了一坛杜康酒祝寿，田中为答谢中国人民的厚意，特意回赠 60 粒樱花种子，祝愿它们在中华国土上生根开花。这些种子经培育后栽植在杜康仙庄，与梅做伴，以象征中日友谊万古长青。20 世纪 90 年代，日本农部省代表团来华访问，时已高龄的田中先生特意嘱托代表团成员崛江真一郎到杜康仙庄观看象征中日友谊的樱花生长情况。崛江先生在杜康仙庄看到樱园中的樱花苗壮茂盛，非常高兴，挥笔题写了"友谊长存" 4 个大字，现已制成匾额镶嵌在樱园梅圃的门楣上。

樱园出口与一座小巧玲珑的水榭相接，通往一池湖水。站在榭台上，眼前是湖光山色，紫气生烟。湖面形似葫芦。传说八仙云游此地，饮了杜康酒后一个个醉倒在地，酒醒升天以后，在这里留下了铁拐李的葫芦印迹，故曰"葫芦湖"。"玉带桥"束住葫芦腰，湖中与荷叶桥同桩木桥相接之处，有一四角小亭——知恩亭，亭旁有一汉白玉少女沐浴像。相传唐朝佳丽杨玉环少时曾随杨国忠进入皇宫，看到宫娥彩女个个姿色超人，自愧容貌平平。后来，她听说洛阳龙门宾阳洞佛祖能为虔诚女子美容补面，便至此参禅，但一连数日，容貌依旧。杨玉环一气之下，决心寻觅幽静之所隐居修行，来到景色如画的杜康仙庄，每日朝饮杜康酒，暮浴酒泉水，数月后容颜大变，成为一代绝色美人。后来杨玉环被选入宫，初为寿王妃，后得唐玄宗宠爱，被封为贵妃。杨贵妃为报杜康泉美容之恩，在杜康仙庄修建了知恩亭。

酒，是人类物质文明的产物与标志之一；饮酒，往往是人们精神文明的反映与象征。中国酒的历史极悠长，它的鼻祖是杜康，发祥地是杜康仙庄，今天，对杜康造酒遗址的修建与开拓是一种对美的追求和创造。2000 年 12 月，杜康仙庄被河南省旅游局评定为省级旅游景区，这将对弘扬中国酒文化起到极大的推动作用。[120]

杜康仙庄具有优美的自然环境和深厚的酒文化积淀，需要我们保护这里的绿水青山，综合开发它的旅游资源，以更加绚丽多姿的景观和科学的管理吸引五湖四海宾朋的到来，游杜康仙庄，观杜康奇景，品杜康美酒，赏杜康文化。

第十九章　洛阳牡丹

第一节　洛阳牡丹的植物学特征及产地环境

洛阳牡丹是河南省洛阳市的特色产品。"春来谁作韶华主，总领群芳是牡丹。"牡丹被誉为"花中之王"，在我国已有 2400 余年的人工栽培历史。其栽培始于隋，鼎盛于唐，甲天下于宋。它雍容华贵、国色天香、富丽堂皇，寓意吉祥富贵、繁荣昌盛，是中华民族兴旺发达、美好幸福的象征。花开时节，洛阳城花海人潮，竞睹牡丹倩姿芳容。2002 年 4 月，国家质量监督检验检疫总局发布了 2002 年第 38 号公告，对洛阳牡丹实施原产地标记保护，并颁发了相应证书。[121]

一、洛阳牡丹的植物学特征

洛阳牡丹花朵硕大，品种繁多，花色奇绝，有红、白、粉、黄、紫、蓝、绿、黑及复色九大色系、10 种花形、1000 多个品种。牡丹为多年生落叶灌木，生长缓慢，株型小，株高多在 0.5～2 米；根肉质，粗而长，中心木质化，长度一般在 0.5～0.8 米，极少数根长度可达 2 米；根皮和根肉的色泽因品种而异；枝干直立而脆，圆形，从根茎处丛生数枝而呈灌木状，当年生，枝光滑，黄褐色，常开裂而剥落；叶互生，叶片通常为三回三出复叶，枝上部常为单叶，小叶片有披针、卵圆、椭圆等形状，顶生小叶常为 2～3 裂，叶上面为深绿色或黄绿色，下为灰绿色，光滑或有毛；总叶柄长 8～20 厘米，表面有凹槽；花单生于当年枝顶，花大色艳、形美多姿，花径 10～30 厘米。[122]

图19-1　2013年4月，洛阳市牡丹广场的牡丹

图19-2　位于栾川县白土镇境内的高山牡丹

二、洛阳牡丹的产地环境

洛阳适于牡丹生长，欧阳修在《洛阳牡丹记》中说："洛阳地脉花最宜，牡丹尤为天下奇。"2003年至2004年，洛阳市地矿局和河南省地质调查院开展了"伊洛河流域（洛阳市）生态地球化学调查"，采集了大批土壤、水样品，分析了其中的54种化学元素含量。经科学研究发现，牡丹种植园区的土壤中，锰、铜、锌、钼元素含量明显高出其他地区，其中锰的有效态含量异常丰富。这些元素能有效促进植物细胞生长和叶绿素、糖类、酶类的合成及花蕾的形成。这为"洛阳地脉花最宜"找到了科学依据。[123]

由于洛阳气候温和，雨量适中，土地肥沃，加之园艺大师们巧植善种，培育出许多色形皆佳的珍品，使牡丹变异千种，名品日增，誉满全国。河洛地区有黄河、洛河、伊水等众多河流，由于它们的共同冲积，伊洛盆地形成了，这种冲积奠定了这片土地肥沃的基础。洛阳土壤黏性较大，既透气又保水，牡丹不易烂根。牡丹对空气湿度有一定要求，开花时节尤其不能多雨。洛阳春季降雨量约占全年的21%，就是说牡丹形成花蕾到开花的过程中，洛阳的气候稍显干旱，这恰恰是牡丹所需要的。洛阳的气候基本与我国的"二十四节气"同步，四季分明的特点很符合牡丹的生长周期。一年中，牡丹大约经历萌芽、现蕾、开花、花芽分化、落叶、休眠等多个生长发育时期。"立春"时节，牡丹的幼芽和鳞片开始膨大，并逐渐绽裂，而洛阳此时的平均气温已回升到0℃以上，这样的气候特点恰恰适应了牡丹发芽的需要。4月中下旬，"谷雨"前后，气温稳定在17℃左右，牡丹自然进入开花期，花蕾绽开，尽显"国色天香"。在此期间，气温常会出现一段明显的回暖，最高气温可达25℃左右，促使牡丹花蕾很快开花。洛阳冬季没有东北寒冷，夏季不如南方湿热，利于牡丹冬眠、越夏。[124]

得天独厚的自然条件，使洛阳牡丹以花大、色艳、形美、香浓而闻名天下。洛阳地区具有丰富的牡丹资源，是中国野生牡丹的原生地之一。以这些洛阳原生种为主，繁育并形成了中国以洛阳为中心的中原牡丹品种群，辐射、传播至全国各地，并不断繁衍，形成当地的生态型品种。洛阳已经成为中国牡丹资源的重要分布地和最早的栽培地，而且也是中国乃至世界牡丹的栽培中心之一。[125]

第二节　洛阳牡丹的产业化发展及综合开发

一、洛阳牡丹花会

春日赏牡丹的习俗由来已久，最早始于唐代，赏花时间最长可达20多天。1982年，洛阳市把每年的4月15日至25日定为"牡丹花会"，在赏花的同时还举办丰富多彩的灯展、诗会、影展、书画展等文化娱乐活动。每年花会期间，中外游客纷至沓来，络绎不绝，盛况空前。国运昌，花事盛。自1983年以来，洛阳举办一年一度的牡丹花会，"以花为媒，广交朋友，发展经济，振兴洛阳"，被誉为"中国花事的一大创举"。洛阳花会不仅是洛阳人民的盛大节日，而且是洛阳发展旅游业、进行经贸洽谈、引进国内外资金的良机。牡丹之于洛阳，有着重要的文化意义和经济意义。[126]

二、洛阳牡丹的产业化发展及综合开发

为了进一步促进洛阳牡丹产业的发展，河南省委、省政府及洛阳市委、市政府制定了各种优惠政策鼓励牡丹栽培种植，开展科学研究，大力发展牡丹产业，将洛阳牡丹确定为4张旅游王牌之一，并定为省级农业产业化项目。经过多年建设，形成了邙山、洛南两个万亩牡丹产业带，新建了一批品质优良的牡丹观赏园、高山牡丹园和晚开牡丹园；建立催花牡丹基地30余个，面积400多公顷，年上市催花牡丹近30万盆；拥有国内唯一的国家级牡丹观赏园、基因库，是当今世界上牡丹品种最全、花色最好、培植技术最先进的城市之一；通过人工控制花期，花会举办时间已经从此前的半个月延长至现在的一个月，牡丹自然花期从每年3月下旬延至5月上旬。为加强质量管理，树立洛阳牡丹品牌，2002年，洛阳率先在全国制定执行《洛阳牡丹种苗质量标准》《洛阳牡丹盆花质量标准》；洛阳邮政局还开发出"千枚牡丹"个性化邮票系列产品，深受收藏爱好者的喜爱。[127]

洛阳市把牡丹确定为"市花"，作为重要的旅游品牌和对外交往的城市名片，把发展牡丹产业作为洛阳市农业产业化六大主导产业之一。为配合政府工作，加强质量管理，树立洛阳牡丹品牌，洛阳市质监局主打标准引领这张牌，通过实施农业标准化战略，不断拉长牡丹产业链条。该局持续推进国家牡丹标准化示范区项目，规范牡丹生产管理，提升牡丹产业整体水平。围绕牡丹饼、牡丹精油、牡丹茶、牡丹保健食品等牡丹深加工产品和牡丹瓷、牡丹瓷版画等牡丹有形文化产品的生产，在标准备案、计量检定、质量检验、代码办理、行政许可等方面，开通绿色通道，改进服务方式，提高服务效率，全力支持企业发展。如今，洛阳牡丹获得省级以上科研成果40多项，获中国花卉博览会金奖20个，并成为地理标志保护产品。

牡丹花不仅具有观赏价值，而且全身都是宝，牡丹花、种、根、粉都有着很高的经济价值。洛阳牡丹深加工产品得到不断开发，牡丹产业化链条进一步拉长，牡丹红茶、牡丹酒、牡丹食品、保健品、化妆品、精油、食用油、牡丹饮料，以及牡丹月饼、牡丹燕菜、牡丹饺子、牡丹滋补靓汤等一系列新型牡丹食品陆续研发上市。尤其是洛阳牡丹红茶的研制成功，是茶文化和牡丹文化的有机结合，填补了我国茶叶市场的一个空白。不仅延长了牡丹产业的链条，吸纳更多劳动力就业，而且也是新型农业现代化在洛阳经济发展中的一种体现。以生产牡丹饼闻名的洛阳市全福食品有限公司计划开发生产牡丹籽油，这是一种新兴的保健食用油，不饱和脂肪酸含量高达90%，品质优于橄榄油，也是国家提倡大面积发展的高档木本植物油。

近年来，洛阳市已经申请获得牡丹精深加工方面的国家专利20余项，为牡丹研究成果的转化提供了强有力的技术保障。以花为媒，以花交友，以花生财，洛阳市"一会带多园，一企连万家"的模式开创了又一个"甲天下"。[128]

牡丹产业的发展对洛阳有着特殊的意义，对洛阳来讲它不仅仅是一个产业，也是一种文化，更是洛阳的名片！牡丹产业就是洛阳最大的王牌。洛阳高度重视牡丹产业化发展，将发展牡丹产业作为调整农业结构、发展特色农业、扩大对外开放、促进经济发展和加快国际文化旅游名城建设的重要举措，切实加大政策扶持力度，引导牡丹产业快速发展。在2014年的全市牡丹产业工作会议上，洛阳市提出发展牡丹产业的新思路：坚持观赏牡丹与油用牡丹加工并重、生产与科研并重、观赏切花与深加工并重、市场开发与宣传展示并重的原则，以牡丹籽油等深加工产品开发带动油用牡丹发展，促进牡丹产业做大做强。[129]

目前，城市区及周边用于观赏、休闲和娱乐的牡丹观赏农业园区达20多家。以牡丹为原料，陆续开发出了牡丹饮品、牡丹化妆品、牡丹精油、牡丹食用油、牡丹食品、牡丹保健品六大类200多种产品，增加了牡丹的附加值，实实在在延伸了牡丹产业链条，牡丹产业成为洛阳特色农业的"王牌"。2011年，洛阳市被命名为中国牡丹花都，并被国家林业局列为全国油用牡丹生产基地试点区。2013年，国际牡丹高峰论坛在洛阳举办，来自世界各地的牡丹研究专家会聚洛阳，共商牡丹科研和牡丹产业发展大计。2013年3月，台湾杉林溪举办洛阳牡丹文化节，洛阳牡丹花和牡丹加工产品受到了台湾民众的青睐，这是洛阳牡丹第一次走进宝岛台湾。2013 年 4 月 1 日，2013 河南·洛阳名优农产品展销周在洛阳新区会展中心举行，这是洛阳首次在当地举办农产品展销会。2014 年，洛阳市成为国家"出口牡丹芍药花卉质量安全示范区"。2014 年，在青岛世界园艺博览会上，洛阳牡丹获得了 18 个金奖中的 13 个，取得了冠军第一、金奖第一、奖牌第一的佳绩，再次彰显了"洛阳牡丹甲天下"的魅力。2014 年 11 月 26 日，2014 中国·洛阳牡丹加工产品展销会开幕，全国 68 家牡丹加工产品企业来洛参展。这是我国首次举办牡丹加工产品专项会展活动。更令洛阳人骄傲的是，在 APEC 会议上，习近平总书记做主旨报告时演讲台上的鲜花就是傲放的洛阳牡丹。目前，洛阳市牡丹种植面积已达 15 万亩，品种 1200 多个，已建成牡丹催花基地、盆养牡丹基地、牡丹嫁接苗繁育基地 100 多个，年产高质量牡丹盆花 60 万盆；拥有洛阳国家牡丹园、中国国花园等高档次牡丹观赏园 12 个，从业人员 4.5 万人，实现年产值 13 亿元，产品畅销全国各地以及日本、美国、荷兰、新西兰等 20 多个国家和地区，牡丹产业已经成为洛阳农村经济新的增长点和重要富民工程。洛阳牡丹基本实现了专业化、规模化生产，规范化、科学化种植，公司化、市场化经营的格局，成为名副其实的中国乃至世界牡丹生产的中心之一。2015 年洛阳要新发展牡丹种植 5 万亩，鲜切花基地达到 1000 亩，牡丹产业总产值达到 15 亿元。到 2020 年牡丹种植面积将达到 100 万亩，产业总产值达到 300 亿元。[130]

第三节　牡丹文化

若从《诗经》牡丹进入诗歌算起，牡丹文化已经有约 3000 年的历史。秦汉时代以药用植物将牡丹记入《神农本草经》，使其进入药物学；东晋顾恺之的名画《洛神赋》中最早出现了牡丹的形象；南北朝时，北齐杨子华画牡丹，使其进入艺术领域，毫无疑问，彼时已将牡丹作为观赏对象。①

隋朝时，隋炀帝在洛阳辟地方圆二百里为西苑，这是牡丹第一次被人工栽培并且进入皇家园林。[131]唐朝时牡丹的栽培开始繁盛起来，至开元中期，牡丹文化兴盛于长安。唐代特别看重牡丹，牡丹成了国运昌隆的标志，种植、观赏牡丹成为一种社会习尚。历代许多著名诗人都留下了无数歌咏牡丹的佳章妙辞。

一、牡丹四大名种考

人们习惯将姚黄、魏紫、欧碧和赵粉称为牡丹四大名种。《瓶史》中也讲过牡丹四大名种，指的是黄楼子、绿蝴蝶、西瓜瓤、舞青猊，唯知者不多。经考证，黄楼子即姚黄，绿蝴蝶即欧碧，而西瓜瓤与舞青猊，现已难寻觅了。

图 19-3　洛阳牡丹代表品种——姚黄　　　图 19-4　洛阳牡丹代表品种——魏紫

约在唐代开元盛世时期，牡丹由药用植物成为观赏名花，开始兴旺起来。由唐至宋，牡丹中号称洛阳花的，都是复瓣，其品种质量都有了显著提高，那时的花园中已很少栽植单瓣品种。

---

① 百度百科．牡丹文化［EB/OL］．［2015-12-12］．http：//baike. baidu. com/link？url＝Kf-Q-heI1gI.pUczFWyrJsSKWm1MhtbJg0zDC24G7YvBJeioj3U3txQSlIYPD0EYNG3aMBVCl5b1TkS9X-FJ3Mq。

欧阳修在《洛阳牡丹记》中讲述了魏紫的来历：五代时，砍柴人从寿安山挖来牡丹，卖给宰官魏仁溥。原来此魏非彼魏。宋诗有"姚魏从来洛下夸，千金不惜买繁华"。说明姚黄、魏紫成为名贵品种，已是千年以上的事。

明末东台举人徐述夔不满清王朝的统治，曾作紫牡丹诗："夺朱非正色，异种亦称王。"徐述夔因此被害，世称紫牡丹诗人。欧碧的历史也有 800 年，其名见于南宋陆游的《天彭牡丹谱》。《墨庄漫录》记载："洛中花工，宣和（宋徽宗年号）中以药壅白牡丹，次年开花为浅碧色，号欧家碧。岁供禁府，价在姚黄上。"前人对绿色牡丹，命名不一，似皆同物异名。《群芳谱》论述："碧花一名欧碧，另有绿色品种——绿萼华，又名佛头青、鸭蛋青、绿蝴蝶。"《花镜》记载："佛头青一名欧碧，绿蝴蝶一名绿萼华。"现代人称这类绿牡丹为豆绿。《亳州牡丹史》载："八艳妆，盖八种花也。中有绿花一种、色如豆绿，真为异品。"可能豆绿之名，即出于此。今人王世瑞在《牡丹名品简介》中说："豆绿又名欧碧，为洛阳城古老品种。开花较晚，瓣质肥润透明，犹如碧玉。"足证古之欧碧，即今之豆绿。赵粉在四大名种中最年轻。据《桑篱园牡丹谱》中记载："赵粉是将冰凌罩红石（一名童子面）从洛阳移至曹州赵氏园培育而成。芳香浓郁、善于着花，具有单瓣、半重瓣、重瓣 3 种花形，有的 3 种花形同生一树。"由于它的优点特别显著，所以声誉大振。

二、牡丹之最

最早记载牡丹的著作是《神农本草经》（2 世纪）；最早的牡丹专著是欧阳修的《洛阳牡丹记》（北宋）；最早的牡丹专家是洛阳人宋单父（唐）；最早的牡丹传说是"武则天贬牡丹"（唐）；最喜欢牡丹的皇后（帝）有 3 位：一是唐代的武则天，二是唐代的杨贵妃，三是清代的慈禧；花瓣最多的牡丹是"魏紫"（约六七百片）；牡丹形象最早出现在画作中的是顾恺之的《洛神赋》（东晋）；花径最小的牡丹是"野生黄牡丹"（直径 3~5 厘米）；最绿的牡丹是"豆绿"（径与叶绿）；最黑的牡丹是"冠世墨玉"（深紫发黑）；最红的牡丹是"火炼金丹"（国旗红）；最白的牡丹是"夜光白"；最蓝的牡丹是"蓝田玉"（粉里透蓝）；最黄的牡丹是"野黄牡丹"（与金同色）；最奇特的牡丹是"娇容三变"（花色可变化）；与牡丹最相似的花卉是"芍药"（与牡丹同属）；最能以假乱真的牡丹是"荷包牡丹"（叶似牡丹而非牡丹）；最佳的间色牡丹是"二乔"（一朵花上两种颜色）；现存最古老的牡丹品种是"枯枝牡丹"（宋代栽种至今）；最大的商品牡丹基地是山东菏泽（面积、数量、销售量均居全国首位）；最大的观赏牡丹胜地是河南洛阳（每年牡丹花会期间接待游客百万人次以上）；最大的山间牡丹观赏胜地是四川彭州市丹景山（一座山尽为牡丹）；最大的牡丹销售地是广东（包括港澳，每年全国三分之一以上的牡丹都销售于此）；最早研究中国牡丹的外国人是达尔文（在他的著作中论述了中国牡丹）；赋牡丹诗最多的古代诗人是韩琦（30余首）；最早画牡丹的人是杨子华（北齐人）；中国最北的牡丹是哈尔滨牡丹；中国最南的牡丹是台湾牡丹；中国最东的牡丹是牡丹江牡丹；中国最西的牡丹是乌鲁木齐牡丹；海拔最高的牡丹是西藏大花黄牡丹（平均海拔在3000米以上）；海拔最低的牡丹是福建霞浦牡丹（平均海拔在100~200米）；最耐旱的牡丹是陇西县黄土山上的牡丹（一年干旱无雨，依然生存下来）；最耐涝的牡丹是宁国南极牡丹（在洪水中浸泡月余而安然无恙）；产药量最高的牡丹是"凤丹"，凤丹原产地在安徽南陵丫山；植株最高的牡丹是峨眉山万年寺内的一株牡丹（高3.1米）；冠幅最大的牡丹是陇西县印刷厂内的一株牡丹（冠幅4米有余）；最大的牡丹籽是大花黄牡丹的籽（最大直径达1厘米，比一般牡丹籽大3~5倍）；叶最窄的牡丹是四川窄叶牡丹（似罗汉松叶）；最大的牡丹园是曹州牡丹园（占地千亩）；中国牡丹外销最多的国家是日本；中国牡丹外销最远的国家是英国；中国牡丹最早对外传播是通过丝绸之路；中国牡丹外传的第一个国家是波斯。

三、牡丹文化的特点

牡丹文化是民族文化的一部分，与其他类型的文化相比，牡丹文化有以下特点：生物学特点、药物学特点、园艺学特点、美学特点、文学特点、较浓重的乡土气息、较浓重的富贵之感、较浓重的人生回味、较浓重的生活氛围、较浓重的旅游氛围等。

另外，牡丹文化是精神文明和物质文明相结合的产物，从古今中外牡丹发展的历史来看的确如此，牡丹发展在盛世，太平盛世喜牡丹，牡丹文化也如此。今天，许多生长牡丹的地方每年都会举办盛大的牡丹花会，弘扬牡丹文化。那时，花城中万人空巷，看花人摩肩接踵，笑语欢歌，万紫千红的花光，如醉如痴的人流，汇成欢乐的海洋。"国运昌时花运昌"，历史又一次证明了这一深刻的哲理。

图 19-5　洛阳牡丹

中华民族是一个伟大、勤劳、勇敢、质朴的民族，我们爱好和平、追求所有美好的事物。传统名花牡丹象征着幸福和平、繁荣昌盛。各族人民将其视为吉祥物。这正是我们中华民族的美好愿望。一位旅美华侨在参观了盐城枯枝牡丹后激动地说："中国是我的根，牡丹是我心中的花。"我国是个民族众多的国家，各地的风俗习惯各不相同。如种牡丹、赏牡丹、爱牡丹、画牡丹、绣牡丹、唱牡丹，另外还有宴花、雕花、结花、拜花，形成不同的牡丹文化习俗。主要有湖北恩施地区土家族人种牡丹、绣牡丹之俗，云南大理白族"赶山"观牡丹和牡丹木雕，西藏各地寺院中的壁画牡丹，北方满人旗袍上的牡丹，河南洛阳的插花俗，甘肃省临夏回族的"花儿"唱牡丹，陇西浪山观牡丹（朝山会）、牡丹命名、街头卖花俗，安徽巢湖银屏山的朝山拜神牡丹，以及洛阳、菏泽、北京、太原、彭州市、上海、杭州、铜陵的牡丹花会和牡丹笔会。

中国人赏花爱花，牡丹文化习俗由洛阳传至长安、彭州、青州乃至全国。如今，菏泽、洛阳牡丹花会在当地不失为一大盛况。

牡丹文化属于上层建筑，几乎涉及所有文化领域。诸如学术文化、语言文化、民俗文化以及实物文化等不同层次、不同方面的文化。其中学术文化又包含哲学、宗教、自然科学、人文科学、文学艺术等，而自然科学、人文

图 19-6　牡丹花饼

科学又包含许多学科，其特点是有文字载体，有著作传世。语言文字是学术运用的工具，是学术的根基。民俗文化即民间文化，表现为民间传说、社会风俗等，不一定有文字载体。实物文化是历代流传下来的各种建筑、雕刻以及各种文物等。因此，凡记述牡丹内容的类书、史料、专著、杂著、文集、笔记，题咏牡丹的诗词文赋、故事传说、小说、演义、传奇、书法、雕塑、雕刻、绘画、音乐、戏曲、电影、电视、图案、画谱、歌曲，与牡丹相关的服饰、起居、食品、卡通、邮票，以及以牡丹为题材的园林，各种欣赏活动（如花会、花展、书展、画展）以及与此有关的经济文化活动等，均属牡丹文化的范畴。按其内容，主要包括科学技术领域的牡丹文化与文学艺术领域的牡丹文化两大部分。

科学技术领域的牡丹文化是指运用各种现代科学认识牡丹的自然属性，采取各种技术手段合理开发利用牡丹资源而形成的文化现象，如各种栽培技术、品种选育技术、盆景与盆栽技术、药材生产与应用、相关法律法规、各地利用习惯等，也包括各地在传统风土习俗中形成的对牡丹的各种认识和观念。

文学艺术领域的牡丹文化是指反映人对牡丹的情感、感性的具体作品，是诗歌、书画、音乐、雕刻、装饰图案、文学等艺术作品的总称，其中包括牡丹美学的内容。我国历代有关牡丹的诗词文赋、戏剧、小说、影视，书家书写的以牡丹为内容的书法作品，画家笔下的以牡丹为题材的山水花鸟画，宫廷与民间的建筑、家具雕饰，工艺雕刻以及牡丹专类园林的艺术构思与设计等，均属艺术领域的牡丹文化。

当然，这种区分也是相对的，基于现代栽培技术基础上的大型花会、花展，以及与之相关的经济文化活动，就是科学技术、艺术与经济相结合的产物。

四、牡丹文化的发扬光大

牡丹文化是中华民族文化的一个独特方面，包括植物学、园艺学、药物学、地理学、文学、艺术、民俗学等多学科在内，它是几千年来围绕着牡丹而产生的物质文化与精神文化的总和。牡丹文化是中华民族文化完整机体的一个细胞，透过它，可洞察中华民族文化的一般特征。它不但可以通过文字、音像、绘画的形式表现出来，而且还可以通过口头的或展览等形式来表现，如一年一度的洛阳牡丹花会，即是其一。

隋唐至今，许多著名诗人都留下了无数歌咏牡丹的佳章妙辞。唐代有关牡丹的诗大量涌现，如刘禹锡的"唯有牡丹真国色，花开时节动京城"，李白的"云想衣裳花想容，春风拂槛露华浓"，白居易的"花开花落二十日，一城之人皆若狂"等千古绝唱描述了当时的牡丹盛况。除了有关牡丹的诗词大量问世外，还出现了有关研究、记录牡丹的专著和牡丹诗赋，诸如唐朝舒元舆的《牡丹赋》、李德裕的《牡丹赋》等。

北宋的洛阳对中国牡丹文化的形成做出了卓越的贡献。至北宋，牡丹开始走出皇宫内院，进入寻常百姓家，形成了牡丹民俗，从而带动大量新品种的出现，以及大批描写牡丹的著作，如欧阳修的《洛阳牡丹记》、张峋的《洛阳花谱》、陆游的《天彭牡丹谱》、丘浚的《牡丹荣辱志》、张邦基的《陈州牡丹记》等。这些诗词歌赋的大量涌现，使得中国独特的牡丹文化初具雏形。宋人对牡丹推崇备至，不仅游赏牡丹演变成乡风民俗，成为全民参与的活动，而且牡丹已成为诗文、绘画、瓷器、织绣、雕塑、宗教等领域的主要素材之一，由此而形成的牡丹文化渗透到社会生活的各个侧面，牡丹风尚超过了唐代。

元朝人姚遂有《序牡丹》，明朝人高濂有《牡丹花谱》、王象晋有《群芳谱》、薛凤翔有《亳州牡丹史》，清代人汪灏有《广群芳谱》、苏毓眉有《曹南牡丹谱》、余鹏有《曹州牡丹谱》等。散见于历代种种杂著、文集中的牡丹诗词文赋，遍布民间花乡的牡丹传说故事，以及雕塑、雕刻、绘画、音乐、戏剧、服饰、起居、食品等方面的牡丹文化现象，屡见不鲜。

中华人民共和国成立后，牡丹种植有了长足的发展，牡丹文化逐渐被人重视，出现了大批牡丹研究工作者和专家。牡丹文化兼容多门科学，构成非常广泛，包括哲学、宗教、文学、艺术、教育、风俗、民情等所有文化领域。牡丹文化中所提供的文化信息，可以反映出民族文化的基本概貌，符合宇宙间的"全息律"。

现代牡丹种植格局：从规模上讲，洛阳为中国牡丹观赏旅游中心，菏泽为中国牡丹种植繁育中心，亳州为药用牡丹种植中心。

中国牡丹栽培的历史，形成以黄河中、下游为主要栽培中心，其他地区为次栽培中心或重要栽培地的格局。随着朝代的更迭，牡丹栽培中心随之变换，但主要栽培中心始终位于黄河中、下游地区。其转移过程为：洛阳（隋）—长安（唐）—洛阳（五代、宋）—亳州、曹州（明）—曹州（清）。这是中国牡丹品种群形成和发展的主线。除此之外，还有几个发展中心：一是长江三角洲、太湖周围及皖东南；二是四川盆地西北隅的成都、彭州；三是甘肃的兰州、临夏；四是广西的灌阳。

五、牡丹文化与河洛文化

牡丹文化是河洛文化的一个重要方面。洛阳人民对牡丹有着特殊的感情，对于种植牡丹亦有一套成熟的技艺。尤其是中华人民共和国成立后，他们通过嫁接、繁育，培植了无数的新品种。这里的人喜谈牡丹，喜画牡丹，喜写牡丹，民间流传着许多有关牡丹的趣闻、故事。总之，洛阳人民的生活与牡丹密切相关。所以，牡丹文化的一个显著特点，即是有其浓郁的乡土色彩。从流传在民间的有关牡丹的传说、故事，到文人墨客关于牡丹的记述、题咏，从中都可以看出洛阳人民的生活习尚、性格特征等。那些远离故乡的游子，在怀念家乡的诗文里，亦常以牡丹作为家乡的象征而寄予无限的眷念之情。

洛阳牡丹有着浓厚的饮食文化和旅游氛围。自宋代以来，洛阳牡丹甲天下。新中国成立以后，在党和政府的关怀下，牡丹得到了长足的发展，与此相关的旅游业亦是盛况空前。在洛阳水席中有道名菜叫"牡丹燕菜"，洛阳人都说它的取名与武则天、周恩来总理密切相关。牡丹饼又称"百花糕""牡丹糕"，是河南省汉族传统名点之一，是洛阳最具地域特色的产品。尤其是1983年以来，一年一度的牡丹花会，吸引了大批国内外游客、外商，洽谈生意，赏花旅游，领略河洛大地的风俗民情。牡丹花会是民俗文化的重要组成部分，通过它可以窥见牡丹文化的大概面目。20 世纪末 21 世纪初，洛阳市的偃师发现了巧夺天工的牡丹石，洛阳人李学武发明了牡丹瓷，2011 年洛阳人在牡丹花茶生产工艺基础上又成功研发了洛阳牡丹红茶，牡丹红茶、牡丹石和牡丹瓷逐渐成为观赏佳品和馈赠礼品，也成为牡丹文化一道亮丽的风景。孟津县平乐镇 700 多名农民画家画牡丹，牡丹画产业的主导地位在该镇已经形成。平乐村也被外界誉为"农民牡丹画创作第一村"，平乐牡丹画成为省市对外宣传的一张名片。

牡丹文化是河洛文化的一个独特方面，它的内涵极为丰富。随着中华民族文化的发展，它的内涵亦不断拓宽、发展。研究牡丹文化，与经济建设的推进，与精神文明的创建，都有密切的关系。牡丹文化，方兴未艾，研究它的人越来越多，可以断言，不久的将来，它不仅是洛阳人关注的一个方面，而且会成为国内外共同瞩目的一个课题。

六、牡丹诗词精选

长安豪贵惜春残，争赏先开紫牡丹。——唐/裴潾

长安年少惜春残，争认慈恩紫牡丹。——唐/裴士淹

云想衣裳花想容，春风拂槛露华浓。——唐/李白

二月曲江连旧宅，阿婆情熟牡丹开。——唐/窦巩

国色朝酣酒，天香夜染衣——唐/李正封

长安牡丹开，绣毂辗晴雷。——唐/崔道融

玉佩冒女萝，金印耀牡丹。——唐/岑参

牡丹相次发，城里又须忙。——唐/王建

此花名价别，开艳益皇都。——王建

神曲清浊酒，牡丹深浅花。——唐/元稹

莺涩余声絮堕风，牡丹花尽叶成丛。

可怜颜色经年别，收取朱阑一片红。——元稹

花向琉璃地上生，光风炫转紫云英。——元稹

城中看花客，旦暮走营营。

素华人不顾，亦占牡丹名。——唐/白居易

奔车看牡丹，走马听秦筝。——白居易

一丛深色花，十户中人赋。——白居易

花开花落二十日，一城之人皆若狂。——白居易

一作芸香吏，三见牡丹开。——白居易

应过唐昌玉蕊后，犹当崇敬牡丹时。——白居易

数日非关王事系，牡丹花尽始归来。——白居易

白花冷澹无人爱，亦占芳名道牡丹。——白居易

秦陇州缘鹦鹉贵，王侯家为牡丹贫。——唐/王建

澹荡韶光三月中，牡丹偏自占春风。——唐/权德舆

径尺千余朵，人间有此花。

今朝见颜色，更不向诸家。——唐/刘禹锡

今日花前饮，甘心醉数杯。

但愁花有语，不为老人开。——刘禹锡

其奈明年好春日，无人唤看牡丹花。——刘禹锡

唯有牡丹真国色，花开时节动京城。——刘禹锡

三条九陌花时节，万户千车看牡丹。——唐/徐凝

牡丹花笑金钿动，传奏吴兴紫笋来。——唐/张文规

长安若在五侯宅，谁肯将钱买牡丹。——唐/李涉

且看牡丹吟丽句，不知此外复何如。——唐/姚合

负心不报春光主，几处偷看红牡丹。——唐/陆畅

由来不是求名者，唯待春风看牡丹。——唐/张祜

牡丹愁为牡丹饥，自惜多情欲瘦赢。——唐/薛能

鸟畏闻鹃鸠，花惭背牡丹。——唐/许棠

闻说庭花发暮春，长安才子看须频。——唐/武元衡

幽榭名园临紫陌，晚风时带牡丹香。——唐/郑谷

未尝青杏出长安，豪士应疑怕牡丹。——郑谷

春来老病厌迎送，剪却牡丹栽野松。——郑谷

牡丹妖艳乱人心，一国如狂不惜金。——唐/王毂

每到黄昏醉归去，纻衣惹得牡丹香。——唐/翁承赞

黄鸟啼烟二月朝，若教开即牡丹饶。——唐/黄滔

欲别未攀杨柳赠，相留拟待牡丹开。——唐/徐夤

牡丹窠小春馀雨，杨柳丝疏夏足风。——徐夤

鹍鸠声中双阙雨，牡丹花际六街尘。——徐夤

开当青律二三月，破却长安千万家。——徐夤

王侯买得价偏重，桃李落残花始开。——徐夤

前年帝里探春时，寺寺名花我尽知。——唐/王贞白

塔下牡丹气，江头杨柳丝。——唐/曹松

最忆当年，沉香亭北，无限春风恨。——辛弃疾

洛阳牡丹名品多，自谓天下无能过。——宋/梅尧臣

洛阳地脉花最宜，牡丹尤为天下奇。——宋/欧阳修

洛阳春色擅中州，檀晕轻红总胜流。——宋/陆游

老去已忘天下事，梦中犹看洛阳花。——陆游

洛阳旧谱隔芳园，姚魏寻香作返魂。——李石

韩君问我洛阳花，争新较旧无穷已。——梅尧臣

洛阳人惯见奇葩，桃李花开未当花。须是牡丹花盛发，满城方始乐无涯——邵雍

洛阳园里草茵寒，梦想尧夫一寸丹。——南宋/谢枋得

家有洛阳一千朵，三年归梦绕栏干。——南宋/杨万里

此是洛阳花，尚带长安日。——南宋/薛师石

洛阳分种入侯家，魏紫姚黄谩自夸——南宋/叶茵

绿芜春雨洛阳城，不见名花国已倾——元/浦源

逐出西京贬洛阳，心高丽质压群芳。铲根焦骨荒唐事，引惹诗人说武皇。——现代/徐书信

七、牡丹画

由于牡丹花花形优美，颜色绚丽、清雅，因此是古今画家们经常表现的题材，如古代擅画牡丹的画家有张彦远、郭若虚，近现代有余致贞、吴玉阳等。

图 19 - 7　牡丹画

（本图是洛阳理工学院乔卫明老师的画作）

八、关于牡丹的传说

1. 武则天贬牡丹的传说①

武则天登皇位，自称圣神皇帝。一年冬天，她突然兴致大发，带着大臣、宫女到上苑饮酒赏雪。此时大雪刚停，只见那假山、凉亭、小桥、长廊一切景物都穿上了洁白的素装；各种花草树木虽说枝叶凋零，但经雪一打扮，犹如银枝玉花，显得格外的美丽；偶尔飞来两只小鸟，把枝条轻轻一弹，撒下团团白絮，好似一只只飞舞的蝴蝶。武则天看得入了迷，没想到雪的景色竟是如此壮丽。突然，她发现在那白皑皑的雪堆里，有点点燃烧跳跃的火苗。仔细一看，原来是朵朵盛开的红梅。武则天真是高兴极了！禁不住吟诗一首，抒发她的喜悦情怀。随同赏花的大臣们一看皇帝如此欢喜，都争相给她敬酒，这时，有个人说："万岁，梅花再好，毕竟是一花独放。如果你能下道圣旨，让这满园百花齐开，岂不更称心愿吗？"

另一大臣摇摇头说："如今严冬寒月，梅花开放正适时令。若让百花齐放，需等来年春天。"

武则天听罢哈哈一阵大笑，说："春时花开，不足为奇。百花斗雪竞放，方合我的心意。"

大臣们看她已有几分醉意，劝说道："陛下，时辰不早，快快回宫歇息

① 中国网. 武则天贬牡丹的传说［EB/OL］. ［2008 - 02 - 04］. http：//www.china.com.cn/aboutchina/zhuanti/lddw/2008 - 02/04/content_ 9650218.htm.

了吧。若还想观赏，待明日一早再来。"

武则天由宫女搀着回到宫里。但她酒兴未消，仍想着让百花斗雪竞放的事。于是，令宫女拿来文房四宝，当即手握霜毫，蘸饱浓墨，在白绢上写了一首五言诗：

明朝游上苑，火速报春知。

花须连夜放，莫待晓风吹。

写罢，她叫宫女拿到上苑焚烧，以报花神知晓。

宫女把武则天的诏令拿到上苑焚烧以后，吓坏了百花仙子。大家赶快聚集一起，共同商量对策。

桃花仙子胆最小，瑟瑟缩缩地说："武则天心毒手狠，什么样的事都干得出来，咱们不敢违抗呀！"

有几个小花仙子也怯生生地附和着说："是呀！咱们还是早做准备，提前开放了吧！"

牡丹仙子不同意她们的意见，有几分气愤地说："武则天也太霸道了。你管人间的事，如今竟又管起我们来了。这百花开放，各有节令，开天辟地，四季循从。岂容你逆天乱地？姐妹们，咱们不能从！"

众花仙听牡丹仙子这么一说，都觉得句句在理。可一想武则天的残暴，又都犹豫起来了。

桃花仙子哀求牡丹仙子说："好姐姐，你听我的话，咱们还是顺从了吧。武则天杀人如踩死只蚂蚁，何况咱们这些娇弱的花体呢？"

不少仙子接着说："姐姐，开也是这一次。不然会大祸临头的。"

牡丹仙子倔强地说："违心的事一次也不能干。只要咱们骨硬志坚，看她能奈我何？"

这时已鼓打四更，天色快亮。众花仙看牡丹仙子的决心已下，只好匆匆散去，各自开花去了。

百鸟啾啾，晨曦初露。武则天一觉醒来，醉意已经全消。她穿衣起床，坐在镜前让丫鬟给她梳妆打扮。正在这时，宫女推门而入，欣喜地禀报："万岁，上苑的百花全开放了！"

武则天一听大喜，想想昨晚写出的诗，只不过是"酒后戏言"，没想到百花真的奉旨开放了。她急忙走出皇宫，来到上苑。举目一望，满园的桃花、李花、玉兰、海棠、芙蓉、丁香等全部怒放了，一丛丛，一簇簇，绚丽多彩，争芳斗艳。灿烂的朝霞映着花朵，皎洁的白雪衬着绿叶，随风摇曳，时俯时仰，婀娜多姿，妩媚动人。这时，满朝文武百官都纷纷跑来，观看稀罕。武则天面对众卿，得意忘形，迈着大步朝一片光枝秃权的牡丹走去。她一看花丛中唯有牡丹未放，一股怒火油然而生。心想，这还了得！君言不从，我还如何临朝执政？况且对着这些文武百官，岂不有失脸面？她越想越恼火，破口大骂："大胆牡丹！竟敢如此放肆，抗旨不开。放火焚烧，一株不留！"说罢，愤然而去。

武士们领旨后，马上点柴引火，扔入牡丹丛中。霎时，浓烟滚滚，烈焰熊熊，只烧得牡丹噼噼啪啪乱响。牡丹仙子看着一片牡丹将毁于一旦，禁不住滴滴泪垂，悲愤万分。

正当午时，大火燃尽，牡丹花圃化成一片焦灰。内侍禀报武则天：启禀万岁，牡丹已焚烧成灰。

武则天怒气未消，恶狠狠地说："连根铲除，贬出长安，扔到洛阳邙山，叫它断种绝代！"

武则天为什么要把牡丹贬到洛阳邙山呢？原来她到过邙山，知道那里沟壑交错，偏僻凄凉，好叫她孤苦受罪，以解她心头之恨。

武士们又马上挥起铁镢，把牡丹连根掘出，连夜装车送往洛阳，扔到了邙山岭上。

谁知，牡丹一入新土，就又扎下了根。来年春天，满山翠绿。邙山的人很早就喜欢牡丹，家家移种，户户育植。后来城里人听说了，也纷纷跑来移栽。牡丹仙子看洛阳人这样喜爱牡丹，非常高兴。一到谷雨，株株怒放，千姿百态。观赏牡丹的人，扶老携幼，朝暮不断，人海花海，盛况非凡。

牡丹在洛阳繁殖盛开了。因为这种牡丹在武则天的烈火中骨焦心刚，矢志不移，人们赞它为"焦骨牡丹"。后来经过洛阳人的精心培育，花儿更红更艳了，所以后人起名叫"洛阳红"。

牡丹由于其凛然正气和对权贵不低头的傲骨被尊为百花之王。慢慢的，洛阳牡丹闻名天下。

2. 武则天赐名"假燕菜"①

洛阳燕菜又称牡丹燕菜，是河南洛阳独具风格的汉族传统名菜，属豫菜系，主料有白萝卜、海参、鱿鱼、鸡肉。成品洛阳燕菜只见一朵洁白如玉、色泽夺目的牡丹花，浮于汤面之上，菜香花鲜，赢得贵宾们的拍手叫绝。

图 19 - 8　洛阳牡丹燕菜（一）　　　图 19 - 9　洛阳牡丹燕菜（二）

相传洛阳水席始于武则天称帝的武周时期，而"洛阳燕菜"的由来更有这么一个传说：武周年间，女皇武则天为视察龙门卢舍那大佛的凿刻，而驾临洛阳仙居宫，适逢城东关下园村长出一颗特大白萝卜，长约 1 米，上青下白，重 15 多公斤，菜农视为奇物，百姓视为"祥瑞"，敬献进宫。御厨们知道萝卜做不出什么好菜，但又慑于女皇威严，只得从命。他们反复琢磨，将萝卜配以山珍海味烹制成一道不失御膳风味的汤菜。女皇品尝之后，赞其清醇爽口，沁人心脾，观其形态酷似燕窝丝，当即赐名为"假燕菜"。女皇的喜好影响了一大批贵族、官僚，他们在设宴时都要赶这个时髦，把"假燕菜"作为宴席头道菜，即使在没有萝卜的季节，也想法用其他蔬菜来做成"假燕菜"，以免掉身价。上有所好，下必甚焉。宫廷和官场的喜好又影响了民间的食俗，人们不论婚丧嫁娶，还是请客待友，都把"假燕菜"作为宴席

① 百度百科. 牡丹燕菜 [EB/OL]. [2015 - 12 - 11]. http：//baike. baidu. com/link? url = m8IZnZrblnwv4_ DzO2vf6_ _ 5yQJ62GV - ASHzxdET0IyNFSEjySIc5btSddummQonzyUGfWM2KvSi TPkaeKt- mlutSektw5PI6dRmBovabOAHU_ 1VCTY - 7JvjAvAmxovesiIcAV5dBJRncq - VXKlXvdLFpY - tNXPOkmjkZn- nuckD0OQ_ WFaB - 9Q68NkN2uDjkD。

上的首菜。由于白萝卜能适应多种原材料配制，既可用名贵的山珍海味，又能用一般的肉丝、鸡蛋做配料，其味酸辣香郁，十分可口，因此，酒楼菜馆竞相仿效。后来，人们把"假"字去掉，简称"燕菜"。随着历史的变迁和历代厨师的辛勤研制创新，"燕菜"日臻完善，其味道酸辣鲜香、别具一格，汤清口爽、营养丰富，成了洛阳传统名菜，所以又称其"洛阳燕菜"，流传至今。

3. 周恩来总理改"洛阳燕菜"为"牡丹燕菜"

"国色朝酣酒，天香夜袭衣"。洛阳是著名的牡丹城，人们又将富有神奇传说、娇艳华贵的牡丹和燕菜结合了起来，使之更富有鲜明的洛阳特色。"洛阳燕菜"又名"假燕菜""牡丹燕菜"，是一道具有豫西地方特色的佳肴，历来被列为洛阳水席（"洛阳水席"起源于唐代，有 1000 多年历史，全席 24 道菜，有 8 道冷下酒菜、4 道大菜、8 道中菜、4 道压桌菜）中的首菜。据说水席有两层含义，一是全部热菜皆有汤；二是所有菜吃完一道再上一道，像流水一样不断地更新。洛阳水席有高、中、低档之分，高档水席有海参席、鱼翅席、广肚席；中档水席有鸡席、鱼席、肉席；低档水席为大众席，以肉、粉条、蔬菜为主。由于洛阳水席风味独特，味道鲜美，咸甜酸辣，一菜一味；上至山珍海味，下至粉条、萝卜，都能做出一席菜，可适合不同层次消费者的需要，因此洛阳水席历经千年，经久不衰。牡丹燕菜本身也有各种不同的配料做法。牡丹燕菜是铁定会出场的角色，它犹如盛唐时期艳装而出的妇人，一出场便吸引所有人的目光，花艳、菜香、汤鲜味美，酸辣香郁、爽滑适口。

1973 年 10 月 14 日，周总理陪同加拿大总理特鲁多到洛阳访问，下榻当时的友谊宾馆。据《友谊宾馆志》说，中午周总理宴请加拿大客人，上了几道洛阳水席中的菜，其中就有流传千年的"洛阳燕菜"。当周总理看到"洛阳燕菜"，以及友谊宾馆大厨为了在菜品上突出洛阳的特色，用蛋黄蒸糕精心雕啄雍容艳丽的牡丹花时，风趣地说："洛阳牡丹怎么飞到桌子上来了？"在服务员介绍菜名"洛阳燕菜"后，周总理笑着说："'洛阳牡丹甲天下'，菜中也能生出牡丹花。应该叫'牡丹燕菜'。"满座都鼓起了掌。自此，洛阳水席的菜谱名称发生了变化，"洛阳燕菜"改名为"牡丹燕菜"。这真可谓"菜以花名，菜以花传"，两者相得益彰，周总理的改菜名，让洛阳水席名声更隆。该菜 2000 年 3 月被国内贸易局评定为"中国名菜"推展品种。

4. 牡丹饼①

牡丹饼又称"百花糕""牡丹糕"。河南省汉族传统名点之一，是洛阳最具地域特色的产品。牡丹饼以豆类粉为主料，和米捣碎，蒸制成糕，再配以精选豌豆、红小豆、红枣、全脂乳粉、吉士粉等，馅中辅以精心泡制的牡丹花瓣烘烤而成。

图 19 – 10 洛阳牡丹饼

古人早就认识到，牡丹可食用和药用。《神农本草经》载："牡丹味辛寒，一名鹿韭，一名鼠姑，生山谷。"在甘肃武威挖掘的东汉早期墓葬中，发现医学竹简数十枚，就有牡丹治疗"血瘀病"的记载。用牡丹根加工制成的"丹皮"是名贵中草药。其性微寒，味辛、无毒，入心、肝、肾三经，有散瘀血、清血、和血、清热、止痛、通经之功能。

南宋吴自枚的《梦粱录》等书介绍，北宋南迁杭州后，河洛地区的文化习俗也传至苏杭，苏杭的"金银炙焦牡丹饼"等，一时成为市面上点心铺里的时令佳品。

---

① 百度百科. 牡丹饼［EB/OL］.［2015 – 12 – 12］. http：//baike. baidu. com/link？ url = luCl3J – lmSnKP_ 5Jg – 4Q1F6ccZyxxGf3tGkyR8D_ YC_ lj3vaii7NEv6xVXpu0z7tSkYU7wAtFmgvh8TjvgzHi_ 。

图 19－11　洛阳牡丹饼（一）　　　　　图 19－12　洛阳牡丹饼（二）

相传牡丹饼的发明人为武则天。据《隋唐佳话录》载：有一年牡丹盛开的季节，她率宫女游园赏花，看着争奇斗艳的花儿，突发奇想。命令宫女采下大量的各色花朵，回宫按她的设计，和米捣碎，蒸制成糕，取名"百花糕"，并用这香糯可口的点心作为礼品分别赏赐群臣。故牡丹饼又称"百花糕""牡丹糕"。

牡丹饼又称"天皇饼"，宋代词人黄庭坚《渔家傲》有"方猛省，无声三昧天皇饼"之句，说的就是牡丹饼。唐贞观二十三年（649年），武则天被发送长安感业寺削发为尼后，偶以牡丹花瓣为原料制成素饼，一食之，速觉味道非凡，恰高宗相访，武则天以饼传情。不久还宫，立为皇后，高宗称天皇，她称天后。因此饼出自皇家，时人称此饼为天皇饼。

隋、唐两代中日交往频繁，洛阳牡丹传至日本，日本国的画师，把富丽端庄的中国牡丹彩绘在奈良"春日神社"的墙壁上，被日本人民奉若至宝。牡丹饼的制作也从洛阳传到日本，至今相延千余年，牡丹饼仍风行于日本民间。

第二十章　偃师银条

第一节　银条的取名考证及植物学特征

银条是一种根茎蔬菜，其地下茎可盐渍、酱制、凉拌、炒食、煮食等，尤其是凉拌菜，其色洁白如玉、晶莹透亮、鲜脆爽口、风味独特，因状如"银条"而得名，是各种宴席上的著名美食。古时候，菜农用它换回白花花的银子，于是称其为"银条"，视为宝菜。由于银条是河南省偃师市著名的土特产，它于 2005 年被列为国家原产地保护产品，农业部从 2011 年开始对其实施农产品地理标志保护。仔细研究，就会发现银条在当地的社会发展进程中，不仅具有经济价值、法律价值、文化价值，而且还有更为重要的旅游价值、生态价值和教育价值。然而，关于它的叶形、生长期等植物学特征以及名称由来，各种媒体上的介绍和宣传却有不同的说法或观点，尤其是在网络传播中，众说纷纭，有时存在较大的矛盾和争议。这就需要我们多方调研求证，发扬光大华夏文明尤其是河洛文化中的这枝奇葩。

一、关于银条名称的考证

关于银条名称的由来，有以下几种说法：

（1）外形说。由于银条根部质地致密、晶莹透亮、洁白如玉、光亮似银，状如"银条"而得名。

（2）伊尹姓名说。据河南省《偃师县志》记载，银条原名"尹条"。据说因商汤宰相伊尹培植而得名。伊尹擅长烹饪，更喜种植蔬菜，在帝都西亳

（偃师古称谓）的南郊培植出了一种紫花绿叶高不过膝的根茎蔬菜。经烹煮调味后，成为绝代美味菜肴。伊尹为让老百姓得到更多实惠，便将银条的种植和烹制方法教给了大家。当地百姓感念伊尹的恩德，便将这种植物称为"尹条"。后来，偃师周围的老百姓种植此菜，用它换回白花花的银子，因此其名称逐渐俗称为银条。

（3）唐太宗赐名天竺特产说。相传大唐贞观十九年（645年），高僧玄奘从天竺取经归唐，带回一种无名蔬菜，将其作为贡品献给当时的皇帝李世民。李世民品尝后大加赞赏，赐名"银条"，定为宫廷菜肴，嘱玄奘带回家乡种植。玄奘在偃师择地而种，发现种植在洛水北岸寺庄堡方圆四里内的质量最佳。因为玄奘种植之功，还有人称其为"唐僧肉"。

（4）唐太宗赐名偃师特产说。大唐贞观年间，家居偃师缑氏陈河的高僧玄奘，将银条作为贡品献给大唐天子李世民。李世民原以为这是玄奘从西域带回来的，后来听说是玄奘老家的特产，便笑道："偃师这地方真是人杰地灵！"从此以后，这银条又有了"地灵"之称，后来"地灵"这个名称被载入了《中国蔬菜栽培学》。

（5）唐玄奘取经时带回屈支国特产说。据说唐代高僧玄奘在西行取经途中，发现屈支国（今新疆维吾尔自治区库车）的老百姓身体健康并且普遍长寿。仔细询问，才知道当地人经常食用一种名叫地灵的蔬菜。当地人坦言，常吃地灵具有延年益寿的作用。唐僧将地灵的种子带回了家乡洛阳种植。后来，这种绿叶、紫花、根茎洁白如玉、光亮似银的植物成了当地进贡朝廷的贡品。出于对玄奘的敬仰和怀念，当地百姓又把其称为"唐僧肉"，这就是西游记里"唐僧肉"长生不老的出处！

（6）银条经济价值说。由于银条对生长环境极为挑剔，需要土地有水而不湿，有沙而不松，而符合这些要求的地方有限，故其总产量一直较低，价格昂贵，有"白菜九畦，难抵银条一席"之说。古时候，菜农用它换回白花花的银子，便称它为"银条"，视为宝菜。

（7）清乾隆吟诗取名说。平生喜好游历的乾隆皇帝到偃师缑山游玩时，对着银条吟咏一番："南芽笋尖美，北蔬银条鲜，南北成一统，银笋代代传。"这样，银条便又有了"银笋"这个名字。

二、银条的植物学特征

银条是以地下茎作为食用部分的一种草石蚕类一年生唇形科水苏属草本植物。银条学名银苗，又名银条菜、草石蚕、罗汉菜、螺丝菜、地笋、地藕、地参、一串紫等，也有人称其"唐僧肉"、长生不老菜等，在西北地区俗称"地灵"。

银条以水平生长的匍匐根为主。地上茎直立，株高50～80厘米。地上茎方形四棱，棱角有倒生刺毛，易脱落。茎上部红褐色，下部绿色，分枝较多，以花芽封顶。地下有匍匐茎，匍匐茎顶端发育成膨大的产品器官根状茎。根状茎具节，每节有两个芽眼；顶端节间短缩，芽眼密集，有顶端优势。其叶子呈卵圆形或者剑形，单叶、深绿色、对生，网状叶脉，腹背皆有刺毛，叶缘锯齿状，不耐干旱，遇霜枯死。轮伞花序腋生，多花密集组成穗状花序，着生于主茎顶端及上部侧枝顶端。花冠白色或淡紫色，花无柄，唇形，四强雄蕊，子房上位。花期7～9月。其果实为小坚果，种子长圆状三棱形，千粒重1.0～2.0克。

三、关于银条植物学特征的考证

关于银条的植物学特征存在以下不同说法。

（1）银条是一年生还是多年生草本植物。认为银条是多年生草本植物的有韩富团（1989）[132]、张云山（1989）[133] 李欣（2005）[134]、易军鹏（2005）[135]、陈泰轩（2007）[136]、郭香凤（2007）[137]、徐睿（2008）[138]、杜纪松（2010）[139]、付鹏钰（2012）[140]、李慧文（2011）[141]、徐海霞（2012）[142]等人；认为银条是一年生草本植物的有钟先锋（2006）[143]、谢兵（2010）[144]、王雪（2010）[145]、张晓伟（2011）[146]、李伟杰（2012）[147]、兰金旭（2013）[148]等人。

一年生植物是指当年内完成全部生活周期的植物，如大豆、花生和水稻等。[149]多年生植物是指能连续生活多年的植物，如乔木、灌木和车前草等植物。多年生这个术语经常被理解为多年生木本植物，因为所有木本植物根据定义都是多年生的。[150]多年生植物也并非所有部位都长生不老，而是不断地进行新陈代谢，一年一度地萌发新芽，就像人的指甲和头发一样。多年生植物有不同分类。在季节变化明显的地区，植物在温暖的季节生长开花，到了冬天，木本植物的树叶会枯黄掉落，称为落叶植物；草本植物则是仅保留地下茎或根部分进入休眠状态，称为宿根草。[151]结合后文材料和观点，虽然所有文献和作者对银条的生长期存有不同说法，但没有一个是超过300天的说法或者观点。据此，笔者认为，银条是一年生植物。

（2）银条的学名。一种说法是其学名为草石蚕，持此说的有李欣（2005）[152]、易军鹏（2005）[153]；还有人认为其学名为银苗，持此说的有上官兵（2007）[154]付鹏钰（2012）[155]、张书芳（2014）[156]等人。

河南省疾病预防控制中心的付鹏钰、李杉等人在《银条研究概述》（《河南预防医学杂志》，2012年6期）一文中，认为"偃师银条与江苏、宁夏等地生产的草石蚕（Stachys sieboaibi Miq.）有很大不同，偃师银条地下有膨大的根状匍匐茎，匍匐茎顶端无螺旋形如蚕蛹的块茎；而草石蚕地下匍匐茎顶端有螺旋形如蚕蛹的块茎"。

笔者查阅了《中国蔬菜栽培学》等著作后，认为银条的学名应为银苗。

（3）银条叶子的形状问题。一说是其叶子呈长圆披针形或剑形，持此说的有钟先锋（2006）[157]、郑军伟（2006）[158]、陈泰轩（2007）[159]、杜纪松（2010）[160]、付鹏钰（2012）[161]等人。一说其叶子呈卵圆形，持此说的有韩富团（1989）[162]张云山（1989）[163]。笔者认为，不能一概而论银条叶子的形状。人们在长期的培育种植过程中，不同人在不同时期选种了不同的品种，而不同品种的银条，其叶子形状不一；实地考察发现，以上形状的叶子都可见到。

（4）关于银条的生长期。一种说法是300天左右，持此说的有李顺兴（1993）[164]、韩高修（2006）[165]、陈泰轩（2007）[166]、付鹏钰（2012）[167]；宋晓宁（2012）[168]认为是210天；郑军伟、别志伟（2006）[169]认为是180天。

对于某种作物来说，生长期是指作物从播种到成熟的时期，是一个微观的量。例如水稻，由于南方水热条件好，水稻成熟可能只需要2~3个月，而东北地区水热条件不如南方，水稻成熟需要4个月或者更久。此时，水稻在我国东北的生长期比南方长。对于某地区而言，生长期是指某种作物在此地可能生长的时期，是一个宏观的量。南方的水稻有两到三个生长时期，就是6个月或者9个月；而北方一年一熟，所以只有4个月的生长期。此时，水稻在我国东北的生长期比南方短，[170]对于同一地区的同一作物来说，其生长期特指作物从播种到成熟的时期。

结合银条的实际种植和采收情况，笔者认为其生长期应为300天左右。

四、结论

综上所述，笔者认为，在关于银条名称由来的几种说法中，"外形说"和"银条经济价值说"较切合实际也较为令人信服；银条是一年生植物；银条的学名为银苗；银条的叶子呈长圆披针形或剑形，部分呈卵圆形；银条的生长期为300天左右。

第二节　偃师银条的最佳产地和种植范围

银条是一种一年生草本植物，其地下茎可盐渍、酱制、凉拌、炒食、煮食等，尤其是用来做凉拌菜，鲜脆爽口、风味独特。其色洁白如玉、晶莹透亮，因形状和颜色酷如"银条"而得名，是各种宴席上的著名美食。银条在我国种植比较广泛，但历代以来均以河南省洛阳市偃师所生产的产品质量为最佳。银条作为偃师市的名特蔬菜，也是河南省的名贵蔬菜资源之一，2005年被列为国家原产地保护产品；2009年，偃师市农产品行业协会在国家工商总局注册了"偃师银条"地理标志商标；2011年农业部开始对其实施农产品地理标志保护。至此，偃师银条成为洛阳市唯一的同时受到三个国家行政主管部门批准予以保护的地理标志产品。在各地纷纷重视地理标志产品，争相宣传、报道、研究地理标志的热潮中，笔者发现各种媒体对银条的介绍、宣传和研究存在不同的说法或观点，例如在银条的原产地和种植范围方面，众说纷纭，有时存在较大的矛盾和争议。这就需要我们多方调研求证，保护地理标志产品中的这枝奇葩，继承并发扬光大华夏文明。

一、银条的生长规律和产地

（一）银条的生长规律

银条属浅根系，喜光照、耐潮湿，其叶、茎的适宜生长温度为20℃ ~ 28℃，根茎生长适温为20℃ ~25℃，夏季主要生长地上部分；立秋后，地上部分生长缓慢，同化养分积累，地下块茎开始膨大生长；霜降前地上部分枯死，地下块茎形成，地下茎可越冬。银条一般在春分前后播种，谷雨前后苗齐，6月、7月份进入生长旺盛期，11月份至次年春可以持续采收。播种前应施足底肥，以优质农家肥为主，辅以草木灰、磷肥等；近年有农民在播种前后施化肥，虽然产量增加了，但是对其品质不利。银条生育期约300天，一般情况下亩产1800 ~2500公斤。

（二）银条的产地

银条在我国具有悠久的种植和食用历史，在一些江河、湖泊附近的田野里种植较为广泛，尤其适宜在有机质含量丰富、上层深厚、疏松肥沃、排水和灌溉条件良好的沙壤土栽培，其中以河南省洛阳市的"偃师银条"最为有名。

关于银条的生长地和种植地，有以下记载。钟先锋、黄桂东等人撰文指出，银条原产于中国，栽培历史悠久，零星种植遍及全国，其中以洛阳偃师所产最有名，19世纪传入日本，后又引至欧美。[171]饮食网在介绍酱银条的做法时，提到"银条又称地笋、地藕、地参，生于华北、东北地区"[172]。河南省偃师市西银绿色食品有限公司在其网页上有一文，题为"舌尖上的中国特色小吃——银条菜"，其中有银条为蔬菜中罕见的珍品，而且只有介休一地出产，被誉为介休"八珍"之一。[173]文中所提到的介休县，即现在位于山西省中部的介休市（县级市）。在百度贴吧里有一贴名为"银条菜新考——转温馨日志"，其中有如下文字"……介休人食用银条菜历史久远，早在民国《介休县志》里已有所记载。因其对土壤要求较高，一般在pH值偏酸性的沙土中才得以生长，所以只有在我市的少数地区可以采集到银条菜，而周边县市基本没有野生银条菜生长……银条菜并非我市所独有；河南偃师人早在80年代就开始尝试将银条做成罐头，并远销海内外。近几年，随着市场经济的发展，以及农业科技化进程的加快，除河南偃师外，还有山东郓城县以及我市的近邻平遥县都已经开始了人工种植银条菜"[174]。陈泰轩在《偃师银条》一文中指出："偃师是银条的唯一产地……银条的原产地就在偃师市南郊，伊洛河交汇处北岸东寺庄、西寺庄、后庄和许庄一带……其他地区如商丘仅有小面积种植，但质量远不如偃师银条。因偃师银条名贵，不少人想引种他乡……但因土质、气候等条件不适应，所产银条的质量差……据1960年农业出版社出版的《蔬菜栽培学》记载，'银条在北京少有栽培，但品质较差'[175]"。另外，在我国西部某些地方，如果其土壤半干旱、半沙化，也适合种植银条。

二、偃师银条的发展渊源和种植历史

（一）偃师银条的发展渊源

河南省偃师市地处伊洛河冲积平原，气候温和、水量适中，是银条的原产地域。优质银条对生长环境极为挑剔，而偃师市伊洛河交汇之处的寺庄一带就正好为银条提供了这样的最佳生长环境。

银条在偃师市具有深厚悠久的种植、加工及食用历史，始于夏，兴于唐，盛于明清，如今扬名海内外。关于银条的起源，在当地主要有以下两种传说。

一说是出身"庖厨"的商朝宰相伊尹，在"帝喾"（今偃师境内）庙南的寺庄发现了一种草茎，经烹煮调味后，成为绝代美味菜肴。伊尹为让老百姓得到更多实惠，便将银条的种植和烹制方法教给了大家。当地百姓感念伊尹的恩德，便将这种植物称为"尹条"。后来，偃师周围的老百姓种植此菜，用它换回白花花的银子，因此又称它为"银条"。[176]

一说是唐代高僧玄奘在西行取经途中，发现屈支国（今新疆维吾尔自治区库车）的老百姓身体健康并且普遍长寿。仔细询问，才知道当地人经常食用一种名叫地灵的蔬菜。当地人坦言，常吃地灵具有延年益寿的作用。[177]唐僧将地灵的种子带回了家乡洛阳种植，并将其作为贡品献给当时的皇帝李世民。李世民品尝后龙颜大悦，赞赏不已，并且赐名"银条"，把它定为宫廷贡品。

（二）偃师银条的种植历史

偃师银条的种植经历了一个曲折过程。千百年来，偃师农民多在房前屋后种植银条作为自家的蔬菜，个别农民以专门种植和出售银条为生计，但总体上种植规模很小，产量较低，除个别达官贵族外，外地人很少知道银条，银条养在深闺人未识。中华人民共和国成立后一直到 20 世纪 70 年代，我们的指导思想始终是"以粮为纲"，银条的种植和产量更少。改革开放后特别是近 10 年，偃师市的政府、企业、农民都认识到了银条的经济价值，银条的种植和加工走上规模化、产业化道路。经过不断探索，偃师银条种植逐步形成了产业化的发展格局，成为当地农业增效、农民增收的一大亮点。目前，当地银条种植面积上万亩，占全国银条产量的 95% 以上。在农业龙头企业带动下，当地银条产业实现了产供销一条龙，偃师人真正把"银条"变成了"金条"。

银条的生长对土壤有特殊的要求。河南省偃师市西银绿色食品有限公司在其网站的"公司简介"里提道："高僧玄奘在偃师家乡择地而种，只有洛北岸寺庄堡 4 平方千米内土地能种，此地块，有水而不湿，有沙而不松，此块土地不能重茬栽种，休养一年方可再种。[178]"郑军伟、别志伟在《河南偃师银条无公害优质高产栽培技术》一文中认为，"银条菜连作 2~3a 后应换茬轮作，以防病虫害蔓延。前茬作物以胡萝卜、白菜、菠菜、葱蒜类为好"[179]。崔艳红在《偃师银条无公害栽培技术》一文中认为，"银条要实行 2a 以上的轮作倒茬，清洁田园，清除杂草，降低病虫基数"[180]。韩富团在《偃师银条》一文中谈到，"萝卜、大白菜都可为其前作，也可与小麦、甘蓝套种、间作"[181]。

三、偃师银条的种植范围与最佳产地

（一）关于偃师银条的种植范围及经济效益

为了求证偃师银条原产地及其产地的变迁，笔者从学术论文、官方网站、网络贴吧、民间传说、政府文件、古籍文献等 6 个方面寻找了相关线索。

2015 年 2 月，笔者在中国知网（http：//www.cnki.net/）的期刊论文中检索，在"篇名"中检索"银条"，共找到 62 篇论文，其中有 13 篇论文涉及偃师银条的种植范围及经济效益，现具体分析如下。

1983 年，李顺兴在《银条》一文中提到"现在全县银条栽培面积 500 多亩，总产 100 多万斤。仅东寺庄银条栽培面积就有 100 多亩，年产二三十万斤。行销多地，深受食用者欢迎"[182]；1988 年，韩富田在《偃师银条》一文中提到"其主要产地在偃师县的东、西寺庄和后庄，而以后庄产的最驰名，质量以该地为佳，在潼关、兰州、北京、天津等地市场久负盛名。……栽培银条其经济价值也很可观，市售每公斤 0.8 ~ 1 元，一般亩产 700 ~ 1000公斤，年收入可达八九百元"[183]；1989 年，张云山、韩富团在《偃师银条》一文中介绍，"其主要产地在豫西偃师县的城关镇、洛河北岸的东、西寺庄和后庄，种植面积约 60 亩。而以后庄产的最为驰名，质量以该地为佳"[184]；1993 年，李顺兴、杨德焕在《偃师银条》一文中介绍，"银条菜在全县栽培面积 500 多亩，年产银条 55 万多公斤，亩产 1250 ~ 1750 公斤，亩产值 3700~ 5000 元。其中以城关镇东寺庄、西寺庄、后庄沿洛河一带生产的银条菜质地最佳"[185]；1997 年，张云山在《偃师银条驰名中外》一文中说，"以伊、洛河交汇处三角地带东、西寺庄、后庄、安滩等村生产的银条质量最佳。现今偃师每年种植银条约 500 余亩，亩产 1800 ~ 2500 公斤，年总产 90 多万公斤，亩产值达 2500 ~ 3500 元"[186]；2006 年，崔艳红在《偃师银条无公害栽培技术》一文中介绍，"偃师银条……一般产鲜银条 3.0×10^4 千克/公顷，最高可达 4.5×10^4 千克/公顷，经济效益在 6.0×10^4 ~ 9.0×10^4 元/公顷之间"[187]；2007 年，陈泰轩撰文指出，"偃师是银条的唯一产地，……银条的原产地就在偃师市南郊，伊洛河交汇处北岸东寺庄、西寺庄、后庄和许庄一带……偃师市 2003 年银条产 1250 ~ 1750 千克/667 平方米，亩产值达 3250 ~ 5000 元（按当年银条市场价 3.0 元/千克计算），银条在城关镇、李村镇、山化乡、府店镇、翟镇镇等地均有种植，其中以城关镇东寺庄、西寺庄、后庄沿河一带生产的银条质地最佳"[188]；2006 年，韩高修、刘爱霞在《偃师银条的栽培要点》一文中指出，"目前，偃师市银条种植面积达 666.7 公顷，年产量 2000 万千克以上，拥有银条罐头加工厂 20 多个"[189]；同年，钟先锋、黄桂东等人撰文指出，"目前，偃师银条产量占全国银条产量的 95% 以上，种植面积 1 万多亩，年产量 2000 万千克以上，拥有银条罐头加工厂 20 多个"[190]；2008 年，徐睿撰文指出，"偃师银条现种植面积 400 公顷，产量 1

万吨，占国内银条产量的95%以上，每667平方米银条能为当地农民带来4000~6000元收入。偃师银条种植面积受市场销售量影响较大，产品销售旺盛时，种植面积达700公顷，产量2万吨，常年种植面积400公顷左右，产量1.1万吨左右。偃师银条集中种植在城关乡、山化乡，城关乡的后庄、东寺庄、西寺庄等沿河一带，这里生产的银条质量最好，被定为河南省无公害农产品种植基地……有1000多户农民成为技术熟练的种植专业户，有15个村成为银条种植专业村……在提高偃师城关乡主产区生产规模的基础上，依据银条生长特性和生物学特点，进一步向偃师市的山化乡、邙岭乡和孟津的会盟镇、白鹤镇等扩大种植规模。做好科学规划和技术指导，为银条产业化生产建立稳定、规模化的原料生产基地"[191]；2012年，付鹏钰、李杉等人在《银条研究概述》[192]一文中对偃师银条的产地、产量的介绍和徐睿的介绍几乎一致；2010年，杜纪松、黄晓红等撰文指出，"目前，偃师银条栽培面积达600公顷，……种植辐射到周边的孟津、伊川、宜阳等县，成为增加农民收入的新兴产业"[193]；2011年，李惠文在《一根茎蔬成伊尹偃师银条身价增》一文中指出，"银条盛产于伊洛河两岸，分布范围遍布偃师市辖区，尤以偃师市城关、山化和首阳山等镇的银条质量最好"[194]。

另外，光明网所载一文介绍道，偃师市"2011年种植面积达8000多亩，占全国银条种植面积的95%以上，辐射1镇15个村，1000多户农家。其中10个村被定为"河南省无公害农产品种植基地"[195]。另据《洛阳日报》《洛阳晚报》等报道，在2005年、2010年和2011年，偃师银条的种植面积分别是4000亩、1500亩、8000亩。2010年收购价是每公斤4元，2011年收购价是每公斤3.4~5元。当地农民说，在地里随便抓起一把银条，都能卖两元多，一亩地算下来收入近万元。

2010年5月20日—27日，在百度贴吧"偃师吧"里，网名叫"偃师※龙龙""心碎了老疼""超平凡小草""进喜""偃师飞龙""邓黑猫"的几位吧友有如此交流[196]：

吧友123.9.249.＊…：银条完全能成为偃师的支柱产业、特色产业、品牌产业、富农产业、环保产业，可惜新区建设银条种植面积将大量减少。

心碎了老疼——吧友61.54.32.＊：偃师银条产地只有东西寺庄的好，这次规划估计没有了。

进喜：赶紧买点吃吧，过两年都没有了。

偃师※龙龙：银条真的不错，好像没好好利用。

（二）关于偃师银条的最佳产地的考证

笔者查阅了相关杂志、报纸、古籍和国内外会议论文集，在网络上搜索浏览了相关公司网页、个人博客和论坛等，查找了农业部等政府文件，发现在偃师银条的原产地和种植范围等问题上存在以下疑议和不同观点。

《偃师县志》记载，"银条作为历代宫廷贡品，寺庄一带银条最为上乘"；在偃师市人民政府官方网站，有一篇《说不完道不尽的"偃师三绝"之一"银条"》的文章中提到"……所以自古以来便有'只偃师一地才能长好'的说法。目前，偃师银条产量占全国银条产量的95%以上，分布区域在偃师市城关镇的东、西寺庄村和后庄村等地。……让偃师人引以为豪、也让外地人遗憾无奈的是，这天下稀罕之物乃偃师独有，虽历经千年而不衰，但古往今来，别的地方始终引种不成。而偃师又只产于伊洛川，伊洛川又只以伊洛河交汇处上古五帝之一、帝喾高辛氏建都之地所产为最佳，故洛阳、郑州、开封等地的美食家们直接将银条这道素菜佳肴命名为'偃师一绝'"[197]；阿里巴巴网的食品农业栏目里有"洛阳市涧西区阿华特产店"的介绍，其中有"……只有洛河北岸寺庄堡四平方千米内土地能种"[198]的文字；旅游特产网（博雅特产网）的"河南特产"栏目"河南地理标志产品"中这样介绍偃师银条，"……唯洛水北岸寺庄堡方圆四里内最佳……"[199]；2007年8月10日，《洛阳晚报》在A20版的"经典洛阳"栏目发表了陈淑真和高朝欣的文章《吃道渊源话偃师》，文中有"这银条，东走一里不长，西走一里不生，便是它的主贵了"；2011年11月29日的《河南科技报》有一篇题为《偃师农民把银条变"金条"》文章，现摘录部分内容如下："偃师市银条行业协会会长苗爱叶说，偃师市银条种植户主要分布于城关镇和山化乡。"[200]2011年8月17日，农业部决定对"偃师银条"实施农产品地理标志保护，准予登记，颁发了中华人民共和国农产品地理标志登记证书（质量控制技术规范编号为AGI2011-01-00568）。根据农业部第1635号公告，偃师银条的保护范围为偃师市城关、首阳山、山化、岳滩、顾县、佃庄、翟镇等七个乡镇，地理坐标为东经112°26′15″~113°00′00″，北纬34°27′30″~34°50′00″。成文出版社于1968年8月出版的第一版（影印版）《河南省偃师县风土志略（全）》（乔荣军等撰，民国二十三年石印本），在第二编"物产"的第二款"蔬果之属"里提及银条，在49页"附特产及土货类表"介绍到"名称：银条；地址，后庄；状态：白色修长"；在53页"农产统计表"里记载，当时偃师县"农作物数亩共4941顷49亩"，其中种植"银条5亩，亩产300斤"等文字介绍。[201]

综合以上诸多文章、网页所述，可以得出以下结论：

关于偃师银条的产地，概括如下：先是东寺庄、西寺庄，再是后庄村，后来又有许庄、安滩村，2003年在城关镇、李村镇、山化乡、府店镇、翟镇镇等地均有种植；2006年有1万亩产地；2008年偃师银条集中种植在城关乡、山化乡，栽培面积达600公顷……种植辐射到周边的孟津、伊川、宜阳等县；2011年，银条的种植范围遍布偃师市辖区；近10年，西寺庄村的产量很小，种植几乎绝迹。

关于银条在偃师的最佳产地，从"寺庄一带银条最为上乘"到"唯洛水北岸寺庄堡方圆四里内最佳"，从"以城关镇的东、西寺庄村和后庄村附近方圆两千米的区域为银条的最佳产地"到"只有洛北岸寺庄堡四平方千米内土地能种"，从"这银条，东走一里不长，西走一里不生"到"银条种植户主要分布于城关镇和山化乡"再到"农业部第1635号公告，保护范围为偃师市的七个乡镇"都可以看出，在我国诸多银条产地中，河南偃师所生产的银条质量最好，而偃师银条又以城关镇寺庄村、后庄村所产的为优。

银条在我国的种植较为广泛，但优质银条对生长环境有较为苛刻的要求，例如土壤、水量、气候、光照等。银条喜光照，耐潮湿，在"说土非土，说沙不沙，有水不湿，湿而不水"的土壤环境下生长最好。偃师市伊河和洛河交汇处所形成的冲积平原，恰好符合这些条件，种植条件得天独厚，非常适合银条生长。而在偃师市，又以城关镇的东、西寺庄村和后庄村附近方圆两千米的区域为银条的最佳产地。"非偃师一地不长"的说法过于夸张，正确的说法应为"偃师一地所产质量最好"，偃师是银条的最佳生长地域。银条在我国其他地方也有种植，只是没有偃师的生长环境好而已。那种"古往今来，许多别的地方也都想方设法引种，但始终引种不成，这稀罕之物竟然成了偃师独有之物，虽历经千年而不衰"的说法显然欠妥，或许是当地百姓自豪之余所做的发挥而已。

总之，偃师银条是当之无愧的地理标志产品和名牌产品。在商标品牌效应的带动下，银条在市场上供不应求，价格由过去的每公斤 0.5 元上涨到每公斤 5 元，销售市场遍及全国各大中城市，并远销到多个国家，年创收上亿元。偃师农民真真正正把银条变成了"金条"。

四、保护和发展偃师银条的建议

仔细研究就会发现，银条在当地的社会发展进程中，不仅具有经济价值、法律价值、文化价值，而且还有更为重要的旅游价值、生态价值和教育价值。所以，必须对银条及其产地进行保护，保护其原产地、保护其生态环境、保护其质量、保护关于银条的人文瑰宝，使银条在保护中得以发展壮大。

（一）科学制订偃师市主体功能区发展规划

根据《全国主体功能区规划》（国发〔2010〕46 号）和《河南省主体功能区规划》（豫政〔2014〕14 号）文件精神，各市、县级政府应根据全国或省级主体功能区规划对本市、县（市、区）的主体功能定位，对本市、县（市、区）国土空间进行功能分区，明确本市、县（市、区）各功能区的功能定位、发展目标和方向、开发和管制原则等；主体功能区要突出主要功能和主导作用，同时不排斥其他辅助或附属功能；重点开发区域的主体功能是集聚经济和人口，但其中也要有生态区、农业区、旅游休闲区等；同时各地的功能区规划在实施中要根据形势变化和评估结果适时调整修订。偃师市被划为国家级重点开发区域，将成为本地乃至全国的经济重要增长极，但是在规划中也要强调前瞻性和突显特色，结合偃师历史文化特点，着力构建生态宜居、现代田园和文化城市。物华天宝的"偃师三绝"中，银条是硕果仅存者，是当地的一张亮丽名片，应高度重视和倍加珍惜。银条作为地理标志产品，虽然不是偃师未来发展的主力和动力，但古往今来都是偃师文化的精华，必将是若干年后偃师转型发展的突破口之一。北京市门头沟区军庄镇在编制总体规划时，对当地地理标志产品"京白梨"无比珍爱，政府和百姓达成了"即便是寸土寸金、京白梨的地是绝对不能动的"的共识。[202]偃师市应以此为鉴，紧紧围绕银条规划伊洛河两岸的生态农业、旅游业、文化创意产业和绿色休闲产业。

（二）切实保护银条的生态环境和耕地数量

从 1988 年至今的文献和相关媒体报道可以看出，30 年来，偃师银条的种植范围逐步扩大、亩产逐年提高、总产量稳中猛增，市场收购价稳步攀升，相关加工企业稳中有增，并且以上各个指标有愈演愈烈之势，而最负盛名的寺庄村、后庄村的种植面积和产量却有逐年减少的趋势。究其原因，主要在于经济社会发展中出现的城镇建设规模的扩大、速度的加快以及环境污染等。改革开放以后，偃师县大力发展工业经济，成为全国综合实力百强县之一，并于 1993 年升格为县级市，如今是中原经济区郑洛工业走廊上的重要节点城市。工业的繁荣和发展占用了耕地，不可避免地污染了土壤、空气和水源，部分土地不再适合耕种，致使银条的生态环境质量下降。随着该市城镇化进程的加快，偃师市城区不停地向伊河岸边挺进，占用了原来郊区的耕地；自古以来，人类一直逐水而居，现在的伊河岸边修建了滨河公园，也建起了越来越多的高楼大厦，城关镇西寺庄的耕地面积随之锐减，[203] 附近的东寺庄等几个村的耕地面积也在逐渐减少。相对于房地产业，银条的短期收益较低，城关镇部分农民放弃了耕种，而其他乡镇开始大规模种植银条。国内外沿河岸修建滨河公园对河流生态造成的负面影响、沿河岸建造高楼大厦对河流水质的污染已经屡见不鲜，必须引起我们的警觉。银条的千年产地——寺庄村正面临着异常严峻的考验和威胁。当地应在严格保证原产地现有种植规模的前提下，恢复并扩大银条的种植范围，防止在城镇建设中侵占沿河两岸本已不多的耕地，保护和改善银条的生长环境。

（三）加强营销和管理，提高产品质量

目前，有三大因素影响着银条的质量，使我们无法品尝到 20 世纪 60 年代以前的银条的绝世美味。首先是银条生长环境的恶化影响其质量（其生长环境发生了变异），而银条对生长环境有较为苛刻的要求，例如土壤、水量、水质、气候、光照等。其次是近 50 年来，化肥和农药的使用日益频繁和增多，在加工过程中又使用了食用柠檬酸、焦亚硫酸钠等食品添加剂。虽然其产品质量仍然是同类中的精品，取得了绿色食品认证和无公害农产品认证，但这个绿色食品标志仅是 A 级标志，还没有被认定为 AA 级绿色食品和有机食品，所以当地的"三品一标"工作有待进一步加强。虽然银条可以较为广泛地种植，但毕竟是一方水土养一方人。如果说后庄和寺庄一带所产为银条

中的极品、城关镇其他地方所产为珍品、偃师市其他乡镇所产为正品,则偃师以外各地所产却以偃师银条名义出售的银条就可以称之为劣品、伪品。在农业产业化和规模化种植的政策引导下,种植范围的扩大无论是从主观上还是从客观上,都有可能出现质量下降、名不副实的情况,影响偃师银条的美誉度、知名度和长久发展。我们要严格控制银条的种植范围,绝不盲目扩大产地,围绕以上三个因素采取措施提高产品的质量;政府、企业、协会和农户联手互动,加强营销和管理,防止劣品、伪品对偃师银条这个金字招牌的冲击,防止出现"温县山药""原阳大米"等地理标志产品曾经历过的尴尬局面。

(四) 以地理标志产品推动当地旅游业发展

银条叶绿花紫、深不过膝,能够美化环境,具有一定的观赏性。如果能够在伊洛河沿岸大规模种植,形成旅游景区,每年的 5~10 月份都可吸引游客前来观光,11 月到 12 月都可使游客参与到收获银条的劳动中,亲临遍地洁白的场面。大力保护和发展地理标志产品能促进当地旅游业发展。地理标志产品作为旅游商品具有以下特点:具有特色;具有纪念意义;具有一定的实用价值;具有比较优势,即产品与客源地相比,具有质量出众或同等质量下价格低廉,地理标志所标识的产品由于具有特殊的品牌效应,产品独特的地理环境、与众不同的品质和人文底蕴都反映了地理标志产品是优秀的旅游商品。地理标志和旅游就像抱在一起的筷子,很难被人折断。我们可以充分利用偃师的文化资源、农业资源和美丽风光,开发银条的旅游价值,围绕银条做好旅游景区、旅游商品、旅游专线、旅游美食等 4 篇文章,推动当地大力发展以独特的田园风光、体验式劳动、风味小吃及特有的风土人情为内容的旅游业。我们要对偃师的旅游发展进行整体策划,围绕玄奘故里、七朝古都、客家祖源、丝绸之源、名人文化等各类文化资源,突出银条文化,设计银条旅游专线,推动当地旅游业发展。

(五) 加大银条作为地理标志产品的宣传和教育

根据《中华人民共和国商标法》(2013 修正)第十六条第二款的规定,地理标志是标示某商品来源于某地区,该商品的特定质量、信誉或者其他特征,主要由该地区的自然因素或者人文因素所决定的标志。与一般的农产品相比,地理标志产品往往代表了一个地区、一个民族的文化形象,具有传承地域特色文化的价值和功能。地理标志产品的文化内涵普遍存在于一般民众的生产方式、生活方式中，是人与人的种种关系，风俗、习惯、信仰、追求、日常心理、潜在意识及形形色色的成文或不成文制度中的文化。千百年以来，我国各地的人民群众以当地的地理标志产品为对象，形成了千姿百态的文化。

偃师种植银条的历史悠久，形成了独特的种植栽培工艺、烹饪技巧及习俗，当地的县志和民间有很多关于银条的传说和佳话。历代历史名人给我们留下了众多吟诵赞美银条的诗篇，商代的伊尹、唐代的李世民和玄奘更给银条的诞生赋予了某种神话色彩。所有这些形成了银条文化。

2010年5月20日至27日，在百度贴吧"偃师吧"里，一位网名叫"萧瑟秋风"的吧友感慨："偃师银条，悲哀啊……是南阳的，今天中午吃午饭的时候，吃了你们偃师的银条，是我父亲在偃师的朋友送过来的。初见银条的时候，瞅了好大一会儿也不知道是啥玩意，吃了第一口，脆爽利口，还带那么点甘甜。瞬间我就把银条吃完了，吃完还意犹未尽，什么萝卜、黄瓜、各种爽口的可凉拌的菜品统统都没法跟银条相比。可悲哀的是，这么好的土特产，为什么你们偃师不加大宣传力度啊，我在网上很少能看到有关银条的信息。我又去淘宝上看看有没有卖的，准备大量购买点送亲朋好友，结果一个也没见卖的。貌似外界对银条知道的少之又少啊。这么好的特产真的希望你们偃师加大宣传走向全国啊！"

网名为"偃师※龙龙"的吧友认为："银条真的不错，好像没好好利用。"

河南科技大学林业职业学院的徐睿在《中国林副特产》2008年4期上发表了《偃师银条发展前景及生产建议》一文。他认为应"加强宣传力度……偃师银条在当地十分闻名，而国内外多数地区的人闻所未闻，更不知其为蔬菜珍品，严重影响产品销售范围。因此，今后应加大产品宣传力度，特别在国内大中型城市，应利用各种媒体，多种形式，积极宣传，主动推介，扩大销售量，为偃师经济服务。"

我们要高度重视地理标志产品的文化内涵，充分发挥其文化价值。我们要采取多种形式、利用多种媒体和手段，挖掘、继承、构建地理标志农产品的文化内涵，申报国家级非物质文化遗产，遵守生产工艺、生产流程、生产标准等主观因素，搜集整理宣传相关的故事、传说、名人，编辑出版相关诗词、戏剧、歌曲、民谣甚至是小说，拍摄电影、电视剧等，并通过商标、广告、包装装潢、CIS、表演等把这些文化符号融入商品经营中，加以宣传，扩大其知名度和美誉度。

开展围绕地理标志产品的低碳、环保教育。采取多形式、多层次、多范围的教育和宣传，使包括学生在内的各类国民都能在学习、旅游、劳动中得到有关环保、人文、生态、美学、物种、科学消费等方面的"润物细无声"的教育和熏陶，培养他们热爱自然、热爱祖国、热爱家乡、热爱中华文化，产生民族自豪感，传承发扬民族文化；加强生态文明宣传教育，增强全民节约意识、环保意识、生态意识，形成合理消费的社会风尚，营造爱护生态环境的良好风气。这是践行社会主义核心价值观的有效途径和载体。

（六）实现银条经济价值和生态价值的互动良性发展

地理标志产品不仅可以提高经济效益，还能带动所在地区生态环境的开发与建设。[204]在获得地理标志保护之后，随着当地种植规模的扩大，政府会主动大力进行生态建设。地理标志的经济发展需求带动了环境开发需求，当地会积极改变环境，实现环境开发与经济发展的对接。以资本的集中投入带动当地环境开发、建设及扩大生态生产基地，促使环境价值向经济价值转化。对主产区实施更为严格的生态要求，要求针对特定地理范围进行原生态环境的保护。地理标志保护影响着城市生态建设，改善了当地城市人居环境，实现资源的高效利用。获得地理标志保护的城市是以可更新自然资源为主导产业的城市。地理标志保护积极促进城市向生态城市发展，使得城市规模控制在生态承载能力和环境容量之内，鼓励企业发展绿色产品，实现生态城市的可持续发展。[205]

第三节　偃师银条的生态价值和经济价值

一、偃师银条的生态价值

笔者经多年研究发现，地理标志产品具有生态价值，银条也不例外。

前文谈到，银条对生长环境有较为苛刻的要求，例如土壤、水量、气候、光照等。而偃师地处伊洛河冲积平原，气候温和、水量适中，光照充足，种植条件得天独厚，非常适合银条生长，所产质量最好，是银条的最佳生长地域。银条完全能成为偃师的支柱产业、特色产业、品牌产业、富农产业、环保产业。偃师银条与当地的生态环境互为影响、相得益彰。生态环境好，则其质量有保障，是同类产品中的佼佼者；反之则质量下降。气候的演变、生态环境的变化、政府和企业的人为因素等可能使地理标志产品发生物种的变异或者灭绝，或者其种植地、生存地发生变迁。所以，银条已成为当地生态环境的"标志者""自动监测器""气象预报员"。

1. 影响偃师银条质量的生态问题

改革开放以后，偃师县大力发展工业经济，成为全国综合实力百强县之一。1993 年升格为县级市，如今是中原经济区郑洛工业走廊上的重要节点城市，河南省经济扩权县（市）、对外开放重点县（市）、首批小康达标县（市）、城乡一体化试点市，综合经济实力居全省前列。在全省 108 县（市）首次经济发展质量总体评价中，偃师综合评价排名第 7 位，发展结构排名第 6 位，发展效益和民生幸福均列第 4 位。[206]但是，在发展过程中，也出现了不少问题，对银条产业造成了较大影响，集中表现在以下 3 个方面。

（1）生态环境质量下降。偃师市工业经济发达，境内遍布民营企业和小微企业，工业发展后劲大，工业企业和矿产资源开采带来的污染对生态环境影响日益严重，工业废水、废弃和固体废弃物的排放量逐年增长，全市农村生态环境质量逐年降低。伊河两岸水质破坏，使其下游种植业尤其是银条的生长环境（伊河水质及附近两岸的土壤）受到威胁，其品质也难免受到影响。受环境恶化等多种因素影响，西寺庄村原来盛产银条，现在的种植面积已经很少。

（2）周边耕地被占，种植面积减少。根据《中华人民共和国土地管理法》等法律规定，偃师市人民政府组织编制了《偃师市土地利用总体规划（2006—2020）》，其中提到偃师市耕地面积较大，总体质量不高。偃师市 2005 年耕地面积为 53540.33 公顷，占全市土地面积的比重为 56.55%，低于全省 87.25% 的平均水平。随着该市城镇化进程的不断加快，伊河岸边修建了滨河公园，也建起了越来越多的高楼大厦，城关镇西寺庄的耕地面积随之减少，[207]附近的东寺庄等几个村的耕地面积也在逐渐减少。相对于房地产业，银条的短期收益较低，部分农民因为担心销售渠道等问题放弃了耕种，其他乡镇开始大规模种植银条。另外，国内外沿河岸修建滨河公园对河流生态造成的负面影响、沿河岸建造高楼大厦对河流水质的污染已经屡见不鲜，必须引起我们的警觉。银条的千年产地——寺庄村正面临着异常严峻的考验和威胁。

（3）银条质量有待提高。不仅仅是银条的生长环境发生了变化，部分农民在银条的种植过程中，还使用了化肥。虽然其产品质量仍然是同类中的精品，取得了绿色食品、无公害农产品认证，但这个绿色食品标志仅是 A 级标志，还不能被认定为 AA 级绿色食品和有机食品。当地的"三品一标"工作有待进一步加强。[208]

有吧友有如此交流：[209]

吧友 123. 9. 249. ＊…：银条完全能成为偃师的支柱产业、特色产业、品牌产业、富农产业、环保产业，可惜新区建设银条种植面积将大量减少。

2. 推荐性农业行业标准《绿色食品产地环境质量标准》

农业生产需要在适宜的环境条件下进行，如果动、植物生活和生长的环境受到污染，就会直接对动、植物的生长造成影响，通过水体、土壤和大气等介质转移或残留于动、植物体内，进而造成食物污染，最终危害人类。产地的生态环境质量是影响绿色食品产品质量的最基础因素之一。[210]因此农业部发布了推荐性农业行业标准《绿色食品产地环境质量标准》（NY/T391 - 2000），这是绿色食品生产企业必须遵照执行的标准。从 2000 年 4 月 1 日实施。制订这项标准的目的，一是强调绿色食品必须产自良好的生态环境地域，以保证绿色食品最终产品的无污染、安全性；二是促进对绿色食品产地环境的保护和改善。[211]绿色食品产地环境质量标准遵循自然规律和生态学原理，强调以农业经济系统和自然生态系统的有机循环为基础，以生态环境、人体健康为基准，依据国内外各类环境标准，结合绿色食品生产实际情况，辅以大量的科学实验验证，综合分析自然环境的特点和容量，确定不同产地环境的监测项目及限量值，并重点突出绿色食品生产对土壤肥力的要求和影响。该标准规定了绿色食品产地的环境空气质量要求，水质（包括农田灌溉水质、渔业水质、畜禽养殖用水、加工用水、食用盐原料水质）要求，土壤质量（包括土壤环境质量、土壤肥力、食用菌栽培基质）要求等几个方面的内容，以及各种指标的浓度限值、监测和评价方法等。该标准为绿色食品产地环境的选择和持续利用发挥了重要的指导作用，为绿色食品产品质量提供最基础的保障条件。[212]

试想，如果我们大力推进生态文明建设，20 年后伊河沿岸 5～10 千米种上银条，我们生活在一个天蓝、地绿、水净，空气清新、食品安全的美好家园中，是多么惬意。

二、偃师银条的经济价值

地理标志是农产品知识产权保护制度，具有增值和溢价功能，蕴藏着较大的经济效益；培育、开发和保护地理标志农产品，能够提高和保证农产品质量、促进农民增收、促进农业结构调整和推动当地特色农产品产业化发展。

相对于茅台酒这个地理标志产品在当地的地位以及在全国的影响，无论是银条种植户的收入，还是银条加工企业的收入，在偃师这个工业大县的 GDP 中所占比例都太小，不能引起当地领导的足够重视。这对于银条产业而言，既是挑战，也是机遇。

银条的经济价值集中体现在它的食用价值、药用价值、保健价值上。

图 20 - 1　偃师银条

1. 银条的食用价值①

银条菜全身都是宝，春夏可采摘嫩茎叶，凉拌、炒食、做汤均可，主要食用晚秋以后采挖出的洁白脆嫩的环形肉质参。经现代医学研究表明：银条含有人体所需的20多种微量元素、18种氨基酸、酚类、糖类等多种营养成分。其根茎观之洁白如玉，食之清爽脆嫩，可炒食、蒸煮、做汤、腌渍、醋泡、糖浸、蜜饯、做酱菜均可，尤其是香酥油炸地参，风味独特、脆香无比，堪称菜中一绝，食之口味清香，与一般油炸食品不同，这道菜的独特之处在于不上火，反而祛火。

银条的地下茎呈白色，肉质脆嫩，无筋无丝无纤维、味甜多汁，可盐渍、酱制、凉拌、炒食、煮食等，经麻油、味精、白醋等佐料凉拌后菜色洁白如玉、鲜脆爽口、风味独特，具有解酒清神、消腻利口、增进食欲、调理开胃等功能，不仅极适制作斋菜，还是其他各种宴席上的著名美食。银条被人们称为"听话菜"，即放糖能甜，放盐能咸，想辣能辣，想酸能酸。这种奇菜，当仁不让地被列为国家原产地保护产品。

关于凉拌银条的做法，有一个歌谣至今流传："锅净水宽，忌生防烂；喜姜莫葱，躲酱增酸。"也就是说，焯的时候锅要洗净，水要多放；调制时要放姜，不要放葱和酱油等夺色夺味之物，因为这会破坏银条的清香和洁白之貌。将焯好的银条与各味调料相拌，一盘凉拌银条便做好了。

仅在2012年，中央电视台就分别以"奥运国宴菜谱三菜一汤一冷盘""不同寻常 偃师银条""银条菜栽培技术与初加工""银条是偃师的土特产""华夏第一名菜——偃师银条""玉兔萝卜、偃师银条炒虾丝、金瓜香波翅"[213]为主题对偃师银条进行了宣传报道。

例如奥运国宴菜谱三菜一汤一冷盘中，宫灯拼盘为奥运国宴首菜。该菜选用精工细作的冷菜名肴：水晶虾仁、腐皮鱼卷、千层腐皮糕、葱油盖菜、鹅肝批等原料切拼而成，具有鲜、嫩、浓、香、醇等特点，加之丰富的复合口味，是一道难得的冷菜佳肴。在宫灯造型四周围辅以棕油山药、葱汁芦笋、摆蛇胡萝卜、酸辣银条，更显出造型的丰富多彩。

---

① 偃师市西银绿色食品有限公司. 银条菜食用价值有哪些［EB/OL］. ［2015 – 12 – 12］. http：//www. lyxiyin. com/news/ArticleShow. asp？ ArtID = 813&ArtClassID = 15。

2. 银条的药用价值、功效①

银条具有提神醒脑、开胃化食、补肝肾两虚、强腰膝筋骨之效。《中草药大辞典》等权威资料记载：银条菜含有多种药用成分，其茎叶晒干后即是名贵中草药。全草可提取挥发油和单宁。全草入药，具有活血、利尿、通经、滋阴、润燥、调血脂、通九窍、利关节、养气血等功能，主治腹痛、水肿、产后瘀血、跌打损伤等症。《中华本草》中介绍，银条菜不但能作为蔬菜食用，而且晒干后入药，功能与冬虫夏草相当。尤其适合妇女产前产后作为蔬菜食用，保健功能极其显著，《嘉祐本草》对此有详细记载。此外，经常食用银条菜有抑制癌细胞扩散和减肥的特殊疗效，因此享有"蔬菜珍品"的美称。

以下是各种医书对银条药效的介绍。②

(1)《中华本草》载"活血、利尿、通经、滋阴、润燥、调血脂、通九窍、利关节、养气血等功能，主治腹痛、水肿、产后瘀血、跌打损伤等症"。

(2)《本草拾遗》载"利九窍，通血脉，排脓治血"。

(3)《分类草药性》载"和气益血，补精固气，治女子虚弱面白"。【功用主治】活血，益气，消水。治吐血，衄血，产后腹痛，带下。

(4)《日华子本草》载"止鼻洪，吐血，产后心腹痛"。

(5)《民间常用草药汇编》载"治虚弱，补中气，消水，疗白带"。

(6)《嘉祐本草》载"辛、温、无毒。主治：利九窍、通血脉、排脓治血。止鼻洪、吐血、产后心腹痛。产后可做蔬菜食，佳。"

3. 银条的保健价值

银条菜不仅味美，而且营养丰富，富含糖类、酚类、维生素 C、粗蛋白、氨基酸、有机酸等物质，对软化血管、降低血脂、改善血液循环具有独特的疗效，具有多种保健效果，经常食用，延年益寿作用明显，是食用、药用和保健兼备的名特蔬菜品种，这在《中国蔬菜品种志》中有详细的记载。《本草纲目》记载，银条具有清洁肠胃、疏通经络、清心健脾、祛风解郁等

---

① 偃师市西银绿色食品有限公司. 银条菜食用价值有哪些［EB/OL］.［2015 – 12 – 12］. http：//www. lyxiyin. com/news/ArticleShow. asp? ArtID＝813&ArtClassID＝15。

② 偃师市西银绿色食品有限公司. 银条菜的药用价值［EB/OL］.［2015 – 12 – 12］. http：//www. lyxiyin. com/news/ArticleShow. asp? ArtID＝817&ArtClassID＝16。

功效。

经过当代科技工作者的不懈努力，终于揭开了银条神秘的面纱，它富含一种被世界食品医药界誉为"健康宝贝"和"超强双歧因子"的物质——水苏糖。水苏糖已被公认的生理功能有激活骨髓造血和胸腺、淋巴免疫系统的综合功能；强化肠上皮黏膜细胞的黏附能力，增强定植抗力；超强增殖双歧杆菌，坚固肠道生物屏障和化学屏障；增进生物拮抗能力，有效抑制有害菌生长，排除外来菌定植；增进机体净化功能并连续清除代谢有害产物及致病致癌因子和氧自由基；清除宿便，增强肠道蠕动及运送和排空能力，全面净化肠道；排补平衡，具有多层次调节的显著优势，能促进 B 族、K 族维生素的合成，提高铁、钙离子和蛋白质吸收能力；改善脂质代谢，降血脂，降低胆固醇。该糖是一种优越的低聚糖，营养价值很高，真正的"唐僧肉"终于找到了。用它作为工业提取水苏糖新型原料，产量高、成本低，经济效益极高。而添加水苏糖的食品，因为具有抗衰老、健康防病的功效，日渐风靡于日本和欧美市场。[214]

第四节　偃师银条的法律价值和旅游价值

一、偃师银条的法律价值

1. 洛阳市工商局等部门对偃师银条的商标保护

中华人民共和国成立以来，大多农民一直沿袭过去种植银条的习惯，虽然种植户数不少，但十分零散，形不成规模，加之没有自己的注册商标，银条被贱卖，最低时每公斤卖 0.5 元也找不到买主。另外，银条出土后保鲜期短、种植分散，其优良品性不被外界所了解。长期以来，银条处于增产不增收的尴尬状态。

经过多方努力，2006 年，洛阳工商局向国家工商总局商标局申报注册洛阳地区第一个地理标志证明商标"偃师银条"，并指导银条加工企业申报注册了"绿宝""辛丰"等 9 个银条商标。2010 年 4 月，偃师市农产品行业协会在国际商品分类第 31 类银苗菜上申报的"偃师银条"地理标志证明商标，经国家工商总局商标局批准注册，实现了洛阳市地理标志证明商标零的突破。

在商标品牌效应的带动下，偃师银条重新得宠，身价上涨了 8 倍，涨至每公斤 4 元。目前，偃师银条的种植面积近万亩，出口泰国、越南等 8 个国家和地区。

据洛阳市工商局商广科负责人介绍，洛阳市工商局将按照证明商标的使用管理规则，进一步对"偃师银条"实施统一商标注册保护，实行"统一品牌、统一标准、统一包装和统一管理"，维护"偃师银条"的品牌形象，提升"偃师银条"的市场竞争力，促进"偃师银条"产业发展壮大。[215] 近年来，洛阳市工商局大力实施商标兴市战略，紧紧围绕"叫响一个品牌、带动一个产业、活跃一片经济、富裕一方百姓"的工作思路，对银条产业进行重点帮扶，并引导偃师市农产品行业协会注册偃师银条地理标志证明商标，促进银条产业迅速发展，菜农收入日益增加。

偃师市工商局干部深入走访银条种植户和银条加工企业，向其宣传有关商标的法律法规，介绍注册商标对银条种植业发展的意义，组织召开银条商标战略座谈会，并且和银条加工企业签订商标帮扶协议，具体了解被帮扶企业的商标使用情况，帮助其解决商标使用及保护中遇到的困难和问题。

偃师市农产品行业协会每年抽出时间请专业人士对银条种植户进行种植、营销以及法律法规培训。偃师越启银条种植专业合作社成立后，为银条种植户提供银条种植、销售、技术服务，使银条经营逐渐走上集约化发展道路。为有效解决银条保鲜期短的问题，偃师市工商局鼓励企业开展银条深加工业务。企业研制成功的银条罐头，不仅保留了银条的色、香、味，而且便于携带，延长了银条的保质期。该局还出台了优惠措施，对注册银条加工的企业降低准入门槛，促进银条加工业兴起。目前，偃师市以制作银条罐头为主的银条加工企业达 13 家。

在注册偃师银条地理标志证明商标以后，洛阳市工商局按照地理标志证明商标的使用管理规则，进一步加强对偃师银条地理标志证明商标的保护，提升了偃师银条的市场竞争力，促进了偃师银条产业发展壮大。

2. 偃师市对银条实施的三次保护：注册商标、原产地和地理标志产品

所以，必须对银条及其产地进行保护，保护其原产地、保护其生态环境、

保护其质量、保护关于银条的人文瑰宝，使银条在保护中得以发展壮大。

2004 年偃师银条获得国家标准化管理委员会和河南省质监局颁发的"无公害产品标志"证书；2005 年 1 月，第二届中国西部国际博览会上，偃师特产银条荣获 2 项金奖；2005 年，偃师市农产品行业协会向国家工商总局商标局申请注册偃师银条地理标志证明商标，2010 年 4 月经核准注册。10 年来，偃师银条被认定为无公害蔬菜、绿色食品，产品畅销全国各地，连年荣获河南省质量信得过产品和洛阳市"知名品牌"等多项荣誉称号。偃师的银条生产企业也充分认识到商标注册的重要性。2006 年 12 月，偃师市西银绿色食品有限公司生产出品的西银牌"银条"罐头荣获河南省著名商标；2007 年 10 月，河南省农业厅认定西银牌"银条"罐头为名牌农产品。偃师市劲林食品厂通过了 ISO9001 标准质量体系认证，并且率先通过了国家质量监督检验检疫总局的质量安全认证。[216]

根据《中华人民共和国产品质量法》和《原产地域产品保护规定》，国家质量监督检验检疫总局通过了对偃师银条原产地域产品保护申请的审查，批准自 2005 年 4 月 15 日起对偃师银条实施原产地域保护（公告 2005 年第 62 号）。偃师银条原产地域保护范围以河南省偃师市人民政府《关于界定偃师银条原产地域保护范围的通知》（偃政字〔2004〕66 号）提出的地域范围为准，为河南省偃师市所辖行政区域。在偃师银条原产地域范围内的生产者，如使用"原产地域产品专用标志"，须向设在当地质量技术监督局的偃师银条原产地域产品保护申报机构提出申请，经初审合格，由国家质检总局公告批准后，方可使用偃师银条"原产地域产品专用标志"。

根据《农产品地理标志管理办法》规定，河南偃师市越启银条种植专业合作社申请对"偃师银条"农产品实施农产品地理标志保护。经过初审、专家评审和公示，符合农产品地理标志登记程序和条件，农业部决定于 2011 年 8 月 17 日准予登记，颁发了中华人民共和国农产品地理标志登记证书（质量控制技术规范编号为 AGI2011－01－00568），根据中华人民共和国农业部第 1635 号公告，对偃师银条实施农产品地理标志保护。保护范围为偃师市城关、首阳山、山化、岳滩、顾县、佃庄、翟镇等 7 个乡镇。地理坐标为东经 112°26′15″~113°00′00″，北纬 34°27′30″~34°50′00″。产地环境应符合 NY5010 无公害食品蔬菜产地环境条件。

　　总之，偃师银条是当之无愧的地理标志产品、原产地产品和名牌产品。在商标品牌效应的带动下，银条市场供不应求，价格由过去的每公斤 0.5 元上涨到每公斤 5 元，销售市场遍及全国各大中城市，并远销到多个国家，年创收上亿元。偃师农民把银条变成了"金条"。

二、银条的旅游价值

　　偃师银条具有极强的观赏价值和美化价值。银条在春分前后播种，谷雨前后苗齐，6 月、7 月份进入旺盛生长期；地上茎直立，株高 50~80 厘米；叶子呈卵圆形、单叶、深绿色、对生；花冠白色或淡紫色，花期为 7~9 月份；霜降前（10 月底至 11 月初）地上茎枯死；其地下茎洁白如玉。或单株或成片或一望无际，令人陶醉其中、流连忘返。银条能够美化环境，具有一定的观赏性。

图 20-2　偃师银条种植基地

　　试想，如果我们大力推进生态文明建设，在伊洛河沿岸 5~10 千米种上银条，5 月到 10 月，我们随时都可以欣赏大片的银条；进入 11 月份，我们又可以在田野里看到遍地洁白的银条，参加到采收银条的队伍中，该是何等的赏心悦目！

图20-3　2017年6月，偃师附近正在开花的银条　　　图20-4　农民正在采挖银条

图20-5　农民采挖银条现场　　　　　　图20-6　银条的初级产品

第五节　偃师银条的文化价值和教育价值

偃师种植银条的历史悠久，是当地著名的名贵土特产，是各种宴席上的著名凉拌菜，如今它更是具有洛阳地域特色的各大酒店和饭馆的必备佳肴。偃师当地有很多关于银条的传说和佳话。商代的伊尹、唐代的李世民和玄奘，更给银条的诞生赋予了神话色彩。

玄奘故里的男人们喝酒，就离不开银条。尤其是大年初一的全家团圆宴，

图 20 – 7　偃师山化糖厂生产的袋装银条

银条更是第一道菜，因为有"吃了银条赚金条"的说法，乡亲们除了饱口福，还有对新年的期盼。

一、唐僧与偃师银条菜的美谈[①]

据历史记载，唐僧在西行取经途中，路过屈支国，发现那里的百姓身体健康且非常长寿，便向当地人问起原因，当地人向他推荐了一种蔬菜，称作地灵，并告诉他，常吃地灵具有延年益寿的作用，于是，唐僧就将地灵的种子带回了家乡洛阳。一年以后，在玄奘的家乡，一种叶绿、紫花、根茎洁白如玉、光亮似银的植物成了当地进贡朝廷的贡品。出于对玄奘的敬仰和怀念，地灵在百姓中又被传称为长生不老的"唐僧肉"，这就是西游记里"唐僧肉"长生不老的出处！

另一个传说是：河南省偃师市陈河村是大唐高僧玄奘的出生地。贞观十九年（645 年），高僧玄奘西天（印度）取经，带回一种无名珍贵菜种。玄奘在偃师家乡择地而种，只有洛河北岸寺庄堡 4 平方千米内土地能种，此地块，有水而不湿，有沙而不松，此块土地不能重重茬栽种，休养一年方可再种。

《偃师县志》记载："银条作为历代宫廷贡品，以寺庄一带银条最为上

① 偃师市西银绿色食品有限公司．唐僧与偃师银条菜的关系［EB/OL］．［2012 – 05 – 23］．http://www.lyxiyin.com/news/ArticleShow.asp? ArtID = 798&ArtClassID = 15。

乘。"唐开元年间，从印度取经回来的高僧玄奘（西游记中唐僧的原型）将家乡偃师陈河的银条作为贡品献给太宗李世民，李世民品尝后龙颜大悦，称"法师与奇菜均为天下之奇，偃师真乃人杰地灵呀！"因此，"地灵"就成了银条的别名，李世民还御赐"偃师银条"做成的菜肴为"膳食一宝"。

二、伊尹与偃师银条的传说①

偃师银条有着深厚而广远的历史背景，其始于夏，兴于唐，盛于明清，名于今。人们说"白菜九畦难抵尹条一席"，便是指它的昂贵了。这"尹条"能帮人换回白花花的银子，很自然地被称为银条了。这银条，东走一里不长，西走一里不生，便是它的主贵之处了。真可谓"银条故事多，传说汇成河，上下几千年，盛世话更多"。

1. 商代伊尹以厨艺谈治国之策

在历史上，商朝宰相伊尹辅佐商汤灭夏，但伊尹的出身却是卑微的"庖厨"。传说有先氏的女子采桑，在枯桑中捡到一个婴儿，于是献给她的君王。君王让一个厨师养育这个婴儿，并根据婴儿的来历为他起名叫伊尹。后来，成汤听说伊尹这个人了不得，便欲得之。他先是向伊尹的君王央求，君王舍不得，后来，成汤就向君王的女儿求婚，君王一高兴，便将伊尹作为奴隶陪嫁到商。

话说这伊尹真是奇才，不仅能烹出美味佳肴，还能借美味佳肴阐述时政。有一次，他给商汤做了一碗汤，商汤说："你的手艺很好，做的汤这么好喝，说说你为啥能做出这么好喝的汤吧。"伊尹笑着说："这碗汤，味道很一般，如果要它味美可口，成为天下最好喝的汤，还需要很多佐料。"成汤说："什么地方有，我们可以去搞。"伊尹解释道："你目前的地盘太小，不足以拥有那些东西。如果你将来成了天子，才可以得到那些好东西呢。比如，这汤中的五味、用以调味的调料，都要到很远的地方才可以搞到。大凡味的根本，水为第一，然后是肉、鱼、飞禽，或在流沙之西，或居丹山之南。再则，昆

---

① 偃师市西银绿色食品有限公司. 华夏第一名菜——偃师银条 [EB/OL]. [2012 - 04 - 24]. http：//www. lyxiyin. com/news/ArticleShow. asp？ ArtID = 786&ArtClassID = 16。

仑山的藻类、阳华山的芸菜、云梦泽的芹菜，都是必需的。调料中最好的姜要数阳朴的，桂皮则是招摇的最好……只有你成了天子，才可以随心所欲得到这些东西，才能品尝到天下的美味。但天子又是不可强取的，需要先修道而施万物，受众人推崇，才可以成为天子。也就是说，等你被拥立为天子，你便可享用到好汤了。"

听了这些话，商汤茅塞顿开，对征服残暴的夏桀充满了必胜的信心。

2. 伊尹借助银条辅佐商汤灭夏桀

有关银条的传说可追溯到夏代，原说是"尹条"，由商朝宰相伊尹的名字而来。当年商朝宰相伊尹辅佐商汤时，"庖厨"出身的伊尹，在"帝喾"庙南的寺庄发现了一种草茎，以生烹熟，以熟着味，居然烹成绝代美味菜肴。伊尹为帮助商汤战胜夏桀，三次潜入夏都（今偃师市二里头村），他拿出厨师的看家本领，为当时的夏王桀制作美味佳肴，赢得夏桀信任。而后，他又讨得夏桀最宠爱的女人妹喜的欢心，通过妹喜让夏桀吃下银条。妹喜编出"要想不死身，白酒和银吞"，哄夏桀用银条下酒，银条逐渐成为夏桀喝酒时最爱的小菜。夏桀"举箸不忍放下，愈饮愈觉酒香"，自此酒量猛增，荒于国事，不理朝政。这年正月初五，商汤与伊尹里应外合，终于一举推翻了夏朝的统治。从此民间留下了"自古社稷靠谨慎，酒能壮胆却误君，银条盏神仙度，谁说一撬不千金"的民谣来警戒后人。

图20－8　偃师市西银绿色食品有限公司

3. 银条与千叟宴

凭着一碟小菜，夺取一国江山，这传说似乎有点玄乎。但透过这个传说，我们可窥见银条绝对是味美爽口。河洛一带有句关于美食的笑谈，"千叟宴上比来头，敢有银条夸海口，前朝多少宾客宴，它是压桌第一口"。另一种说法是："千叟宴上比来头，更有银条夸海口；世间多少宾客宴，它是压桌第一口。"这千叟宴说的是当年商王成汤，平夏后在西亳（偃师的旧称）建都，召集天下千名古稀老人，赏以国宴，听取治国之策。宴席上，诸位老者从"千年老参""百年猴头"一直谈到偃师银条，在品尝过银条后都赞不绝口，于是才有了上面那几句顺口溜。

4. 厨神伊尹和银条

伊尹帮助商汤灭夏后，被商汤封为宰相。他一方面用智慧教化人，另一方面教给人们生产生活的技巧和本领，鼓励农桑，让老百姓得到更多实惠。伊尹将银条的种植规模扩大，并掌握了银条的生长习性，需要"有沙而不松，有水而不湿"的土质。为让老百姓得到更多实惠，他还将种植和烹制银条的方法教给大家。银条白生生、脆嫩嫩，你要是会烹制，它既好看又好吃；要不会烹制，它要么生涩发腥，要么熟烂无味不成形。因此伊尹归纳出的银条烹制歌谣，人们至今耳熟能详，即"锅净水宽，忌生防烂；喜姜莫葱，躲酱增酸"。这是说，在焯银条时锅要洗净，水要多放；烹调时要放姜，不要放葱，要多放醋，不要放酱油。放酱油会将洁白的银条弄得发黑，而放醋则能使银条更加亮白。

后代人尊称伊尹为厨神。人们感念伊尹的恩德，便将这种植物命名为"尹条"。后来，西亳古城周围的老百姓种植此菜，换回白花花的银子，因此又称它为"银条"。

人类从夏代开始有了祭祀活动，供奉天地先人。而祭祀时，要摆放供品以示虔诚。菜品讲求颜色，要红若丹阳、黄若灿金、绿若翡翠、白若洁玉。银条作为白色蔬菜当仁不让。据说这一标准便是伊尹当年给定下的。因此可以说，华夏的饮食文化始于伊尹所处的商，而这个实验基地就在偃师。商汤死后，伊尹殚精竭虑辅佐几位商王，是著名的政治家，又是中国饮食文化的开拓者。他死后，被按天子之礼葬于首阳山下。伊尹墓一带，有许多美丽的传说：家里若有红白大事，到伊尹墓前念叨几声，次日晨便有足量的桌子板凳供你使用。因此这家人过罢事，往往收拾四样菜到伊尹墓前跪拜。也不知是啥时候，有人不守信用，光借不还，祈祷也就不灵验了。此事虽无考证，但可见人们对伊尹的思念之情。

自伊尹将一根草茎作为蔬菜烹成天下美食佳肴后，银条菜从此身价倍增，成为历朝帝王的垂青之物。

三、其他历史名人与银条的诗篇、佳话

凉拌银条作为当地的第一下酒菜，唐太宗、乾隆皇帝、刘少奇、周恩来等古今中外的名人在品尝之后都对其赞赏有加。据《偃师县志》记载，明朝弘治年间偃师银条曾为宫廷贡品。清乾隆皇帝同百官品尝银条后，一起赞誉其为"膳食一宝"。20世纪80年代，随着改革开放和商品经济的发展，偃师人采用高科技真空灭菌技术，尝试将银条做成罐头等色香味美、多种规格的产品，远销海内外，使天下人四时尽尝银条之美味。做成的银条罐头等产品更是远销泰国、越南、蒙古、俄罗斯、中国香港等国家和地区，深受海内外客商欢迎。真可谓是"昔日朝廷贡品，今日百姓口福"。

（1）武则天与银条。七十岁的女皇武则天登临偃师南面的缑山，祭祀升仙的王子晋。她亲点银条赏赐随驾百官，并留下了"远思王子晋，近尝银条鲜，缑山秋云轻，恍惚非人间"的诗句。

（2）乾隆与银条。清朝时，乾隆皇帝步武则天后尘，登缑山臆仙追景，夜宿缑山，品尝到银条，不禁诗兴大发，挥毫写出"南芽笋尖美，北蔬银条鲜，南北成一统，银笋代代传"一诗，这里银笋是银条的别名。

（3）新中国成立后，周恩来总理和刘少奇主席曾先后到偃师市东寺庄村视察农耕。1958年，周总理品尝到银条后，高兴地赞道："银条真是好吃呀。"1960年，寺庄人又用此菜招待了刘主席，刘主席风趣地说："除了金条当属银条，好看又好吃！"

（4）2001年，出席上海APEC会议的各国元首，在品尝过偃师银条后，一个个惊叹不已，纷纷跷起大拇指，称其为"世界奇菜"。

（5）中国烹饪协会的张民清称赞偃师银条是"听话菜"。何为听话？即放糖能甜，放盐能咸，想辣能辣，想酸能酸。当他听说偃师银条已被列为国

家原产地保护产品时，激动地说："银条乃千古奇菜，保护就是发展。"

（6）2006年，偃师市"怡园春大酒店"将偃师银条与虾仁同烹，推出的"偃师银条炒虾仁"，滑嫩适口，祛腻保健，在中央电视台举办的《满汉全席》擂台赛上一举夺魁，被评为"金牌菜"。打破了几千年来银条只能作为凉拌菜下酒的烹制方法，使得偃师银条不再是单纯的素凉菜。（在本文的最后，附有偃师怡园春大酒店的几个品牌菜和在中央电视台打擂时的情景图片）。

（7）河南科技大学林业职业学院的徐睿在《中国林副特产》杂志的2008年4期上发表了《偃师银条发展前景及生产建议》一文，文章提到，偃师银条自唐代以来成为当地特产，在古人眼里银条菜远胜于洁白如玉的竹笋，故有诗云："春雨连霄脉沐余，玉楼人喜午晴初。清清白白银条菜，玉版冰壶总不如。"

（8）其他地区的银条①。古诗云："春雨涟，霹霖余，玉楼人喜午晴初。清清白白银条菜，玉版冰壶总不如"。诗中所指的银条菜，为蔬菜中罕见的珍品，而且只有介休一地出产，被誉为介休"八珍"之一。银条菜系多年生草本植物，茎细长而直立，叶呈披针形，花小为淡红色。其根茎长30多厘米，竹筷粗细，茎空心而有节，色白。人们常在每年开春后，蔬菜青黄不接时食用银条菜。拌食凉菜或是和猪肉同烹，都不失其独特风味，此菜色白如玉，脆嫩可口，而且营养丰富，对便秘、肠胃炎等病症有明显疗效。

四、偃师银条的教育价值

银条让偃师人引以为豪，也让外地人遗憾无奈。偃师人认为，这天下稀罕之物乃偃师独有，虽历经千年而不衰，但古往今来，别的地方始终引种不成。而偃师又只产于伊洛川，伊洛川又只以伊洛河交汇处上古五帝之一、帝喾高辛氏建都之地所产为最佳，故洛阳、郑州、开封等地的美食家们直接将银条这道素菜佳肴命名为"偃师一绝"，而这"银条的原产地乃我华夏文明的诞生地，这"偃师一绝"不就是"华夏一绝"吗？目前，华夏古都偃师市正在对偃

---

① 偃师市西银绿色食品有限公司. 舌尖上的中国特色小吃——银条菜［EB/OL］.［2013-06-12］. http：//www.lyxiyin.com/news/ArticleShow.asp? ArtID=824&ArtClassID=15。

师银条的种植栽培工艺和烹饪习俗进行整理，准备申报国家非物质文化遗产。

我们可以围绕银条，开展地理标志产品的低碳、环保教育。采取多形式、多层次、多范围的教育和宣传，使包括学生在内的各类国民都能在学习、旅游、劳动中得到有关环保、人文、生态、美学、物种、科学消费等方面的"润物细无声"的教育和熏陶，培养他们热爱自然、热爱祖国、热爱家乡、热爱中华文化，产生民族自豪感，传承发扬民族文化；加强生态文明宣传教育，增强全民节约意识、环保意识、生态意识，形成合理消费的社会风尚，营造爱护生态环境的良好风气。这是践行社会主义核心价值观的有效途径和载体。

2008 年，由国家工商行政管理总局发起、商标局支持、中华商标协会主办、中国中学生报社承办了首届全国中学生商标知识竞赛、地理标志征文系列活动。到 2010 年，活动已历 3 届。这样的大型宣传竞赛活动，给中学生提供了一个很好的社会教育的机会，大大充实了素质教育的内涵。它受到了包括偃师市在内的广大中学生和老师们、家长们的欢迎，产生了巨大的社会反响。很多老师和家长都认为，让孩子们热爱祖国和家乡，首先要让他们了解祖国和家乡的悠久历史、自然地理、人文文化和地方经济资源，让他们了解课本知识以外的相关知识。偃师市的中学生围绕银条，写出了许多好作文。

第六节　以偃师银条助推偃师旅游业发展

近年来，全国多数地方都把发展旅游业提到了战略高度，地理标志产品作为一种独特的旅游资源，正日益受到关注，相关研究也呈现大幅度增长趋势，将二者研究紧密结合的领域依次是应用经济学、地理学、园艺学、法学、农林经济管理等领域。笔者在此重点就地理标志产品助推县域旅游业进行探讨。

一、地理标志产品中具有旅游基因

《与贸易有关的知识产权协议》即 TRIPS 第 22 条对地理标志的定义是：指识别一商品来源于一成员领土或者该领土内一地区或地方的标记，该商品的特定质量、声誉或其他特征主要归因于其地理来源。[217]根据我国国家质量监督检验检疫总局于 2005 年公布的《地理标志产品保护规定》的第二条，地理标志产品是指产自特定地域，所具有的质量、声誉或其他特性本质上取决于该产地的自然因素和人文因素，经审核批准以地理名称进行命名的产品。地理标志产品包括：来自本地区的种植、养殖产品；原材料全部来自本地区或部分来自其他地区，并在本地区按照特定工艺生产和加工的产品。[218]《中华人民共和国商标法》（2013 年修正）和我国农业部于 2008 年发布的《农产品地理标志管理办法》对地理标志和农产品地理标志做出了相近的规定。

因此，地理标志产品来自得天独厚的地理环境，产品质量与所处环境息息相关。地理标志的主要功能是保护具有独特的自然因素和人文因素的特色产品，能促进区域经济的大力发展，保护当地的生态环境和发展资源。地理标志产品中所蕴含的独特的地理环境、鲜明的气候特征、优秀的产品质量、强大的信誉保证、丰富的文化因素、相应的风土人情等，都是发展当地旅游的重要资源，是旅游商品的亮点、重点和潜力股。大力发展地理标志产品有利于绿色生态农产品的推广和保护，有利于宣传、保护和传承当地的旅游资源，进而发展当地的生态旅游。通过申请地理标志，可以有效地促进当地旅游产业，进而促进经济发展。地理标志和旅游就像抱在一起的筷子，很难被人一起折断，劲往一处使，可以形成合力。

二、偃师市的经济概况及旅游资源

偃师市隶属河南省洛阳市，原为偃师县。改革开放以后，偃师县大力发展工业经济，成为全国综合实力百强县之一，于 1993 年升格为县级市，如今是中原经济区郑洛工业走廊上的重要节点城市，综合经济实力居全省前列。但是偃师市在发展道路上还有不少困难和问题，突出表现在发展后劲不足，例如发展规划前瞻性不强、经济下行压力依然较大、结构性矛盾依然突出、发展环境仍需优化、投资增长后劲不足，安全生产、环境保护、食品药品安全等领域还存在薄弱环节等。[219]

旅游业作为朝阳产业，具有强大的活力和发展前景，应引起偃师市的高度重视。众所周知，九朝古都洛阳的大多都城多半都在偃师。偃师古称"西毫"，历史上曾有 7 个朝代在此建都，可谓人杰地灵的宝地。这里文化底蕴深厚，旅游资源丰富，有被史学家称为"二里头文化"的夏都遗址、商汤灭夏后营建的第一座都城——西亳商城遗址、汉魏故城遗址、太子弘墓及石刻（又被称为"唐恭陵"）、玄奘故里、升仙太子碑等；偃师市有众多的土特产，例如缑氏葡萄、翟镇土豆、大口草莓、顾县肉合、牡丹石等，都可以吸引游客的到来。其中，偃师最著名的土特产当属偃师银条。偃师市应大力开发银条的旅游价值，围绕银条做好旅游景区、旅游商品、旅游线路、旅游美食等 4 篇文章。

三、偃师银条是优秀的旅游商品

旅游商品是旅游市场经济效益的重要组成部分。通常认为，旅游商品收入在旅游总收入中所占比重的临界值为 30%，如果低于这个水平，说明旅游业存在结构性的倾斜，会影响旅游业的整体发展，降低旅游业的收入水平。《偃师市国民经济和社会发展第十二个五年规划纲要》中制订的目标是，2015 年，全市生产总值达到 432 亿元，旅游业接待国内外游客 198 万人次，旅游业实现总收入 4 亿元。[220] 由此可见，以偃师银条为代表的旅游商品的销售状况远远落后于旅游业的平均发展水平，偃师旅游业发展潜力巨大。

大力保护和发展地理标志产品能促进当地旅游业发展。地理标志产品作为旅游商品应具有以下特点：具有特色；具有纪念意义；具有一定的实用价值；具有比较优势，即产品与客源地相比具有出众的质量。由于独特的地理环境、卓越的产品品质、多边的政府认证和深厚的人文底蕴等因素，使得地理标志产品具有特殊的品牌效应，足以成为优秀的旅游商品。

1. 银条具有多种使用价值

银条不仅营养丰富、味道鲜美，具有食用价值，而且具有药用价值和保健价值。银条菜全身都是宝，春夏可采摘嫩茎叶，凉拌、炒食、做汤均可，主要食用晚秋以后采挖出的洁白脆嫩的环形肉质参。

《中草药大辞典》等权威资料记载：银条菜含有多种药用成分，其茎叶晒干后即是名贵中草药。经现代医学研究表明：银条菜营养丰富，富含糖类、酚类、维生素 C、粗蛋白、氨基酸、有机酸等物质，对软化血管、降低血脂、改善血液循环具有独特的疗效，具有解酒清神、消腻利口、增进食欲、开胃化食等功能。银条菜具有多种保健效果，经常食用，延年益寿作用明显，这在《中国蔬菜品种志》中有详细的记载。《本草纲目》记载，银条具有清肠洁胃、疏通经络、清心健脾、祛风解郁等功效。

2. 银条有丰富多彩的文化内涵

银条在偃师市具有悠久的种植、加工及食用历史，始于夏，兴于唐，盛于明清，形成了独特的种植栽培工艺、烹饪技巧及习俗，如今扬名海内外。据《偃师县志》记载，明朝弘治年间偃师银条曾为宫廷贡品。偃师银条长期以来一直是当地著名的土特产，是洛阳水席的经典菜，也是各种宴席上的著名凉拌菜，如今它更是洛阳各大酒店和饭馆的必备佳肴。在偃师市，当地的县志和民间有很多关于银条的传说和佳话，历代文人骚客留下了无数吟咏歌唱银条的诗歌。商代的伊尹、唐代的李世民和玄奘给银条的诞生赋予了种种神话色彩，周恩来、刘少奇等国家领导人留下了赞美银条的佳话。玄奘故里的男人们喝酒，就离不开银条。尤其是大年初一全家团圆宴，银条更是第一道菜，因为有"吃了银条赚金条"的说法，乡亲们除了饱口福，还有对新年的期盼。所有这些形成了偃师的银条文化。

关于银条名称的由来，自古以来至少有唐太宗赐名天竺特产说、伊尹姓名说、外形说、唐太宗赐名偃师特产说、唐僧取经带回屈支国特产说、银条经济价值说、清乾隆吟诗取名说等7种说法。以上各种说法或为神话，或为传说，或为诗歌，或为期盼，赋予银条以绚丽的文化色彩，但当地多数人倾向于"外形说"。

千百年来，关于伊尹的传说最多。一则是他借助美味的银条灭掉了夏桀，再者是他把银条的生长习性、种植技术和烹调技艺传授给老百姓。后代人尊称伊尹为厨神。人类从夏代开始有了祭祀活动，供奉天地先人。而祭祀时，要摆放供品以示虔诚。菜品讲求颜色，要红若丹阳、黄若灿金、绿若翡翠、白若洁玉。银条作为白色蔬菜当仁不让。据说这一标准便是伊尹当年给定下的。因此可以说，华夏的饮食文化始于伊尹所处的夏末商初，而伊尹是中国饮食文化的开拓者。

四、偃师银条助力旅游业发展存在的问题

偃师银条虽已销往国内外，但总体的市场开发和企业管理却比较滞后，主要表现如下。

1. 尚未引起政府和相关部门的重视

偃师市在近 40 年的发展历程中，以工业兴市为发端，以工业强市为目标，旅游业并不发达，也未引起当地政府的高度重视。银条种植业和加工业产值占当地 GDP 的比重很小，借助地理标志助推旅游业是个新事物，其短期效益和影响可能较小，政府和相关部门尚未意识到它的重要性，更没有采取相关行动。

2. 尚未形成一流的知名旅游商品

偃师银条虽然在同类产品、饮食行业、土特产行业、商贸行业名声显赫，但普通消费者尤其是外地消费者对它并不熟悉，许多外地人根本没有听说过何为银条，外地的各大超市基本上没有销售。即便在洛阳市下属的各县区，也有相当多的民众未听说过银条，更不用说品尝过银条。在洛阳本地，除了偃师市之外的其他县区，仅有个别大型超市和特产店常年有售，个别商店在元旦和春节前后销售；仅仅一些星级酒店和"老洛阳"连锁店供应银条菜，绝大多数饭店没有这个菜。所以，银条菜在洛阳市还不是一个大众菜，知名度偏低，需要加大宣传和市场推广力度。

3. 销售渠道过窄，消费群体有限

目前，我国旅游商品销售渠道主要有两种形式：一种是设于景区景点的零售网点，包括旅游景区自办自营和个体承包的经营点，另一种是与旅行社挂靠的旅游商品定点销售商店。偃师银条虽然有一定的销售规模，但是与整个旅游市场相比还微不足道。外地旅游者的购买量不大，购买者和消费者以本市城镇居民为主，即使是在当地也只有逢年过节作为下酒菜使用。银条在偃师市的大多数商店、超市都有销售，多年来供求基本平衡，自给自足的成分较大。

4. 缺乏采用传统烹调技艺加工的产品

目前市场上销售的银条主要有两类，一类是初级产品，这是农民采挖后

直接出售的，有时进行了初步的等级分拣；一类是成品，这是银条加工企业经过一系列工序生产出来的产品，或塑料袋装或玻璃瓶装，开封后即可食用，这类产品是在流水线上大量生产出来，添加了化学合成食品添加剂。传统的银条加工和烹调技艺不需要加入化学合成的食品添加剂，更符合消费者追求绿色消费的心态，然而在市场上却难觅其踪。

5. 缺乏高精尖产品和高附加值产品

目前，市场上出售的原材料和成品，仅仅注重银条的食用价值，而其保健价值和药用价值没有得到研发，市场上缺乏此类产品，而这些产品附加值高，一旦开发成功，将有可观的经济效益，将赋予银条以广阔的发展空间，更好地造福人类。同时，现有产品没有充分挖掘和利用银条的人文底蕴，影响了银条作为旅游商品的知名度和身价。

6. 商品质量有待提高

银条不仅是地理标志产品，还是绿色食品、无公害农产品。然而，银条质量有待进一步提高，应争取成为有机食品。当地灌溉土地所用的伊河和洛河的水质有待提高，种植户在生产中普遍使用化肥、农药等，都影响到银条的质量和销售。个别企业是作坊式生产，加工设备落后，生产环境差，滥用食品添加剂，从业人员的质量意识、安全意识、卫生意识薄弱，存在质量隐患。

五、以偃师银条助推当地旅游业发展

地理标志产品和旅游业天性共存、密不可分、相得益彰。前者是旅游业的资源之一，后者可以借助地理标志这个品牌作为一个发展支点，进而扩大了地理标志产品的知名度和发展空间。我们应该对地理产品标志进行保护与开发，发挥其最大优势，推动旅游业和当地生态、经济的良性发展。我们可以充分利用偃师的文化资源、农业资源和美丽风光，开发银条的旅游价值，围绕银条做好旅游商品、旅游景区、旅游专线、旅游美食等4篇文章，推动当地大力发展以独特的田园风光游、体验劳动游、风味名吃游、食品工业游、名人文化游为内容的银条旅游业。

1. 政府各部门要高度重视并密切配合

科学制订偃师市主体功能区发展规划，把伊洛河两岸划定为限制开发区，保护地方知名土特产，紧紧围绕银条规划伊河和洛河两岸的生态农业、旅游业、文化创意产业和绿色休闲产业，保护银条的原产地，保护其生存空间。工商、质检、农业等管理部门应加强对银条质量的管理，加大打假维权力度，切实保护地理标志这一金字招牌。环保局、旅游局、农业局、河道管理处、乡镇政府要密切配合，保护银条的生态环境和耕地数量。工商、税务、财政、金融、商务等部门要重点培育和支持龙头企业和骨干企业，使其加快发展，大力开拓市场。文化部门要在影视、戏曲等方面围绕银条推出精品力作，传承和发扬地方文化，打造具有偃师特色的文化旅游品牌。

2. 政府运作，整体营销

地理标志是公有资源，容易出现搭便车行为。当地政府要对偃师的旅游发展进行整体规划，把银条纳入其规划方案和宣传方案，利用网络、电视、报纸等媒体，采取营业推广等多种形式对其进行宣传、促销，提高其知名度。从发展区域经济和保护公众利益的角度，地方政府要制订相关的政策和标准，采取一系列配套措施，对地理标志产品进行整体营销，使其摆脱区域销售的圈子，走向更加宽广的舞台。通过七朝古都、玄奘故里、二里头遗址、夏商文化、商城植物园、虎头山生态公园等优秀景点吸引游客，通过营建银条旅游景区、银条旅游专线等宣传本地的地理标志产品，提高银条的知名度和销售额。

3. 借鉴他山之石，推动当地旅游

在借助地理标志产品发展当地旅游业方面，贵州仁怀的茅台、西藏林芝的虫草、杭州的西湖龙井、山西右玉的沙棘、北京门头沟的京白梨等给我们做出了很好的示范。它们要么是因为产品名声显赫带动了旅游业发展，要么是旅游业兴旺衍生了地理标志产品。相对于这些地理标志产品在当地的作用、地位以及在全国的影响，银条都无法望其项背，但它们应该成为偃师银条的榜样和目标。这对于银条产业而言，既是挑战，也是机遇。只要我们充分利用偃师历史悠久、文化资源丰富的特点，发挥偃师旅游有文化、有故事、有交通的优势，把偃师旅游做强做大，就不愁银条能为旅游做出巨大的贡献。

4. 创新企业的营销方式

其一，开放企业产品展示厅，游客可以免费参观，提高旅游者对产品的认知程度，刺激其购买欲望，这样不仅增加了企业的经济收入，更能通过口碑宣传偃师文化助推偃师旅游。其二，设立特色专卖店。生产经营者首先要树立正确的意识，克服短期经营观念，做好地理标志产品的长期规划，开展品牌推广。特色专卖店要突出文化性和地方性，店面装饰要显示出与地理标志产品有关的传说、历史记载、名人逸事等，显示出银条的文化底蕴。

5. 围绕银条营建旅游景区

银条叶绿花紫、深不过膝，能够美化环境，具有一定的观赏性，或单株或成片或一望无际，都能令人陶醉其中、流连忘返。如果能够在伊洛河沿岸2～3千米大规模连片种植，形成旅游景区，每年的4～10月份都可吸引游客前来观光；银条地下茎洁白如玉，11～12月可使游客参与到收获银条的劳动中，亲临遍地洁白的场面。同时建设银条旅游工业景观园，对传统工艺生产进行展示，集游客参观体验和旅游商品销售为一体，使游客身临其境地体验产品生产加工的全过程，增加其对产品的认知度，使其产生想要在偃师多留上几天以便更深入了解银条的愿望。这样的绿色游、生态游、体验劳动游及工业游肯定能博得都市人的青睐！

6. 设计地理标志产品旅游专线

可以聘请国内知名、有操作经验、有成功案例的人员设计银条旅游专线，围绕饮食文化、名人文化、玄奘故里、七朝古都、客家祖源、丝绸之源等各类文化资源，突出地理标志这一响亮的品牌，通过夏商文化和唐文化突出饮食文化中的银条文化；充分调动游客对偃师的兴趣，切实安排好游客在偃师期间的食、住、行、游、购、娱等活动，合理安排其观光、体验、购物、饮食、休息的顺序和时间，延长游客在偃师的逗留时间，充分展现偃师的旅游资源，把偃师的旅游产业做大、做强，推动当地旅游业发展。

此外，我们要高度重视地理标志产品的文化内涵，把文化优势转化为旅游资源优势。我们要采取多种形式、利用多种媒体和手段，挖掘、继承、构建地理标志产品的文化内涵，申报国家级非物质文化遗产，遵守生产工艺、生产流程、生产标准等主观因素，搜集整理宣传相关的故事、传说、名人，编辑出版相关诗词、戏剧、歌曲、民谣、小说，制作电影、电视剧、动漫等，并通过商标、广告、包装装潢、CIS（企业形象识别系统）、表演等把这些文化符号融入商品经营中，加以宣传，扩大其知名度和美誉度。

笔者结合自身实践，初步设计了这样一条地理标志产品——银条旅游专线。

表 20-1　银条旅游专线行程安排

日期	行程安排
第一天	早餐：品尝偃师地理标志——银条，俗称"唐僧肉"（煮食） 上午：①前往银条种植地，体验亲手采摘银条的乐趣（约1小时） 　　　②前往生产基地观看银条生产过程 　　　③前往银条专卖店听取银条的来源及其与玄奘的渊源 午餐：老洛阳面馆，其中有凉拌银条、牡丹燕菜等 下午：①参观银条专卖店②参观玄奘故里 晚餐：偃师市"怡园春大酒店"，玉兔萝卜、偃师银条炒虾丝，将偃师银条与虾仁同烹，滑嫩适口，祛腻保健 晚上：宿偃师大酒店
第二天	早餐：品尝偃师地理标志——银条，俗称"唐僧肉"（煮食） 上午：①游览二里头遗址 　　　②游览商城遗址苑 午餐：品尝偃师肉合，喝牛肉汤，品尝爆炒银条。 下午：游览虎头山生态公园 　　　参观商城博物馆 晚餐：洛阳水席，其中有银条做凉菜，配洛阳杜康酒。 晚上：宿偃师大酒店

六、结论

地理标志产品中蕴含有丰富的旅游因素，是发展当地旅游的重要资源，是旅游商品开发的亮点和重点。偃师市经济发达但结构性矛盾突出，发展后劲不足，生态文明建设任重道远，应充分利用其丰富的旅游资源特别是地理标志产品大力发展旅游业，为县域经济转型发展做出榜样。偃师地理标志保护起步晚，发展较为缓慢，但偃师市文化积淀深厚，是历史名城，先后有夏、商、东周等7个朝代在此建都，利用地理标志产品对其旅游发展有极大的促进作用。偃师银条作为一种优秀的旅游商品，应引起当地政府和相关部门的高度重视，应得到大力保护和开发；当地政府要对偃师的旅游发展进行整体规划，把银条纳入其规划方案和宣传方案，围绕银条进行旅游商品、旅游景区、旅游专线、旅游美食等开发和建设，助推当地旅游业和生态文明良性发展。

图 20 –9　偃师市西银绿色食品
有限公司的银条产品包装（一）

图 20 –10　偃师市西银绿色食品有限
公司的银条产品包装（二）

图 20 –11　偃师市西银绿色食品有限
公司的银条产品包装（三）

图 20 - 12　偃师市西银绿色食品
有限公司的银条产品包装（四）

图 20 - 13　偃师市山化糖厂的
银条产品包装（一）

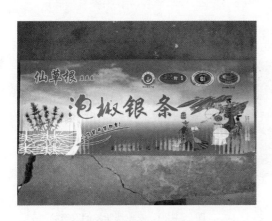

图 20 - 14　偃师市山化糖厂的
银条产品包装（二）

图 20 - 15　偃师市山化糖厂的
银条产品包装（三）

图 20 - 16　偃师市山化糖厂的银条产品包装（四）

图 20-17　银条的花

图 20-18　2012 年 11 月，偃师市城关镇
东寺庄村待收获的银条

图 20-19　2016 年 6 月，偃师市城关镇
农田里开花的银条

图 20-20　农业部颁发的农产品
地理标志登记证书——偃师银条

图 20-21　偃师市西银绿色食品有限公司的销售部

第二十一章　洛阳市地理标志产品发展中存在的问题和对策

第一节　洛阳市地理标志产品发展中存在的问题

一、政府部门不重视，认识不到位

地理标志产品绝大多数都是农产品，是农产品中的佼佼者，最富有地方特色，直接繁荣了乡村经济甚至是县域经济。保护和发展地理标志产品是调整农业结构、发展农村经济、提高农民收入、发展旅游业、保护生态环境的重要方向，是发展特色农业、决胜于国际贸易的突破口和制高点。大力推进围绕地理标志产品的种植、养殖、加工、生态旅游、绿色旅游，可以把农业、工业、商业、旅游业紧密结合起来，是生态文明建设的新思路之一。地理标志产品具有经济、法律、生态、旅游、文化、教育等多种价值，对它进行综合开发具有重大意义。

长期以来，流传着"无工不富、无农不稳、无商不活"这样一句谚语，它揭示了这三个产业在我国社会发展进程中的地位和作用。但是它把三个产业孤立起来看问题，认为农业就是供应农产品尤其是粮食，工业是创造社会财富的主体，商业是繁荣经济的载体，没有认识到保护和发展地理标志产品可以把农业、工业、商业、旅游业有机结合起来，实现循环经济，是生态文明建设的重要抓手之一。

一般而言，围绕地理标志产品的种植业、加工业和旅游业的产值占当地

GDP 的比重很小，借助地理标志助推旅游业是个新事物，其短期效益和影响可能较小，政府和相关部门尚未意识到它的重要性，没有采取相关措施，缺乏专项活动，没有对本地的地理标志产品进行整体营销。具体表现在以下几个方面。

（1）部分县区、乡镇、行政村领导不了解地理标志制度，不知道地理标志产品为何物，有的领导虽然知道地理标志及其重要性，但搞不清原产地域产品、原产地标记产品、地理标志产品、地理标志证明商标、地理标志集体商标、农产品地理标志登记的具体含义，不清楚它们的关系，不清楚质检、工商、农业部门是如何开展地理标志登记注册和保护的。这些具体表现在部分乡镇的政府文件、工作计划、工作总结、项目和资金申请、相关宣传报道中。

（2）技术监督部门最早开展地理标志产品保护，现在所拥有的数量却最少。2005 年以前国家质检总局公布的洛阳市的 8 个原产地域产品或原产地标记产品中，有 6 个产品现在都不是地理标志产品。这 6 个产品于 2002～2004 年分别获得了原国家质量技术监督局的原产地域产品保护或者原国家出入境检验检疫局的原产地标记保护。2005 年之前，《原产地标记管理规定实施办法》规定原产地标记注册的有效期为 3 年，到期后如不续展则该产品不再受到保护。这 6 个产品是：洛阳唐三彩、洛阳牡丹、栾川白土无核柿子及其制品、汝阳杜康系列白酒、伊川杜康酒、伏牛山连翘。其中洛阳唐三彩、洛阳牡丹、汝阳杜康系列白酒、伊川杜康酒等 4 个产品，无论是名声、产值还是历史渊源、发展前景，都要比现在的 13 个地理标志产品大得多。可惜！它们现在都不是地理标志产品，都无法在中外市场、国际贸易中拥有这个竞争利器。

（3）没有认识到地理标志产品的旅游价值。长期以来，洛阳旅游主要靠"老四篇"，即牡丹花会、龙门石窟、白马寺、关林。虽然我们又开发了许多 AAAA 级、AAAAA 级旅游景区、新增了"天子驾六"等景点，但旅游业一直难以有质的飞跃。旅游六要素"吃、住、行、游、购、娱"是个从低级到高级发展的过程，仔细分析就会发现，我市旅游的短板集中在了购物和娱乐环节，没有拉长游客在洛阳的逗留时间，没有刺激游客的购物欲望。充分发掘地理标志产品的旅游价值，是解决这个短板的有效途径之一。近年来，洛宁县、孟津县、嵩县围绕地理标志产品大力发展农村经济，发展与此相关的旅游业，取得了良好效果。

（4）缺乏品牌保护意识和营销意识。我市部分土特产品能作为洛阳名片，它们名副其实、历史悠久、闻名中外，但所在地方政府和所属企业没有保持或者没有申报地理标志产品，缺乏品牌保护意识、缺乏经济头脑和全球视野。上文所提到的洛阳唐三彩、洛阳牡丹、汝阳杜康系列白酒、伊川杜康酒、栾川白土无核柿子及其制品、伏牛山连翘属于没有保持该荣誉，都已经失去国家层面的保护，应重新申请地理标志产品；新安的澄泥砚、偃师的牡丹石、伊川小米等属于没有申报，仅仅能受到商标法保护。最值得关注的是，杜康酒是我市的典型名片和重点支持、重点发展对象，洛阳杜康控股有限公司与洛阳市政府都没有把杜康酒的地理标志申请及保护问题提上议事日程，这将直接影响到洛阳的形象和经济发展潜力。

在2010～2012年连续3年的全国两会上，时任河南省委书记的卢展工面对众多国内外媒体记者，三度风趣幽默地推介杜康，从"欢迎大家到河南走走看看，品品我们的国酒杜康"，到"大家都比较忙，何以解忧呢，唯有杜康"，再到"杜康酒，真能解忧"，使得杜康成为豫酒唯一获此"殊荣"的酒类品牌。各级政府和主管领导应该学习这种精神，具有营销的意识和能力，对外宣传时，将地理标志产品打包进行宣传，让外地游客了解更多的洛阳特产，使其成为"国粹"。

二、宣传意识偏弱，宣传力度偏小

（1）洛阳市3个政府主管机构（质监局、工商局、农业局）的网站都没有地理标志的专栏或者专题，对地理标志的法律、法规、政策、相关文件、办理流程等都没有介绍或者没有相关链接，没有全面系统或者简明扼要地对我市地理标志产品进行宣传；洛阳市旅游发展委员会网站、各县区各乡镇网站同样如此，对地理标志的宣传很少，旅游宣传中关于地理标志产品的介绍更少甚至没有，要么相关资料和数据是多年前的，更新不及时。部分网站的"旅游资源""农业经济""名优特产""投资"等栏有关于地理标志产品的宣传，都没有设"旅游商品"栏。例如，洛阳市旅游发展委员会网站[221]在

"商品企业名录"栏列出的 10 家主要旅游商品企业里，只有 2 家经营地理标志产品①。孟津县拥有 4 个农产品地理标志，然而在其官方主页[222]的"风景名胜""旅游名城""投资孟津"都没有找到主题宣传，在孟津旅游网[223]的"旅游超市"栏有"本地特产"介绍，但只介绍了 3 种地理标志产品。栾川县白土乡曾经拥有栾川白土无核柿子及其制品、伏牛山连翘及其制品两张王牌，从网络上查不到二者的保护范围。该县没有广泛宣传其生态价值、旅游价值，没有对其综合价值进行深入挖掘和利用。

表 21-1　洛阳市主要旅游商品企业

名称	地址	负责人
洛阳三彩艺术博物馆	丽景门瓷城内	郭爱和
洛阳牡丹瓷股份有限公司	洛阳市洛龙区安乐镇郑村牡丹宫	李学武
洛阳烟云涧青铜器有限公司	洛阳市伊川县烟涧村	方长勋
洛阳平乐牡丹画	洛阳汉魏故城遗址	郭玉灿
河南万景祥特产开发有限公司	河南洛阳洛阳博物馆附属一楼	谭广全
洛阳唐宝斋艺术馆	河南省洛阳市西工区涧东路 2 号	高水旺
洛阳粤钰青铜器	唐寺门工艺城 B2-07	黄烨儒
洛阳祥和牡丹科技有限公司	洛阳市涧西区广文路 2#院	詹建国
洛阳春艳牡丹科技有限公司	洛阳市洛龙区宝龙城市广场 1 号 605 室	王红兵
洛阳华夏澄泥砚厂	洛阳市西工区中州中路 310 号	刘存献

（2）相关企业、政府机构以及有关媒体在宣传报道地理标志产品时，对地理标志产品的基本情况、基本事实不了解，说法不一。已有宣传和媒体资料要么相互矛盾，要么语焉不详，要么没有实地调研、不能基于事实进行宣传，要么为了强化宣传效果而添油加醋、夸大其词。不同媒体甚至是同一媒体对同一地理标志产品进行宣传和介绍时，其基本数据不一致；同一媒体在不同时间对同一地理标志产品进行宣传和介绍时，其基本数据也不一致。例如，为了查明洛阳市在农业部农产品地理标志登记的基本情况，2015 年 7 月 12 日，笔者查阅河南省农产品质量安全检测中心网站，在"当前位置：首

---

① 2018 年 10 月 23 日，笔者再次查询"洛阳市旅游发展委员会网站"（http：//www.lyta.gov.cn/index.html）时，该网站已经改版，原来的"商品企业名录"栏已经改为"洛阳旅游产业名录"，修改后的栏目里有"旅游商品企业"，共介绍了 28 种产品，其中有 6 种产品是地理标志产品。

页＞产品查询"栏[224]查看到，宜阳韭菜、孟津梨、孟津西瓜的证书编号分别是 AGI00417、AGI00265、AGI00290，而在"首页＞网上展示＞正文"栏[225]查阅，却发现宜阳韭菜、孟津梨、孟津西瓜的证书编号分别是 AGI00352、AGI00293、AGI00334。2015 年 11 月 11 日再次在"当前位置：首页＞产品查询"栏，已经查不到这三类产品①。在河南省农产品质量安全网[226]的"当前位置：首页＞产品查询"栏查看到，洛宁上戈苹果的证书编号、登记产品、登记申请人、登记面积（万亩）登记产量（万吨）、登记年份分别是 AGI01135、上戈苹果、洛宁县上戈苹果专业合作社、9、9、2012；在中国农产品质量安全网[227]（http：//www.moa.gov.cn/sydw/zlaq/ncpdlbz/gsgg/201304/t20130424_ 3500800.htm）却查阅到，其公告号、登记产品、登记申请人、质量控制技术规范编号、公告日期分别是"〔2013〕第 1925 号、上戈苹果、洛宁县上戈苹果专业合作社、AGI2013 - 01 - 1135、2013.4.15"。同一产品，公告内容却相差较大；有的网站介绍农业部关于上戈苹果的公告号是〔2012〕第 5 号。博雅特产网[228]在介绍"孟津梨"时用了 900 多字，其中有"登记证书编号：AGI00293"介绍，还有"AGI2010 - 03 - 00265"介绍。该网站的介绍犯了 2 个明显的错误，一是前后矛盾，同一个产品不可能有两个编号；一是 AGI00293 也好 AGI2010 - 03 - 00265 也好，都不是登记证书编号，而是质量控制技术规范编号。

姑且不论以上信息的真伪与错漏，本课题组在洛阳市的媒体资料和网络资料里查不到相关信息。

（3）报纸、电视等传媒没有专栏或者精品节目，没有集中报道或者专门宣传我市的地理标志产品，相当多的市民不能说出我市 5 个以上的知名特产或者旅游商品，普通消费者还不知道什么是地理标志产品，更不知道"三品一标"；部分市民不知道本地有哪些土特产、不知这些土特产的产地和生产厂家在何处，不知道何处或者何家的产品质量最好。在各县区、各乡镇的网站上，想查找地方特产或者旅游商品比较容易，想查地理标志产品比较困难。

地理标志产品价值高，售价也随之高于同类普通产品，但限于产量和消

---

① 2018 年 10 月 23 日，笔者再次查询河南省农产品质量安全检测中心网，该网"网上展示"栏可以再次查到这三类产品。

费者的认知接受程度，地理标志产品尚未普及，未能"进入寻常百姓家"，这与北京、上海等大城市相比差距很大，地理标志产品好在哪里、贵在哪里，它有哪些经济价值、生态价值、旅游价值、法律价值、文化价值、教育价值，它对我们的生活和未来的社会发展有哪些影响，尚需加大宣传力度。

政府主管部门未能对全市地理标志产品的宣传工作进行统筹规划，未能当作本地的宝贵资源进行重点宣传，缺乏政府一揽子整体营销意识，宣传意识偏弱，宣传力度偏小。

三、产品缺乏创新，旅游商品收入少

（1）尚未形成一流的知名商品。我市现有的 13 个地理标志（保护）产品（商标）中，虽然偃师银条、嵩县柴胡等部分产品在同类产品、土特产行业、商贸行业中名声很大，但普通消费者尤其是外地消费者对它们并不熟悉；其他多数商品在全国同类产品中很可能不是一流的商品，在广大消费者那里知名度更低，它们多数是区域名牌，在本市、本省有一定知名度和美誉度，许多外省人对该商品却闻所未闻，外地的各大超市基本上没有销售；能在国际市场上打出知名度的地理标志产品更是极少数。

（2）商品质量有待提高。地理标志产品多为农产品，并且多数还是绿色食品、无公害农产品。然而，地理标志产品质量有待进一步提高，应争取成为有机食品。生态环境是影响地理标志产品质量的最根本、最主要、最直接的因素。工业、旅游业、房地产业等行业的繁荣和发展在大量占用地理标志产品赖以生存的土地、水源的同时，也不可避免地污染了土壤、空气和水质，致使其生态环境下降，进而影响了商品品质，必须引起我们的警觉。洛宁金珠果、上戈苹果、嵩县柴胡等产品的产地环境没有污染或者污染极小，其他产品的生态环境却受到了不同程度的污染。

种植户在偃师银条、水沟庙大蒜等产品的生产中普遍使用化肥、农药等，影响到了产品的质量和销售。个别加工企业是作坊式生产，加工设备落后，生产环境差，滥用食品添加剂，从业人员的质量意识、安全意识、卫生意识薄弱，存在质量隐患；上戈苹果、嵩县柴胡、孟津梨等可能会发生品种老化退化问题，种植户通过不同渠道购买种子，容易造成品质不一、品种杂乱。

以上原因，都致使其质量较低，难以深入开发高精尖、含金量高的产品，难以围绕它们开发绿色游、生态游、工业游，体验劳动游。

（3）产品结构不合理，产品包装不高档。地理标志产品是当地的特产，理应成为优秀的旅游产品。在我市的旅游产品中，原材料、初级产品多，高精尖产品和高附加值产品少；传统观光型产品多，新型体验类产品少，重工艺品开发，轻旅游纪念品、土特产、旅游用品、旅游食品开发；缺乏能够带动消费的休闲娱乐型产品，游客在我市购物、娱乐等二次消费比重偏低。

例如，偃师银条是开发较早、市场较为成熟的产品，但目前市场上出售的原材料和成品，仅仅注重银条的食用价值，而其保健价值和药用价值没有得到研发，市场上缺乏此类产品，而这些产品附加值高，一旦开发成功，将有可观的经济效益，将赋予银条以广阔的发展空间，更好地造福人类。同时，现有产品没有充分挖掘和利用银条的人文底蕴，影响了银条作为旅游商品的知名度和身价。又例如，洛阳牡丹红茶的产品种类单一，产品定位是礼品，定价偏高，缺少大众饮品，没有培育本地的铁杆茶友；唐三彩体积大、易破碎、携带不便，一些厂商不配外包装，不配说明书，没有配套介绍的精美资料，买盒子需要另外加钱；孟津葡萄、孟津梨、孟津西瓜、洛宁金珠果是季节性商品，如果错过了时令节气，游客无缘品尝其美味，也无缘采购回家；对于孟津黄河鲤鱼、栾川豆腐，游客只愿在当地一饱口福，不愿意费心劳力、长途跋涉带回自己家乡；宜阳韭菜等产品更是只有初级产品，保质期很短，没有深加工产品，不适合长途携带。

（4）产品缺乏创新。地理标志产品中的农副产品和食品等，绝大多数要保持千百年来的"老东西"和原汁原味，才能独具一格，与众不同，但部分产品如果故步自封、不思进取，将会失去活力和市场。部分产品品种少、品种退化或者老化、外形款式和颜色搭配没有变化、产品包装陈旧、缺乏高精尖和深加工产品、不适合长途携带、不能长期保存、部分产品拘泥于原有的技术和市场等，都影响到其销售和未来发展。

孟津西瓜、孟津葡萄等在农业标准化发展过程中可能发生跟风造成商品质量"同质化"，同质化会造成竞争力减弱，经济效益将大大降低。全国好多地方都具备伊川平菇的种植环境，其种植技术可以传授也可以授权给别人，同质化的产品竞争也不可避免。

未能重视旅游商品和洛阳市场的开发。我市的所有地理标志产品都不同程度地适合作为旅游商品，但部分产品却未能实现产品和市场的突破。外出旅游，带上一两件具有地方特色的旅游纪念品留作纪念或赠送亲朋，是很多游客的选择。对于经常来洛阳旅游观光的游客来说，早就已经购买过唐三彩、澄泥砚、牡丹饼、牡丹画、仿古青铜器、杜康酒等特产，除此之外好像已没有什么"新产品"可带，最后只好带着遗憾离开。

（5）部分产品没有成为当地农民致富奔小康的稳定的主要收入来源。由于产品品种不能及时更新、科技投入少、技术水平低、不懂管理、不擅管理，无法提前预测市场供求行情，游资投机扰乱市场环境、无法长期储存、不能进行深加工等原因，农民不敢扩大规模种植水沟庙大蒜、孟津葡萄、上戈苹果等产品，有些年景意外发笔小财，有些年景丰产不丰收，有时还会血本无归，只好忍痛毁林。

四、市场体系不完善，市场建设滞后

农产品的销售渠道和销售方式有农贸市场、现场体验式销售、农超对接、直销专卖点、订单销售、互联网＋、旅游商品市场等。地理标志产品进入农贸市场太掉身价，如果它真的到了在农贸市场叫卖的地步，就不称其为地理标志产品了。其中，农超对接、直销专卖点、订单销售是近年来地理标志产品销售的主渠道，现场体验式销售、互联网＋等销售方式方兴未艾，前景光明，而旅游商品市场的销售则因地而异。游客到洛阳观光，购物不是主要目的，所以当其有购物欲望时，这一欲望应该得到迅速、方便地满足。

（1）销售渠道过窄，消费群体有限。目前，我市旅游商品销售渠道主要有两种形式：一种是设于景区景点的零售网点，包括旅游景区自办自营和个体承包的经营点；另一种是与旅行社挂靠的旅游商品定点销售商店。地理标志产品虽然有一定的销售规模，但是与整个旅游市场相比还微不足道。外地旅游者的购买量不大，部分产品的购买者和消费者以本市城镇居民为主。

（2）市场建设滞后。洛阳市旅游商品市场的突出问题是，企业各自为战，四处分散，没有集中销售区；车站、机场、旅游景区、商业一条街、大型超市等要么没有销售地理标志产品，要么品种不全；旅游纪念品的开发力度不大，旅游购物市场较为混乱。外地游客打算购买几种土特产当作纪念品或者礼品，往往需要奔波几个地方；唐三彩本来是高档的纪念品和礼品，但在公路边还有销售；在白马寺和龙门石窟景区，偶尔还能看到本地人拦客推销仿冒的佛头；部分游客在市区看到"牡丹花都"标志以及"红红""丹丹""河洛郎"等吉祥物的卡通形象，非常喜欢，很想带回去做个纪念，却找不到出售相关纪念品的商店；不少游客来洛后希望品尝一些特色小吃，或购买一些物美价廉的土特产，而我市旅游商品多为工艺品，一件动辄数百元甚至上千元，普通游客很难承受等。这些都影响到洛阳旅游商品形象和洛阳旅游市场管理的形象。

五、"三权分管"不协调，后期管理待提高

（1）"三权分管"模式存在弊端。在我国，共有国家质量监督检验检疫总局、农业部、国家工商总局 3 个政府部门分别依据 2005 年公布的《地理标志产品保护规定》、2008 年发布的《农产品地理标志管理办法》《中华人民共和国商标法》（2013 年修正）对地理标志实行管理，形成了"三权分管"模式。据笔者统计，经国家质检总局批准公布的地理标志产品有 2100 多个（截至 2017 年 7 月），国家工商总局公布的数据是，截至 2017 年 5 月，我国已注册地理标志商标达 3615 件，是实施国家知识产权战略之前 2007 年（301件）的 12 倍，外国在中国注册的地理标志商标达到 87 件。在这两个名单中，绝大多数是农产品，均占总数的 95% 左右。农业部公布的地理标志农产品共有 2117 个（截至 2017 年 7 月）。

3 部门都对地理标志产品具有监管职责，企业要发展，要把商品卖出去，3 个部门的标志都想取得，3 个部门的管理规定都要遵守，而 3 个部门的规定又不尽相同，甚至会顾此失彼，从中增加了企业的压力。我市的偃师银条比较典型，它取得了上述 3 部门注册登记或认证标志，也是目前全市唯一"连中三元"的地理标志产品。

（2）后期管理待提高。在相关乡（镇）政府，没有专门机构、专业人员、专职人员负责管理本地的地理标志产品，农村专业合作社规模小、影响力不大，产业协会作用没有完全发挥等，也影响到了地理标志产品的保护和

发展。近年来，我市地理标志产品日益增多，地理标志产品逐步规模化、产业化，地理标志逐渐为广大消费者所熟悉，有关地理标志产品的国际交流和国际贸易日益增多，但部分产品却出现了叫好不叫座甚至是名誉下跌的现象。不少地方重申报、轻管理。地方政府和相关单位看中地理标志立竿见影的拉动作用所产生的品牌效益和社会效益，对地理标志趋之若鹜，盲目申报，缺乏长远规划和科学管理；申报成功后，忽视了市场准入、标准管理、退出机制、打假维权、品牌保护、市场营销等工作，致使不法商人唯利是图，假冒伪劣产品充斥市场、消费者无所适从，正宗的优质农产品低价出售，假冒伪劣产品冲击市场，导致正品的品牌价值大打折扣。地理标志农产品的从业者丰产不丰收，有时甚至血本无归。长此以往，千百年来无数人为之付出巨大心血的地理标志产品及其相关行业、制度将面临一落千丈甚至是灭顶之灾。

六、缺乏相关配套措施，缺乏支持和保护

（1）假冒伪劣产品对正宗商品形成冲击。地理标志产品的形成需要大量时间的积累，人力财力的投入，品牌中含有的生产工艺、管理模式、声誉等的价值都是不可估量的。而市场上有些不法商家假冒他人品牌进行生产销售等经济活动；同时有些企业并没有获准使用地理标志专用标志却使用这些标志，消费者很难区分这些品牌，这些不法企业又没有维护商标声誉的积极性，长此以往，坚持信誉的经营者可能被不法经营者"驱逐"出市场，市场上留有不少掺假的生产企业。

（2）地理标志的使用成本较高。企业在地理标志产品的管理工作中遇到最大的问题就是人工成本过高，尤其在生产旺季，由专职的员工在包装上粘贴地理标志专用标志耗时过长，所需人工数量多，相应的产品成本上升较多，所以企业现在都是采用直接将地理标志专用标志印在外包装上。由于成本较高，部分企业使用地理标志的积极性不高。

我市白酒行业还存在着一些不规范企业。这些厂基本上就是，你去的话他说没生产，但是私下都在给别人灌装，灌装的都是不规范的产品。此外，洛阳有很多杜康的产品开发商，但是他们的产品大部分也是销往外地。杜康整合后一直在打击这些酒厂，地方政府和相关部门也进行了配合，现在已经

好多了。

此外，缺乏相应的鼓励政策和优惠措施，注册登记所需资料较多、手续比较复杂，税收不优惠，资金严重紧缺，融资困难，缺乏稳定的专业技术人才，缺乏专门从事地理标志产品研究的机构和人员，农业行业工作强度大劳动报酬低，缺乏科技教育和科技投入、缺乏技术指导，市场供求信息机制和价格指导机制不健全等，难以调动农业企业、农户等的积极性。位于洛阳博物馆的河南万景祥特产开发有限公司作为牡丹花都特产专卖场运营商之一，由于人气缺乏、交通不畅，制约了企业发展。

七、主业不兴盛，没有带动相关产业

主业不兴盛，没有带动相关产业或者与相关产业相融合。茅台酒的发展壮大，繁荣了当地的白酒业，带动了仁怀市的绿色农业（茅台酒用当地产的高粱）、旅游业，加大了环保力度，实现了经济效益、社会效益的共赢。郫县豆瓣地理标志保护工作实施以来，开发了佐餐、即食、豆瓣复合调味料等川菜系列产品，全方位延伸了产业链，豆瓣产业得到加速发展，经济效益显著提高。郫县豆瓣及系列产品销售遍布全国各地，并出口美国、加拿大、日本、新西兰、中国香港等国家和地区，郫县豆瓣已经成长为该县食品工业的支柱产业，直接带动了种植、食品、销售、包装、印刷、运输、竹编、餐饮、旅游等相关产业的加速发展，有力地促进了农民就地转岗增收及县域经济社会发展。2015 年，"郫县豆瓣"品牌价值 607.16 亿元，吸纳农民工 2.2 万余人就业，年创纯收益 3.32 亿元；总产量达到 110 万吨，实现工业产值 102 亿元，有力地推动了城乡产业发展一体化和郫县经济社会发展。

反观我市大多数的地理标志产品，或者没有发展成为乡村经济的主导产业，或者没有与相关产业相融合，没有以点带面形成产业链全面开花，不能发挥综合带动作用。

八、没有系统研究和开发地理标志产品的综合价值

地理标志产品具有多元的综合价值，人类对其综合价值的认识有一个渐进

过程。在社会发展进程中，人们首先是发现并重视其经济价值，后来上升到法律层面，再后发现其生态价值，最后才重视其生态价值，将其列为首位。在长期的生产、经营、消费过程中，又相伴而生了其特殊的文化，它们互为影响、相得益彰。目前和今后都应把生态价值列为首位，突出挖掘开发宣传其文化价值，其经济价值、法律价值就会相得益彰，以这四种价值为基础开展教育和旅游活动。这六元价值以及我们尚未发现的其他价值构成了地理标志产品的综合价值。

地理标志农产品具有特殊的生态价值。各级政府都应把其所在地及周边地区列入限制开发或禁止开发的重点生态功能区。从保护生物多样化出发，如果地理标志产品彰显不出其经济价值或者其经济价值没有被人们认识到，那么就极容易在人类开发改造自然的过程中遭到破坏、伤害或者忽视，其生态环境可能得不到政府和居民的保护甚至受到人类社会活动的破坏，该物种可能消失或者濒危，也就很难发挥其生态价值等；相反，如果人类认识到了其经济价值，那么就会对其进行合理的开发和利用，从而间接地保护其生态环境，使这一物种得以生存和发展。

与一般的农产品相比，地理标志产品往往代表了一个地区、一个民族的文化形象，具有传承地域特色文化的价值和功能。地理标志产品的文化内涵普遍存在于一般民众中的生产方式、生活方式，人与人的种种关系，风俗、习惯、信仰、追求、日常心理、潜在意识及形形色色的成文或不成文制度中的文化。千百年以来，我国各地的人民群众以当地的地理标志产品为对象，形成了千姿百态的文化。具有一定文化内涵的地理标志产品更有品位、更上档次，更有生命力和市场竞争力，带给消费者双重的消费享受，是当地旅游宣传的一个很好的亮点。

九、没有重视和开发地理标志农产品的生态价值

地理标志农产品的品质和相关特征除了受历史人文因素影响，主要取决于其独特的自然生态环境，即影响产品品质特色的形成和保持的独特产地环境因子，如独特的光照、温湿度、降水、水质、地形、地貌、土质、生物群等以及由以上因素综合形成的生态圈。它们明确宣告，该产品来自得天独厚的地理环境，产品质量与所处环境息息相关。所以地理标志农产品不仅具有

法律价值、经济价值、教育价值、文化价值和旅游价值，更具有生态价值。

地理标志农产品的生态价值是指该类产品的功能及其角色。具体而言，其功能有产品的高质量、生物多样性、涵养水源、改良土壤、保持水土、净化空气、反映环境质量、反映生态圈变化、防风固沙、恢复生物链、减少泥沙、恢复植被、园林绿化、调节生态平衡等，其角色是当地生态环境的"标志者""自动监测器""气象预报员"。

地理标志农产品的生态价值具体体现在以下几点：地理环境造就了地理标志农产品及其优秀质量；地理标志农产品的质量及其质量变化反映着其生态环境的变化；地理标志农产品保护制度的应用能促进产区自然生态环境的修复和保护；地理标志农产品具有教育价值和旅游价值，能促进生物多样性保护。

人类对地理标志农产品的生态价值有一个渐进的认识过程。充分发挥地理标志产品的生态价值，不仅可以促进当地经济的大力发展，还能使政府和群众自觉积极地保护当地生态环境，有利于特色农业发展和品牌建设，有利于绿色环保农产品的推广和保护，突破贸易壁垒，扩大出口；有利于提高农民收入和生产积极性，有利于保护和传承生态资源和人文环境，进而发展当地生态旅游。

第二节　保护和开发洛阳市地理标志产品的对策

未来，我国的地理标志制度将日渐完善，地理标志将日益为广大消费者所熟悉，地理标志产品逐步规模化、产业化，有关地理标志产品的国际交流和国际贸易将日益增多。为此，应采取多种措施，保护地理标志产品的健康发展。

一、政府各部门要高度重视、密切配合

地理标志产品保护申请程序规定，首先是"由当地县级以上人民政府指定的地理标志产品保护申请机构或人民政府认定的协会和企业提出、并征求

相关部门意见"。从以上规定可以看出，政府对地理标志产品保护的重视度决定了这项工作能否开展和推进。

我国地理标志保护产品对促进地方经济发展发挥了不可忽视的作用。随着地方政府和企业认识到获得地理标志产品保护对地域产品附加值提高的重要性，地理标志产品保护工作将走上新台阶，推荐选拔出一系列产品的地理标志保护认证。

（1）政府各部门要高度重视并密切配合。工商、质检、农业等管理部门应加强对产品质量的管理，加大打假维权力度，切实保护地理标志这一金字招牌。环保局、旅游局、农业局、河道管理处、乡镇政府要密切配合，保护相关农产品的生态环境和耕地数量，保护其他产品的市场环境。工商、税务、财政、金融、商务等部门要重点培育和支持龙头企业和骨干企业，使其加快发展，大力开拓市场。文化部门要在影视、戏曲等方面围绕地理标志产品推出精品力作，传承和发扬地方文化，打造具有本地特色的文化旅游品牌。积极推动地理标志产品与农林、旅游、文化、科技、互联网＋、工业、商贸、会展等相关产业融合发展，不断培育旅游新业态，延伸产业链条，提升综合带动作用。

（2）充分发挥政府职能。对于地理标志产品，政府应充分发挥引导、规范作用，加大管理力度，培育、保护、发展并壮大地理标志产品，充分保证市场发挥配置资源的主导作用。普查本地的地理标志产品资源，制订发展规划；宣传、营销当地的地标产品，提高其知名度和美誉度；在政策和物流渠道上，既能保证地理标志产品丰收，还能保证货流渠道通畅且多元化，同时还能堵住假冒伪劣产品；在市场经济中，政府既要管理好还要服务好，当好裁判角色；针对广大消费者开展各种形式的宣传教育；科学划定地理标志产品的保护范围，既不盲目扩大也不胆怯缩小；严厉打击假冒伪劣商品，防止游资恶意炒作，防止部分企业压价倾销，利用网络等媒体造谣中伤地理标志产品。

二、科学制订主体功能区发展规划

根据《全国主体功能区规划》（国发〔2010〕46号）和《河南省主体功

能区规划》（豫政〔2014〕14 号）文件精神，我市、各县区政府应根据全国或省级主体功能区规划对本市、县（市、区）的主体功能定位，对本市、县（市、区）国土空间进行功能分区，明确本市、县（市、区）各功能区的功能定位、发展目标和方向、开发和管制原则等；主体功能区要突出主要功能和主导作用，同时不排斥其他辅助或附属功能；重点开发区域的主体功能是集聚经济和人口，但其中也要有生态区、农业区、旅游休闲区等；同时各地的功能区规划在实施中要根据形势变化和评估结果适时调整修订。在制订本地区的主体功能区发展规划时要强调前瞻性和突显特色，应把地理标志产品的原产地划定为限制开发区，保护其生存空间，保护地方知名土特产，紧紧围绕地理标志产品规划相关的生态农业、旅游业、文化创意产业和绿色休闲产业。在某些地区，地理标志产品及其相关产业，虽然现在不是、可能将来的一定时期内也不是某一县区的经济发展的主力和动力，但也是当地自然环境和历史文化的精华，必将是未来转型发展的突破口之一，应高度重视和倍加珍惜。

北京市门头沟区军庄镇在编制总体规划时，对当地地理标志产品"京白梨"无比珍爱，政府和百姓达成了即便是寸土寸金、"京白梨的地是绝对不能动的"的共识，在这方面给全国各地以很好的示范。贵州省仁怀市则完全围绕茅台酒进行主体功能区规划，无论是工业、农业还是市政建设、旅游业等，一切为了茅台、一切依靠茅台。贵州省的主体功能区规划也充分考虑到了茅台酒特有的地位、影响，制定了一系列政策和保护措施，为其提供了广阔的发展空间。各地应以此为鉴，紧紧围绕地理标志产品规划相关的生态农业、旅游业、文化创意产业和绿色休闲产业。

三、加大宣传力度，培育消费偏好

（1）开设网络专栏。市、县、乡三级政府可以在官方网站开设"地理标志产品"或者"地方特产"或者"旅游商品"等栏目，三个政府主管机构（质监局、工商局、农业局）、旅游局、相关企业的网站更应该在首页开设"地理标志产品"栏目，图文并茂地宣传报道本地产品的详情和近况，发布官方权威数据，公布相关文件、证书、通知、商品质量报告等，同时还可以宣传其他土特产、旅游商品。

（2）加大宣传力度。保护和发展壮大地理标志产品，措施之一就是加大对消费者（本地的、外地的）的宣传力度，使广大消费者具备有关地理标志产品的基础知识，提高消费者识别其质量高低的能力，使本地民众和外来游客自觉自愿地成为地理标志产品的义务宣传员。这样才能培育顾客对地理标志产品的偏爱，刺激顾客消费需求，逐渐形成良性循环。报纸、电视等传媒可以设置专栏或者精品节目，以多种形式报道或者专门宣传我市的地理标志产品，例如专家讲座、嘉宾访谈、学生专题作文比赛、"315"专题、实地参观、市场观察、海外印象、学术研讨会等，普及地理标志产品知识，使其"进入寻常百姓家"，至少使本地的广大民众都了解、偏爱、消费、宣传地理标志产品。

（3）充分利用新媒体工具，积极推广地理标志产品。在高速发展的网络时代，利用新媒体工具扩大地理标志产品的宣传是必不可少的。随着智能手机的普及，在QQ、微信、微博等热门的软件上加载广告宣传更容易吸引眼球。还可通过影视传媒进行推广，把地理标志产品加入影视剧中，随着故事剧情的发展，不断地对一种或几种地理标志产品进行深度介绍，自然而然地传达给受众，增加受众购买该地理标志产品的欲望。如荔浦芋头就因电视剧《宰相刘罗锅》的热播而家喻户晓，无形中吸引了众多消费者。

四、创新产品和市场，创新营销方式

（1）创新产品和市场。地理标志产品中的农副产品和食品等，绝大多数要保持千百年来的"老东西"和原汁原味，才能独具一格，但部分产品也要因时而异、因人而异。例如洛阳唐三彩、杜康酒等既可以在外形款式上创新，也可以在工艺技术上创新；洛宁金珠果、上戈苹果、水沟庙大蒜、嵩县柴胡等可以在产品品种、产品深加工方面创新；所有产品都可以在包装上进行创新，都可以创造新的市场，从原来的农副产品市场（农贸市场）走向旅游市场、连锁超市、仓储商店、网上交易；应赋予伊川平菇、洛宁金珠果、宜阳韭菜、栾川白土无核柿子、伏牛山连翘等新生产品及部分土特产更多的文化内涵。只有创新才能永葆活力，在市场竞争中立于不败之地。

（2）下大力气拉长洛阳旅游纪念品这块短板，充分挖掘旅游购物消费的巨大潜力。立足市场定位，借助现代工艺，运用科技手段，融入时尚元素，激发文化创意，精心设计开发一批内涵丰厚、特色鲜明、题材丰富、类型多样、便捷实用、具有较强吸引力的游客必购旅游商品。通过举办旅游商品博览会、旅游商品创意设计大赛和开设旅游商品名品店，建立旅游商品推广销售网络，扶持一批旅游商品企业做大做强。旅游商品设计应转变观念，瞄准不同的人群进行开发，高端和低端市场都要兼顾；同时，还应从品牌内涵、文化特色、包装设计、购物环境等方面提升旅游商品的内在品质，针对游客消费能力、需求以及喜好，开发一些有文化内涵、地方特色且轻便易携带的旅游商品，这样才能增加对游客的吸引力。

（3）创新企业的营销方式。其一，开放企业产品展示厅，游客可以免费参观，提高旅游者对产品的认知程度，刺激其购买欲望，这样不仅增加了企业的经济收入，更能通过口碑宣传偃师文化助推偃师旅游。其二，设立特色专卖店。生产经营者首先要树立正确的意识，克服短期经营观念，做好地理标志产品的长期规划，开展品牌推广。特色专卖店要突出文化性和地方性，店面装饰要显示出与地理标志产品有关的传说、历史记载、名人逸事等，显示出银条的文化底蕴。

（4）政府运作，整体营销。地理标志是公有资源，容易出现搭便车行为。当地政府要对本地的产业发展进行整体规划，把地理标志产品纳入其规划方案和宣传方案，利用网络、电视、报纸等媒体以及微信、微博、QQ 等，采取营业推广等多种形式对其进行宣传、促销，分时段、分受众进行重点宣传，争取在外地传媒尤其是国家级传媒报道我市的地理标志产品，提高其知名度。从发展区域经济和保护公众利益的角度，地方政府要制定相关的政策和标准，采取一系列配套措施，对地理标志产品进行整体营销，使其摆脱区域销售的圈子，走向更加宽广的舞台。通过相关的优秀景点、旅游景区、旅游专线等宣传本地的地理标志产品，吸引游客，提高其知名度和销售额。

五、采取切实措施，提高产品质量

（1）保护生态环境，保证产品质量。生态环境是影响地理标志产品质量的最根本、最主要、最直接的因素。随着我市城镇化进程的加快，工业、旅游业、房地产业等行业的繁荣和发展在大量占用地理标志产品赖以生存的土地、水源的同时，也不可避免地污染了土壤、空气和水质，致使其生态环境下降，进而影响到产品质量，必须引起我们的警觉。各地应在严格保证地理标志产品现有区域保护范围的前提下，保护和改善其生长或者生产环境。

（2）严控产地和产量，提高产品质量。地理标志产品高价的前提是优质。在产业化和规模化的政策引导下，生产规模或者种植范围的扩大无论是从主观上还是从客观上，都有可能出现质量下降、名不副实的情况，影响地理标志产品的美誉度、知名度和长久发展。我们要严格控制地理标志产品的生产规模和种植范围，绝不盲目扩大产地或产量，而应采取各种措施提高产品的质量。

（3）发展生态农业，采用先进科技。目前的地理标志产品多为农副产品，采用科学的种植技术，改进生产水平，才能提高作物产量，保证产出优质的粮食、果蔬。可以在不降低产品质量的前提下，尝试采用塑料大棚等先进技术，生产反季节农产品，稳定地理标志产品的供应。而且，生态农业观光旅游具有较大的市场潜力，是今后旅游项目的一个新突破点，也是旅游胜地建设规划纲要的目标之一。

（4）加强管理，提高产品质量。政府、企业、协会和农户应联手互动，在品种、技术、标准化、日常管理、产地环境等各方面加强管理，保证和提高产品质量，守住地理标志产品的底线，防止假冒伪劣产品对金字招牌的冲击，防止出现"温县山药""原阳大米"等地理标志产品曾经历过的毁灭性冲击。以金珠梨为例，我国除高寒区和亚热带地区外，全国大部分地区均可推广栽植。同样的树种、同样的地域、同样的技术，如果有不同的人来管理，则结果大相径庭。

（5）树立优质高价、共生共荣的经营理念。由于地理标志产品的产地有限，有时产地甚至是唯一的，所以它的产量有限甚至稀少。物以稀为贵，在理性的消费状况下，它的供求规律是供给决定价格，按质论价，优质高价。地理标志产品价格高或者高于其他产地的同类产品是符合价值规律和市场规律的。

企业要树立合法经营、共生共荣的经营理念，要认识到一荣俱荣、一损俱损，避免陷入公地悲剧中。在生产经营中要严把质量关，不以次充好，不用外地的原材料生产地理标志产品；对企业的商标和地理标志给予同样的重视、宣传、使用和保护；一致对外，防止某些企业"搭便车"，抵制假冒伪劣商品对地理标志产品的伤害；不打价格战，自觉维护地理标志产品的高品位。

六、面向国际，开展市场建设

（1）以商务中心区及特色商业区建设为抓手，加快地理标志产品与旅游业、商贸流通业的融合。精心策划、引进一批有实力的知名企业，谋划实施一批体量大、效益好、带动力强的旅游综合体项目。围绕完善旅游要素，谋划建设旅游购物一条街、特色美食一条街等，丰富游客夜间消费需求，延长游客停留时间，精心设计有针对性的旅游产品和线路。

（2）为方便游客选购特色旅游商品，应加快建设旅游商品集散中心。通过打造"一站式"购物平台，加强企业与市场的密切联系，带动洛阳旅游商品整体水平的提高；为促进我市旅游商品市场有序运转，还应着力构建以旅游商品销售平台为核心的市场运作机制。有关部门应将旅游商品市场建设纳入城市规划、景区规划、商业网点规划中，将旅游商品市场建设与城市开发、景区建设、商业网点的规划建设同步进行，完善服务游客购物的基础设施。

（3）面向国际，提高竞争力。游客来自全球不同国家和地区，文化背景和消费观念也各有不同。为迎合广大消费群体的要求，必须形成规模化、专业化经营，适时更新营销策略。同时还要借鉴国际经验，熟悉国际规则，开展国际合作与交流，开拓国际市场，加大地理标志产品的出口量和销售量。充分利用2003年以来的中国国际农产品交易会等展销平台，加大与外国的交流合作，借鉴国外的先进管理经验，不断改进生产技术，从而提高市场占有份额和产品竞争力。

七、开展基础性建设工作和研究工作

（1）组织开展地理标志产品基础信息库建设工作。为了深入挖掘各地丰富的地理标志产品潜在资源，应在质检、农业、工商等部门的领导下，进行地理标志产品潜在资源调查。通过对上报的地方特色产品信息调研，分类分析潜在的地理标志产品的质量特色和保护条件，初步形成本地区的地理标志产品潜在资源库，为做好中国地理标志产品保护的中长期发展规划、促进地理标志保护事业的发展创造条件。

（2）开展地理标志产品的基础性研究和应用性研究工作。在地理标志产品保护标准中的知识产权问题、地理标志产品保护制度和监督管理模式、地理标志产品经济价值与市场评价、地理标志产品的生态价值、地理标志产品的旅游价值、地理标志产品的文化价值、地理标志产品的教育价值、地理标志产品保护标准体系及重要标准示范等方面，积极申请并承担国家级、省部级科研课题，努力形成一批有价值的研究成果，为地理标志产品保护制度在各地的推广和实施奠定技术基础。

（3）开展地理标志产品的综合价值研究。我们要深入研究地理标志产品的综合价值的内涵，进一步研究对地理标志产品进行保护、开发的政策措施和基层实际运作，在此基础上进行综合开发利用，发挥其最大的经济效益和社会效益。要以科学发展观、市场营销理论、产业化经营理论指导地理标志产品的培育、营销；完善地理标志产品保护和发展的社会环境，加大政府支持力度，完善现行的工商、农业、质监"三权分管"模式；构建地理标志产品的保护体系（包含质量保护体系、生态环境监测保护体系和文化传承体系）和开发体系（包括构建商品学学科——地理标志农产品分编、以市场供求为基础的品质—价格体系、营销体系）。

八、以地理标志产品助推当地旅游业发展

地理标志产品和旅游业天性共存、密不可分、相得益彰。大力保护和发展地理标志产品能促进当地旅游业发展。前者是旅游业的资源之一，后者可以借助地理标志这个品牌作为一个发展支点，进而扩大了地理标志产品的知名度和发展空间。我们应该对地理产品标志进行保护与开发，发挥其最大优势，推动旅游业和当地的生态保护、经济建设相结合，实现彼此良性发展。

（1）地理标志产品成为旅游商品的条件。地理标志产品作为旅游商品具

有以下特点：具有特色；具有纪念意义；具有一定的实用价值；具有比较优势，即产品与客源地相比，具有优秀的质量。地理标志产品具有特殊的品牌效应，其独特的地理环境，与众不同的品质和人文底蕴都反映了地理标产品是优秀的旅游商品。

我们可以充分利用本地的文化资源、农业资源和美丽风光，开发地理标志产品的旅游价值，围绕它做好旅游景区、旅游商品、旅游专线、旅游美食4篇文章，推动当地大力发展以独特的田园风光、体验式劳动、风味小吃及特有的风土人情为内容的旅游业。我们要对旅游业进行整体策划，围绕各类文化资源，突出地理标志产品的文化内涵，设计地理标志产品旅游专线，推动当地旅游业发展。

（2）借鉴他山之石，推动当地旅游。在借助地理标志产品发展当地旅游业方面，贵州仁怀的茅台、西藏林芝的虫草、杭州的西湖龙井、山西右玉的沙棘、北京门头沟的京白梨等给我们做出了很好的示范。它们要么是因为产品名声显赫带动了旅游业发展，要么是旅游业兴旺衍生了地理标志产品。相对于这些地理标志产品在当地的作用、地位以及在全国的影响，洛阳市毫不逊色，我们有自己的优势和强项，完全可以与它们同场竞技，开展绿色游、生态游、工业游、体验劳动游及文化创意游等，为洛阳旅游做出的巨大贡献。

九、重视和开发地理标志产品的文化价值、教育价值

（1）重视和开发地理标志产品的文化内涵。地理标志产品的特定质量、信誉或者其他特征，主要由该地区的自然因素或者人文因素所决定。人文因素主要表现为：产品生产历史；县志、市志等历史文献记载；诗词歌赋、传记、传说、轶事、典故等记载；民间流传的该类产品民风、民俗、歌谣、饮食、烹饪等；名人的评价与文献；荣获省级以上名牌产品获奖情况；媒体宣传、报道、图片等；在生产、加工、储运、包装甚至是销售、消费过程中应遵守的生产工艺、生产流程、生产标准、消费环境、使用程序、消费方式等。一般而言，工艺品类地理标志产品的质量主要取决于人文因素，食品类地理标志产品的质量及其特征则大多是自然因素和人文因素双重作用的结果。

（2）围绕地理标志产品开展低碳、环保教育。地理标志产品本身具有丰

富的自然科学知识，可以在自然常识、植物学、地理、商品学、中医药等课程和相关专业中，就其使用价值及其实现开展教学和科普；可以开展以知识产品和商标为中心内容的普法教育；地理标志产品蕴含着大量的人文社会科学知识，我们可以以此为教育载体，采取多形式、多层次、多范围的教育和宣传。

十、发挥地理标志农产品生态价值的应对措施

（1）理清发展思路。对于乡村领导而言，可以把地理标志产品作为支柱产业进行长期规划，实现经济效益、生态效益和社会效益的共赢。洛宁县上戈镇的思路和做法值得我们借鉴。2011 年，该镇通过"土地流转、结构调整、生态旅游"三篇文章一起做，三个效益最大化，通过推行"运行公司制、投资业主制、科技推广承包制、联结农户合同制"的运行模式，共流转出土地面积 10170.8 亩，成功引进了 5 个农业综合开发项目，不但促进了苹果产业化、规模化程度的提高，而且使上戈逐步形成了以林果改善生态、以生态带动旅游、以旅游激活三产的新的发展格局。

（2）完善干部考核和政绩评价制度。生态文明体制改革的提出在很大程度上反映了我国在长期的经济社会发展过程中，商品、人和环境这 3 个要素的相互关系，以及党中央引导这三方实现良性循环发展的决心和举措。商品、人和环境是经济社会发展过程中必不可少的因素，它们既紧密连接，相互促进，同时又有一定的矛盾。如何发挥人在商品生产、流通和消费中的主观能动性，最大限度地保护环境，在满足人类对商品基本需求的同时实现人与环境的和谐、有序发展，这也是我们实施生态文明体制改革的重要目标。选择若干个地理标志产品研究其生态价值，透过一滴水看世界，通过地理标志产品的变化观察当地生态系统的变化，研究如何恢复或保护当地的生态系统，提出具体的可行性操作对策，为其他地区、其他产品提供参考。

探索生态环境损害责任追究制，改变传统的干部考核和政绩评价制度，使干部首先意识到"青山绿水就是金山银山"，从包括地理标志产品保护在内的各个方面身体力行地进行生态文明建设，真正做到执政为民。

（3）准确划定保护范围，保证和提高产品质量。准确划定保护范围是实

施地理标志保护的前提之一。划定地理标志产品的保护范围，最主要的目的就是要保持产品质量的卓越性和稳定性。因此，地理标志产品在划定保护范围时，要根据农产品情况，特别是产品品质状况来进行。但不少地方在申请时都是以行政区划简单地划定保护范围，有的地方甚至还无根据地将其扩大。甚至有的地方为了突出产品的知名度，把传统的产品名称中的地名扩大，这无疑也破坏了早已被广泛认知的产品名称，这样做的结果不是对特色产品的保护，反而引起了更大的混乱。政府、企业、协会和农户应联手互动，加强营销和管理，防止假冒伪劣产品对金字招牌的冲击。

参考文献

第一章

［1］Article 22 Protection of Geographical Indications 1. Geographical indica-
tions are，for the purposes of this Agreement，indications which identify a good as
originating in the terriory of a Member，or a regiion or locality in that territory where
a given quality reputationor other characteristic of the good is essentially attributable
to its geographical origin.［EB/OL］.［2015 - 12 - 11］. http：//www. wto. org/
english/tratop a/trips_ a/tes agm3b e. htm#3.

［2］国家知识产权局.中华人民共和国商标法（2013 年修正）［EB/OL］.
［2015 - 09 - 13］. http：//www. sipo. gov. cn/zcfg/flfg/sb/fljxzfg/201309/t20130903_
816432. html.

［3］农业部农产品质量安全中心.农产品地理标志管理办法［EB/OL］.
［2010 - 12 - 31］. http：//www. aqsc. agri. gov. cn/zhxx/zcfg/201012/t20101231_
74801. htm.

［4］国家质量监督检验检疫总局.地理标志产品保护规定［EB/OL］.
［2006 - 03 - 14］. http：//www. npgi. com. cn/documents/200603/141. shtml？id =
141&table = law.

［5］国家质量监督检验检疫总局科技司.传承传统文化发展民族品牌
服务外交外贸 我国开展地理标志产品保护工作综述［EB/OL］. http：//kjs.
aqsiq. gov. cn/tpxw/201708/t20170807_ 494931. htm，2017 - 08 - 07.

［6］中国商标网，国家工商行政管理总局商标局.传播中国声音 汇聚全
球智慧——世界地理标志大会嘉宾演讲精粹［EB/OL］.［2017 - 07 - 08］. ht-
tp：//www. ctmo. gov. cn/dlbz/xwbd/201707/t20170708_ 267423. html.

［7］中国农产品质量安全网.全国"三品一标"工作会议在宁波市召开

[EB/OL]. [2015 - 03 - 23]. http：//www. aqsc. agri. cn/zhxx/tpxw/201503/t20150323_ 136687. htm.

[8] 全国哲学社会科学规划办公室. 2016 年国家社科基金年度项目和青年项目立项结果公布 [EB/OL]. [2016 - 06 - 17]. http：//www. npopss - cn. gov. cn/n1/2016/0617/c219469 - 28452428. html.

[9] 邓保国，梁天宝，俞湘珍. 地理标志研究文献计量分析 [J]. 广东农业科学，2012，(8)：219—222.

[10] 中国地理标志网，国家工商行政管理总局. 百集电视纪录片《走进中国地理标志》实施方案 [EB/OL]. [2015 - 12 - 11]. http：//www. zgdlbz. com/Dvbbs/.

[11] 本书编写组. 党的十八届三中全会《决定》学习辅导百问 [M]. 北京：党建读物出版社，学习出版社，2013.

[12] 杨伟民. 建立系统完整的生态文明制度体系 [N]. 光明日报，2013 - 11 - 23 (2).

第二章
[13] 洛阳市人民政府官网. 魅力洛阳　自然地理 [EB/OL]. [2015 - 12 - 12]. http：//www. ly. gov. cn/mlly/zrdl/249775. shtml.

[14] 河南省农产品质量安全网 [EB/OL]. [2015 - 12 - 12]. http：//www. hagreenfood. org. cn/productaction. jspx? pageno = 1&prodname = &cotype = 4&coname = .

[15] 河南省工商行政管理局. 河南省地理标志名单（截至 2014 年 12 月底共 46 件）[EB/OL]. [2015 - 03 - 24]. http：//www. haaic. gov. cn/art/2015/3/24/art_ 33_ 51200. html.

[16] 梅占国，郑战波，李建会. 孟津会盟银滩休闲农业观光园：万亩水稻收割忙 [EB/OL]. [2014 - 10 - 27]. http：//news. lyd. com. cn/system/2014/10/27/010352766. shtml.

[17] 万虹. 暑假到了，来孟津耍吧 [EB/OL]. [2014 - 07 - 30]. http：//www. mjgov. cn/ly. asp? action = show&id = 27764

[18] 中国孟津网. 荷塘银滩添雅韵　文旅兴镇绽新姿——孟津县会盟

镇全力推进美丽乡村工作纪实［EB/OL］.［2015 - 10 - 20］. http：//www. mjgov. cn/news. asp? action = show&id = 38864.

［19］牛洁，邵可强，李斐斐. 那些年，我们吃过的"土著"大米——洛阳"大米哥"勾起市民对"佃庄大米"的怀念［EB/OL］.［2013 - 07 - 10］. http：//newpaper. dahe. cn/dhb/html/2013 - 07/10/content_ 921498. htm? div = - 1.

第三章

［20］嵩县人民政府官网. 自然地理［EB/OL］.［2016 - 03 - 08］. http：//www. hnsongxian. gov. cn/sx/jsp/content. jsp? ColumnID = 386&TID = 20140207 104904153553202.

［21］嵩县人民政府官网. 嵩县投资环境综述［EB/OL］.［2015 - 09 - 22］. http：//www. hnsongxian. gov. cn/sx/jsp/content. jsp? ColumnID = 233&TID = 20150922101647574751992.

［22］国家质量监督检验检疫总局. 国家质量监督检验检疫总局公告 第 184 号（2004 - 12 - 13）［EB/OL］. http：//www. aqsiq. gov. cn/xxgk_ 13386/jlgg_ 12538/zjgg/2004/200610/t20061027_ 315783. htm，2006 - 10 - 27.

［23］中药材天地网. 黑柴胡根 东北［EB/OL］.［2016 - 08 - 08］. http：//sj. zyctd. com/exchange - prices - 75 - 1 - 0. html.

［24］石蕴璞. 洛阳柴胡，如何成为增收良药［N］. 洛阳日报，2011 - 09 - 15.

［25］洛阳市质量技术监督局. 关于地理标志保护产品工作现状的汇报，2015 - 4 - 3.

第四章

［26］博雅特产网. 孟津葡萄［EB/OL］.［2015 - 12 - 02］. http：//shop. bytravel. cn/produce1/5B5F6D2584618404. html.

［27］中国孟津网. 地理气候［EB/OL］.［2013 - 01 - 11］. http：//mjgov. cn/aboutus. asp? id = 13.

［28］山东兴农网. 孟津常袋千亩红提葡萄园邀你来采摘.［EB/OL］.［2010 - 09 - 14］. http：//www. sdxnw. gov. cn/document _ show. asp? id =

10747&mark = 3.

[29] 洛阳科技信息网. 孟津常袋千亩红提葡萄园通过国家标准化示范区项目验收 [EB/OL]. [2015 – 12 – 02]. http：//www. lysti. gov. cn/article. asp? id = 17555.

[30] 产地网. 孟津葡萄 [EB/OL]. [2015 – 12 – 02]. http：//www. chan-di. cn/features/c/172. html.

第五章

[31] 河南省农产品质量安全网. 孟津西瓜 [EB/OL]. [2012 – 06 – 21]. http：//www. hagreenfood. org. cn/wszs/743. jhtml.

[32] 博雅特产网. 孟津西瓜 [EB/OL]. [2018 – 05 – 14]. http：// shop. bytravel. cn/produce2/5B5F6D25897F74DC. html.

[33] 网易河南. 孟津送庄村"羊奶西瓜"供不应求 [EB/OL]. [2016 – 05 – 23]. http：//henan. 163. com/16/0523/14/BNOPPJLS022707LT. ht-ml.

[34] 产地网. 孟津西瓜 [EB/OL]. [2015 – 12 – 02]. http：//www. chandi. cn/features/c/172. html.

[35] 赵佳. 孟津：种植也推"标准化"高效农业"添活力" [N]. 洛阳日报, 2015 – 07 – 14.

[36] 孟津旅游网. 孟津送庄镇：西瓜节成了瓜农的致富节 [EB/OL]. [2015 – 05 – 08]. http：//www. mjlvyou. cn/Article/ShowInfo. asp? ID = 893.

[37] 微信号：wenmingmengjin. 2016 来孟津耍吧——送庄镇"第三届西瓜节"今日开幕! [EB/OL]. [2016 – 04 – 28]. http：//www. weixinnu. com/article/57429a434d163ec62bf1ad35.

[38] 张帅. 孟津送庄第二届西瓜节甜蜜开幕. [EB/OL]. [2015 – 04 – 29]. http：//xianqu. lyd. com. cn/content. asp? id = 80969.

第六章

[39] 河南省农产品质量安全网. 孟津梨 [EB/OL]. [2012 – 06 – 21]. http：//www. hagreenfood. org. cn/wszs/744. jhtml.

［40］博雅特产网．孟津梨［EB/OL］．［2015 - 12 - 02］．http：//shop.
bytravel. cn/produce/5B5F6D2568A8/.

［41］产地网．孟津梨［EB/OL］．［2015 - 12 - 02］．http：//www. chandi. cn/
features/c/172. html.

［42］洛阳农业网．洛阳：特色农业渐入佳境［EB/OL］．［2015 - 05 -
14］．http：//www. lyagri - net. gov. cn/agr/37. html.

［43］郑战波. 2015 洛阳会盟孟津梨采摘节开幕［EB/OL］．［2015 - 08 -
24］．http：//xianqu. lyd. com. cn/content. asp？id = 83834.

第七章

［44］百度百科．黄河鲤［EB/OL］．［2015 - 12 - 02］．http：//baike. baidu.
com/link？url = SmBJ3YzpgV1ZT6Sp6ooies4lvvad0 - FQ0sEpdfZ0KBiulD9MK GSDUd
Ge5Rj4sadVMDltyS - q - Ycmbh9MHb8Wmq.

［45］博雅特产网．黄河鲤鱼甲天下［EB/OL］．［2016 - 08 - 14］．ht-
tp：//shop. bytravel. cn/art/492/huangheliyujiatianxia. html.

［46］刘玉秋．中国孟津网．省农业厅调研孟津县黄河鲤鱼资源保护及开发
利用情况［EB/OL］．［2014 - 9 - 18］．http：//www. mjgov. cn/news. asp？action =
show&id = 29006

［47］李丰雷．孟津县人民政府，2014 年孟津县十大福民实事［EB/
OL］．［2014 - 03 - 12］．http：//www. mengjin. gov. cn/webfiles/zfxxgk/ljzf/
gggs/2014/0314/9081. html.

［48］燕鼠．第一农经网．河南孟津黄河鲤鱼养殖喜获丰收［EB/OL］．
［2015 - 02 - 09］．http：//news. 1nongjing. com/a/201502/67123. html.

［49］孟津——黄河岸边新篇章［N］．洛阳晚报，2009 - 11 - 04.

［50］网易河南．中国·孟津首届黄河野生全鱼宴烹饪大赛拉开序幕［EB/
OL］．［2015 - 06 - 29］．http：//henan. 163. com/15/0629/11/AT9B5ANN0227010
9Q. html.

［51］360doc 个人图书馆．国家级水产种质资源保护区名单（共 428 处）
［EB/OL］．［2013 - 12 - 7］．http：//www. 360doc. com/content/13/1207/09/
7499155_ 335143499. shtml.

［52］燕鼠．河南孟津黄河鲤鱼养殖喜获丰收，第一农经网［EB/OL］．［2015 - 02 - 09］．http：//news.1nongjing.com/a/201502/67123.html.

［53］孟津红烧黄河鲤鱼［N］．洛阳晚报，2011 - 01 - 27.

［54］黄河鲤鱼甲天下［EB/OL］.［2015 - 12 - 12］．http：//shop.bytravel.cn/art/492/huangheliyujiatianxia.html.

［55］孟津红烧黄河鲤鱼［EB/OL］.［2011 - 01 - 27］．http：//news.lyd.com.cn/content/2011/1/27/885491.shtml.

［56］华讯财经．唐朝大诗人李白，专门为这件事写了一首诗："黄河三尺鲤，本在孟津居，点额不成龙，归来伴凡鱼。"［EB/OL］.［2013 - 11 - 15］．http：//club.591hx.com/Title_ Static/2013 - 11 - 15/20131115085037.html.

第八章

［57］中国特产网．宜阳韭菜［EB/OL］.［2014 - 06 - 04］．http：//spe.zwbk.org/news/show.php? itemid = 1121

［58］杨玉璞，黄红立．科学发展在宜阳［N］．河南日报，2012 - 04 - 19.

［59］河南省农产品质量安全网．宜阳韭菜［EB/OL］.［2012 - 06 - 21］．http：//www.hagreenfood.org.cn/wszs/767.jhtml.

第九章

［60］宜阳县三乡镇人民政府．乡镇概况［EB/OL］.［2015 - 07 - 15］．http：//www.sanxiangzhen.gov.cn/about - 54.html.

［61］博雅特产网．水沟庙大蒜［EB/OL］.［2015 - 07 - 15］．http：//shop.bytravel.cn/produce3/shuigoumiaodasuan.html.

［62］印象河南网．洛阳宜阳县三乡镇水沟庙大蒜［EB/OL］.［2015 - 05 - 11］．http：//www.yxhenan.com/info/ly/lymmycl_ 13091_ 4522.html.

［63］鲁博，田义伟，金燕芳．南村人的那些"蒜事儿"［N］．洛阳日报，2012 - 04 - 17（09 版）.

［64］石蕴璞．蒜农：手中无存蒜　扩种热情低［N］．洛阳日报，2010 - 08 - 12（A11 版）.

［65］宜阳民间故事之李自成与三乡大蒜［EB/OL］.［2015 - 08 - 19］．

http：//www. rcgus. com/AFRSYS/1163247. html.

[66] 宜阳县金桥大蒜专业合作社 [EB/OL]. [2015 – 12 – 12]. ht-tp：//aa. 8hy. cn/templets/LAJ12 – KWS/index2. html.

第十章

[67] 8u58 药材网. 洛宁金珠果 [EB/OL]. [2015 – 06 – 30]. http：//www. 8u58. com/techan/13351. html.

[68] 博雅特产网. 洛宁金珠果 [EB/OL]. [2015 – 06 – 30]. http：//shop. bytravel. cn/produce3/6D1B5B8191D173E0679C. html.

[69] 山区农民靠高效药食兼用植物新品种致富 [EB/OL]. [2015 – 06 – 30]. http：//www. e855. com/a/6y7s503PryG3gZPEvVcWu9Q/6i7qsx2Q9Xtt. html.

[70] 河南省洛宁县：昔日百亩荒山今朝金果满园 [EB/OL]. [2015 – 06 – 25]. http：//www. e855. com/a/6y7s503PryG3gZPEvVcWu9Q/uHe65xzFrnFv. html.

[71] 中国中小企业河南网. 洛阳洛宁县金珠果特色农产品深加工项目成功签约 [EB/OL]. [2013 – 04 – 10]. http：//www. smehen. gov. cn/info!serDetail. app? infoId = 1510008165404163853.

第十一章

[72] 商务预报. 洛宁县上戈镇 [EB/OL]. [2011 – 04 – 07]. http：//cif. mofcom. gov. cn/site/html/luoning/html/809706/2011/4/7/1302168934504. html.

[73] 洛宁县人民政府网. 走进洛宁，名优特产：苹果 [EB/OL]. [2015 – 07 – 10]. http：//www. luoning. gov. cn/ZJLN/pic_ show. aspx? ID = 7.

[74] 百度百科. 上戈苹果 [EB/OL]. [2015 – 07 – 10]. https：//www. baidu. com/s? ie = utf – 8&f = 8&rsv_ bp = 0&rsv_ idx = 1&tn = baidu&wd = %E4% B8% 8A% E6% 88% 88% E8% 8B% B9% E6% 9E% 9C&rsv _ pq = 93f8909a0005c2b6&rsv_ t = 063fG2G28BdrptL5Suemh1GLXDRomFvE9GLZ% 2Fkmgpc M4Nn8NSD6B8J0R% 2Ffk&rsv_ enter = 1&rsv_ sug3 = 1.

[75] 洛阳地情网. 苹果 [EB/OL]. [2014 – 10 – 4]. http：//www. lydqw. com/DB/BookContent. aspx? BookID = 200906270021&Content = Digital.

［76］博雅特产网．洛宁上戈苹果［EB/OL］．［2015－07－10］．ht-tp：//shop. bytravel. cn/produce3/6D1B5B814E0A620882F9679C. html.

［77］孙中杰．标准引路　产业助推上戈苹果成"金果"［N］．中国质量报，2015－11－20.

［78］洛宁上戈苹果［EB/OL］．［2015－11－27］．http：//shop. bytravel. cn/produce3/6D1B5B814E0A620882F9679C. html.

［79］上戈苹果洛阳总经销［EB/OL］．［2015－11－27］．http：//www. lys-gpg. com/about. aspx.

第十二章

［80］伊川县平等乡马庄食用菌种植专业合作社．平菇营养价值介绍［EB/OL］．［2015－04－22］．http：//www. yichuanmushroom. com/news_ de-tail/newsId＝27. html.

［81］博雅特产网．伊川平菇［EB/OL］．［2018－05－16］．http：//shop. bytravel. cn/produce1/4F0A5DDD5E7383C7. html.

［82］伊川县平等乡马庄食用菌种植专业合作社．产品优势［EB/OL］．［2015－04－22］．http：//www. yichuanmushroom. com/cpys. html.

［83］黄红立．伊川农民王建民种出国字号"平菇"［N］．河南日报，2015－05－14（A03 版）.

［84］伊川县平等乡马庄食用菌种植专业合作社．产品优势［EB/OL］．［2015－04－22］．http：//www. yichuanmushroom. com/cpys. html.

第十三章

［85］博雅特产网．栾川豆腐［EB/OL］．［2015－11－27］．http：//shop. bytravel. cn/produce/683E5DDD8C468150/.

［86］中国栾川网．开放的栾川欢迎您［EB/OL］．［2015－11－27］．ht-tp：//www. luanchuan. gov. cn/class. php? id＝1.

第十四章

［87］邓超，李艳．"无核柿子之乡"栾川白土撤乡建镇［N］．洛阳晚

报，2012 - 01 - 04.

　　[88] 网易河南. 栾川县白土乡——白土无核柿　味甜多汁　营养丰富 [EB/OL]. 　[2013 - 08 - 22]. http：//henan. 163. com/13/0822/16/ 96T6CLO9022701E7. html.

　　[89] 白土镇人民政府网，白土镇2013 年重点项目建设情况，[EB/OL]. [2013 - 08 - 28]. http：//xz. luanchuan. cn/btz/zsyz/20130828/090435. shtml.

　　[90] 中共河南省委农村工作办公室. 洛阳：栾川白土镇柿子采摘红遍 "微信圈" [EB/OL]. [2015 - 11 - 10]. http：//www. hnswnb. gov. cn/index. php？m = content&c = index&a = show&catid = 30&id = 52600.

　　第十五章

　　[91] 产地网. 伏牛山连翘 [EB/OL]. [2015 - 12 - 02]. http：//www. chandi. cn/features/c/172. html

　　[92] 法律教育网. 国家质量监督检验检疫总局公告2004 年第 107 号 [EB/ OL]. [2004 - 08 - 17]. http：//www. chinalawedu. com/falvfagui/fg21829/10637. shtml.

　　[93] 搜狗百科. 连翘 [EB/OL]. [2015 - 12 - 02]. http：//baike. sogou. com/v3732710. htm？ch = ch. bk. innerlink.

　　第十六章

　　[94] 地理标志产品保护政府网. 河南特产在保护中提价升值 [EB/ OL]. [2007 - 07 - 05]. http：//kjs. aqsiq. gov. cn/dlbzcpbhwz/xwzx/200707/ t20070705_ 33164. htm.

　　[95] 产地网. 洛阳唐三彩 [EB/OL]. [2015 - 12 - 02]. http：//www. chandi. cn/features/c/172. html.

　　第十七章

　　[96] 博雅特产网. 洛阳牡丹红. [EB/OL]. [2015 - 11 - 27]. ht- tp：//shop. bytravel. cn/produce3/6D1B963372614E397EA2. html.

　　[97] 中国新闻网. 洛阳牡丹红茶研发成功 [EB/OL]. [2011 - 11 -

18］．http：//www.chinanews.com/df/2011/11－18/3471495.shtml.

［98］石蕴璞，赵佳．国花国饮结合有惊喜　科技创新创出新名片——洛阳牡丹红茶：中国调制花茶新品，［N］洛阳日报，2012－06－13.

［99］博雅特产网．洛阳牡丹红茶［EB/OL］．［2015－11－27］．http：//shop.bytravel.cn/produce3/luoyangmudanhongcha.html.

第十八章

［100］百度百科．杜康仙庄［EB/OL］．［2015－11－04］．http：//baike.baidu.com/link？url=ENWvfwDH3BPZhoq8Wqt6RUyCgrqFpk8t－zqoqTIE－Lu9R－NZQHhVqHEjHIyPJ－sXdrQTncA9AUW_ WWFLL3qNHa.

［101］产地网．汝阳杜康酒［EB/OL］．［2015－11－04］．http：//www.chandi.cn/features/c/172.html.

［102］国家质量监督检验检疫总局．洛阳杜康［EB/OL］．［2009－07－03］．http：//www.npgi.com.cn/documents/200907/2393.shtml.

［103］国家质量监督检验检疫总局．洛阳杜康［EB/OL］．［2009－07－03］．http：//www.npgi.com.cn/documents/200907/2393.shtml.

［104］糖酒快讯　资讯．河南省伊川杜康酒厂宣告破产［EB/OL］．［2002－09－24］．http：//info.tjkx.com/detail/8339.htm.

［105］依靠科技促发展，民营企业铸辉煌——洛阳市第三届"十大·百佳民营科技实业家"评选揭晓——伊川杜康实业有限公司董事长刘更申［N］．洛阳日报，2007－01－23.

［106］刘保建，马纪念．洛阳：一家"杜康"承起的产业荣衰．华夏酒报，2014－02－25.

［107］依靠科技促发展，民营企业铸辉煌——洛阳市第三届"十大·百佳民营科技实业家"评选揭晓——伊川杜康实业有限公司董事长刘更申［N］．洛阳日报（006版）.

［108］网易．汝阳杜康伊川杜康握手言和　河南杜康状告陕西杜康［EB/OL］．［2009－04－03］．http：//news.163.com/09/0403/18/560C8BMA000120GR.htm.

［109］中央电视台．谁为杜康解忧？［EB/OL］．［2007－04－10］．http：//

news. sohu. com/20070410/n249338518. shtml.

　　[110] 每日经济新闻. 汝阳、伊川杜康合并下一步瞄准白水杜康 [EB/OL].
[2009 -03 -31]. http：//money. 163. com/09/0331/06/55NBBVPD00251RJ2. html.

　　[111] 网易. 汝阳杜康伊川杜康握手言和　河南杜康状告陕西杜康 [EB/
OL]. [2009 -04 -03]. http：//news. 163. com/09/0403/18/560C8BMA000120GR.
html.

　　[112] 石俊荣. 洛阳杜康状告陕西白水杜康侵权案一审洛阳败诉 [N].
西安晚报，2009 -06 -11.

　　[113] 西部网. 陕豫 "杜康之争" 战火终熄，27 年官司尘埃落定 [EB/
OL]. [2010 -08 -13]. http：//news. cnwest. com/content/2010 -08/13/con-
tent_ 3370496. htm.

　　[114] 酒虎网. 洛阳杜康控股有限公司杜康醇酒营销中心 [EB/OL].
[2013 -12 -17]. http：//www. 998. tv/news6348. aspx.

　　[115] 袁立泽. 饮酒史话 [M].北京：社会科学文献出版社，2012：9 -10.

　　[116] 大学网. 杜康 [EB/OL]. [2015 -12 -05]. http：//www. unjs. com/
xuexi/quanke/20140525000000_ 1064571. html.

　　[117] 映象网. 杜康是何人　杜康酒的神奇来源 [EB/OL]. [2015 -12
-05]. http：//www. hnr. cn/jiu/jwh/jzgs/201507/t20150710_ 2054424. html.

　　[118] 枫叶教育网. 上古神话传说集锦 [EB/OL]. [2015 -12 -05].
http：//www. fyeedu. net/info/180862 -1. htm.

　　[119] 光明网. 杜康酿酒　儿子酿醋 [EB/OL]. [2015 -12 -05]. ht-
tp：//news. gmw. cn/newspaper/2013 -12/28/content_ 2674230. htm.

　　[120] 百度百科. 杜康仙庄 [EB/OL]. [2015 -12 -05]. http：//baike.
baidu. com/link? url = ENWvfwDH3BPZhoq8Wqt6RUyCgrqFpk8t - zqoqTIE -
Lu9R - NZQHhVqHEjHIyPJ - sXdrQTncA9AUW_ WWFLL3qNHa.

第十九章

　　[121] 国家质量监督检验检疫总局. 洛阳牡丹 [EB/OL]. [2009 -07 -
03]. http：//www. npgi. com. cn/documents/200907/2393. shtml.

　　[122] 产地网. 洛阳牡丹 [EB/OL]. [2015 -12 -07]. http：//www.

chandi. cn/features/c/172. html.

［123］新浪博客.洛阳牡丹甲天下的由来［EB/OL］.［2011 - 10 - 07］.
http：//blog. sina. com. cn/s/blog_ 4c4d09820100ypot. html.

［124］搜狗问问.洛阳牡丹为什么甲天下［EB/OL］.［2010 - 08 - 04］.
http：//wenwen. sogou. com/z/q188330633. htm.

［125］地理标志产品保护政府网.质量当先牡丹增艳——河南洛阳以标
准助推地理标志保护产品牡丹产业发展［EB/OL］.［2015 - 05 - 23］. ht-
tp：//kjs. aqsiq. gov. cn/dlbzcpbhwz/xwzx/201205/t20120523_ 218349. htm.

［126］国家质量监督检验检疫总局.洛阳牡丹花会［EB/OL］.［2015 -
12 - 11］. http：//www. npgi. com. cn/detail. asp? id = 33&table = history.

［127］地理标志产品保护政府网.洛阳牡丹国色天香［EB/OL］.［2008 -
05 - 21］. http：//kjs. aqsiq. gov. cn/dlbzcpbhwz/xwzx/200805/t20080521 _
74411. htm.

［128］地理标志产品保护政府网.质量当先牡丹增艳——河南洛阳以标
准助推地理标志保护产品牡丹产业发展［EB/OL］.［2015 - 05 - 23］. ht-
tp：//kjs. aqsiq. gov. cn/dlbzcpbhwz/xwzx/201205/t20120523_ 218349. htm.

［129］陈曦.“洛阳红”,引领牡丹深加工产业创新发展［EB/OL］.
［2014 - 11 - 21］. http：//news. lyd. com. cn/system/2014/11/21/010358866. shtml.

［130］杨玉璞,黄红立.洛阳:特色农业渐入佳境［N］.河南日报,
2015 - 05 - 14.

［131］佚名.牡丹谱:历代花木文献合集［EB/OL］.［2008 - 05 - 21］.
http：//www. eywedu. com/huamu/6/hd047. htm.

第二十章

［132］韩富团.偃师银条［J］.长江蔬菜,1989（2）:28.

［133］张云山,韩富团.偃师银条［J］.北方园艺,1989（Z2）:63.

［134］李欣,易军鹏,等.银条的壳聚糖复合涂膜保鲜效果研究［J］.
河南化工,2005（6）:27 - 29.

［135］易军鹏,李欣,等.羧甲基壳聚糖复合涂膜的银条保鲜效果研究
［J］.食品与药品,2005（12）:51 - 53.

[136] 陈泰轩. 偃师银条 [J]. 麦类文摘·种业导报, 2007 (4)：31 – 32.

[137] 郭香凤, 史国安, 等. 银条加工中烫漂护色工艺的研究 [J]. 食品科学, 2007 (9)：222 – 225.

[138] 徐睿. 偃师银条发展前景及生产建议 [J]. 中国林副特产, 2008 (4)：87 – 88.

[139] 杜纪松, 黄晓红, 等. 偃师银条丰产栽培及采收 [J]. 科技信息, 2010 (1)：391.

[140] 付鹏钰, 李杉, 等. 银条研究概述 [J]. 河南预防医学杂志, 2012 (6)：401、402、408.

[141] 李惠文. 一根茎蔬成伊尹　偃师银条身价增 [J]. 河南农业, 2011 (17)：21.

[142] 徐海霞, 何靓. 葡萄与银条菜避雨立体套种技术 [J]. 中国园艺文摘, 2012 (10)：148 – 149.

[143] 钟先锋, 黄桂东, 等. 银条的开发利用 [J]. 食物与营养, 2006 (8)：20 – 22.

[144] 谢兵, 耿广东, 等. 草石蚕优质高产栽培技术 [J]. 长江蔬菜, 2010 (15)：27 – 28.

[145] 王雪, 张金泽, 等. 水苏糖发酵提纯菌株的筛选研究 [J]. 食品与发酵工业, 2010 (10)：94 – 97.

[146] 张晓伟, 王淑敏. 银条多糖的提取工艺及其抑菌性研究 [J]. 食品研究与开发, 2011 (7)：25 – 28.

[147] 李伟杰. 河南农产品品牌期待做大做强 [J]. 农村·农业·农民 (A 版), 2012 (1)：47 – 48.

[148] 兰金旭, 赵建设, 等. 银条高效栽培技术 [J]. 吉林蔬菜, 2013 (10)：12.

[149] 百度知道. 一年生植物和多年生植物有什么不同？[EB/OL]. [2015 – 12 – 11]. http：//zhidao. baidu. com/link？url = J6siljSDxA7b – Ex0SJg1As2Wj08uKc6_ 3u7_ S – oyXwtIlPoDX8KJkrM0RfyiueVvK0b9N_ L9AL MVenxecLhRIctcFVXR_ 8Th – 74PYI3vjKa.

[150] 一问就知. 一年生和多年生植物的区别 [EB/OL]. [2015 – 12 –

11］．http：//www.ew9z.com/yiniansheng－duoniansheng－zhiwu.html.

［151］小木虫．一年生和多年生［EB/OL］.［2015－12－11］.http://emuch.net/html/201204/4357998.html.

［152］李欣，易军鹏，等．银条的壳聚糖复合涂膜保鲜效果研究［J］.河南化工，2005（6）：27－29.

［153］易军鹏，羧甲基壳聚糖复合涂膜的银条保鲜效果研究［J］.食品与药品，2005（12）：51－53.

［154］上官兵．专业合作组织激活偃师农村经济［N］.中国工商报，2007－05－11.

［155］付鹏钰，李杉，等．银条研究概述［J］.河南预防医学杂志，2012（6）：401－402、408.

［156］张书芳，苏永恒，等．银条营养成分分析［J］.河南预防医学杂志，2014（6）：453－454.

［157］钟先锋，黄桂东，等．银条的开发利用［J］.食物与营养，2006（8）：20－22.

［158］郑军伟，别志伟．河南偃师银条无公害优质高产栽培技术［J］.现代农业科技，2006（9）：31.

［159］陈泰轩．偃师银条［J］.麦类文摘·种业导报，2007（4）：31－32.

［160］杜纪松，黄晓红，等．偃师银条丰产栽培及采收［J］.科技信息，2010（1）：391.

［161］付鹏钰，李杉，等．银条研究概述［J］.河南预防医学杂志，2012（6）：401－402、408.

［162］韩富团．偃师银条［J］.长江蔬菜，1989（2）：28.

［163］张云山，韩富团．偃师银条［J］.北方园艺，1989（Z2）：63.

［164］李顺兴，杨德焕．偃师银条［J］.蔬菜，1993（1）：30.

［165］韩高修，刘爱霞．偃师银条的栽培要点［J］.河南农业，2006（2）：23.

［166］陈泰轩．偃师银条［J］.麦类文摘·种业导报，2007（4）：31－32.

［167］付鹏钰，李杉，等．银条研究概述［J］.河南预防医学杂志，

2012（6）：401－402、408.

[168] 宋晓宁. 偃师银条的高效栽培 [J]. 乡村科技，2012（2）：18.

[169] 郑军伟，别志伟. 河南偃师银条无公害优质高产栽培技术 [J]. 现代农业科技，2006（9）：31.

[170] 百度知道. 地理中的生长期与作物生长期的区别，请详细解答 [EB/OL]. [2015－12－11]. http：//zhidao. baidu. com/question/241382880. html.

[171] 钟先锋、黄桂东，等. 银条的开发利用 [J]. 食物与营养，2006（8）：20－22.

[172] 天天美食网. 酱银条的做法详细介绍 [EB/OL]. [2015－11－22]. http：//www. ttmeishi. com/CaiPu/c14bf3584d37508f. htm.

[173] 偃师市西银绿色食品有限公司. 舌尖上的中国特色小吃——银条菜 [EB/OL]. [2013－06－12]. http：//www. lyxiyin. com/news/ArticleShow. asp？ArtID＝824&ArtClassID＝15.

[174] 北极新闻. 银条菜新考——转温馨日志 [EB/OL]. [2012－11－23]. http：//tieba. baidu. com/p/2003999156.

[175] 陈泰轩. 偃师银条 [J]. 麦类文摘·种业导报，2007（4）：31－32.

[176] 偃师市西银绿色食品有限公司. 华夏第一名菜——偃师银条 [EB/OL]. [2012－04－24]. http：//www. lyxiyin. com/news/ArticleShow. asp？ArtID＝786&ArtClassID＝16.

[177] 偃师市西银绿色食品有限公司. 唐僧与偃师银条菜的关系 [EB/OL]. [2012－05－23]. http：//www. lyxiyin. com/news/ArticleShow. asp？ArtID＝798&ArtClassID＝1.

[178] 偃师市西银绿色食品有限公司. 偃师市西银绿色食品有限公司简介 [EB/OL]. [2015－11－22]. http：//www. lyxiyin. com/jianjie. asp.

[179] 郑军伟，别志伟. 河南偃师银条无公害优质高产栽培技术 [J] 现代农业科技，2006（9）：31.

[180] 崔艳红. 偃师银条无公害栽培技术 [J]. 现代农业科技，2006（3）：12.

[181] 韩富团. 偃师银条 [J]. 长江蔬菜，1989（2）：28.

[182] 李顺兴. 银条 [J]. 河南农林科技, 1983 (4)：35.

[183] 韩富田. 偃师银条 [J]. 蔬菜, 1988 (4)：36.

[184] 张云山, 韩富团. 偃师银条 [J]. 北方园艺, 1989 (Z2)：63.

[185] 李顺兴, 杨德焕. 偃师银条 [J]. 蔬菜, 1993 (1)：30.

[186] 张云山. 偃师银条驰名中外 [J]. 中国土特产, 1997 (1)：38.

[187] 崔艳红. 偃师银条无公害栽培技术 [J]. 现代农业科技, 2006 (3)：12.

[188] 陈泰轩. 偃师银条 [J]. 麦类文摘·种业导报, 2007 (4)：31-32.

[189] 韩高修, 刘爱霞. 偃师银条的栽培要点 [J]. 河南农业, 2006 (2)：23.

[190] 钟先锋, 黄桂东, 等. 银条的开发利用 [J]. 食物与营养, 2006 (8)：20-22.

[191] 徐睿. 偃师银条发展前景及生产建议 [J]. 中国林副特产, 2008 (4)：87-88.

[192] 付鹏钰, 李杉, 等. 银条研究概述 [J]. 河南预防医学杂志, 2012 (6)：401-402.

[193] 杜纪松, 黄晓红, 等. 偃师银条丰产栽培及采收 [J]. 科技信息, 2010 (1)：391.

[194] 李惠文. 一根茎蔬成伊尹偃师银条身价增 [J]. 河南农业, 2011 (17)：21.

[195] 河南偃师市：银条变"金条" [EB/OL]. [2005-12-07]. http：//nc. mofcom. gov. cn/tcdt/18349552. html.

[196] 百度贴吧. 萧瑟秋风彐. 偃师银条，悲哀啊 [EB/OL]. [2010-05-20]. http：//tieba. baidu. com/f? kz=775924013.

[197] 偃师市人民政府网. 佚名. 说不完道不尽的"偃师三绝"之一"银条" [EB/OL]. [2015-02-09]. http：//www. yanshi. gov. cn/? thread-105-1. html.

[198] 劲林银条独特风味等你品尝 [EB/OL]. [2015-11-20]. http：//detail. 1688. com/offer/40974092122. html.

[199] 博雅特产网. 偃师银条 [EB/OL]. [2015-11-20]. http：//

shop. bytravel. cn/produce/50435E0894F66761/.

[200] 偃师农民把银条变"金条" [N]. 河南科技报, 2011 - 11 - 29 (A4).

[201] 乔荣军, 等. 河南省偃师县风土志略 (全) [M]. 台北：成文出版社, 1968：49 - 53.

[202] 安诣彬. 地理标志产品在城镇总体规划中的价值体现 [J]. 小城镇建设, 2012 (6)：57 - 59.

[203] 偃师市人民政府网. 佚名. 银条丰收喜上眉梢 [EB/OL]. [2013 - 12 - 13]. http：//www. yanshi. gov. cn/html/zsyt_ 271_ 6189. html.

[204] 翟玉强. 地理标志农产品的生态价值研究 [J]. 新疆农垦经济, 2016 (11)：20 - 27.

[205] 徐雯婷. 地理标志保护产品的生态价值研究 [J]. 中国外资, 2013 (4)：200.

[206] 偃师市人民政府网. 偃师概况 [EB/OL]. [2015 - 06 - 04]. http：//www. yanshi. gov. cn/html/zsgk_ 37_ 80. html.

[207] 偃师市人民政府网. [EB/OL]. [2015 - 06 - 04]. http：//www. yanshi. gov. cn/html/zsyt_ 271_ 6189. html.

[208] 百度百科. 绿色食品 [EB/OL]. [2015 - 06 - 04]. http：//baike. baidu. com/view/5589. htm? wtp = tt.

[209] 百度贴吧. 萧瑟秋风⌐. 偃师银条, 悲哀啊 [EB/OL]. [2010 - 05 - 20]. http：//tieba. baidu. com/f? kz = 775924013.

[210] 中国绿色食品网. 为什么生产绿色食品首先要遵守绿色食品产地环境质量标准? [EB/OL]. [2011 - 12 - 27]. http：//www. agri. gov. cn/HYV20/lssp/xfzpd/lsspzs/jczs/201112/t20111227_ 2444718. htm.

[211] 偃师市西银绿色食品有限公司. 绿色食品产地环境质量标准 [EB/OL]. [2013 - 05 - 08]. http：//www. lyxiyin. com/news/ArticleShow. asp? ArtID = 816&ArtClassID = 15.

[212] 中国绿色食品网. 绿色食品产地环境质量标准包括哪几方面内容? [EB/OL]. [2011 - 12 - 27]. http：//www. agri. gov. cn/HYV20/lssp/xfzpd/lsspzs/jczs/201112/t20111227_ 2444719. htm.

[213] 偃师市西银绿色食品有限公司. 奥运国宴菜谱三菜一汤一冷盘 [EB/OL]. [2012 – 05 – 25]. http：//www. lyxiyin. com/news/ArticleShow. asp？ArtID = 801&ArtClassID = 16.

[214] 偃师市西银绿色食品有限公司. 银条菜食用价值有哪些 [EB/OL]. [2013 – 04 – 15]. http：//www. lyxiyin. com/news/ArticleShow. asp？ArtID = 813&ArtClassID = 15.

[215] 中华商标超市. 银条成功注册地理标志证明商标 [EB/OL]. [2010 – 04 – 29]. http：//news. gbicom. cn/wz/8627. html.

[216] 偃师市劲林食品厂. 关于我们 [EB/OL]. [2016 – 04 – 20]. http：//www. jlyintiao. com/.

[217] 王笑冰, 林秀芹. 中国与欧盟地理标志保护比较研究——以中欧地理标志合作协定谈判为视角 [J]. 厦门大学学报（哲学社会科学版）, 2012 (3)：125 – 132.

[218] 国家质量监督检验检疫总局. 地理标志产品保护规定 [EB/OL]. [2006 – 03 – 02]. http：//www. npgi. com. cn/documents/200603/141. shtml？id = 141&table = law.

[219] 李灵敏. 2015 年政府工作报告——2015 年 2 月 27 日在偃师市第十三届人民代表大会第五次会议上 [EB/OL]. [2015 – 11 – 20]. http：//www. yanshi. gov. cn/html/zfgzbg_ 50_ 9384. html.

[220] 偃师市人民政府网. 偃师市国民经济和社会发展第十二个五年规划纲要 (2011 年 1 月 16 日市十二届人大六次会议通过) [EB/OL]. [2015 – 11 – 20]. http：//www. yanshi. gov. cn/？thread – 2010 – 1. html.

第二十一章

[221] 洛阳市旅游发展委员会. 商品企业名录 [EB/OL]. http：//www. lyta. gov. cn/Content/lyfw/qyml/2015/11/11/4961. html, 2015 – 11 – 11.

[222] 孟津县人民政府官网 [EB/OL]. [2015 – 11 – 11]. http：//www. mengjin. gov. cn/.

[223] 孟津旅游网. 旅游超市　本地特产 [EB/OL]. [2015 – 07 – 11]. http：//www. mjlvyou. cn/Article/ShowClass. asp？ID = 562.

［224］河南省农产品质量安全网．产品查询［EB/OL］．［2015 - 07 - 12］．http：//www. hagreenfood. org. cn/productaction. jspx？pageno = 1&prodname = &cotype = 4&coname = .

［225］河南省农产品质量安全网．网上展示［EB/OL］．［2015 - 11 - 11］．http：//www. hagreenfood. org. cn/wszs/767. jhtml.

［226］河南省农产品质量安全网．产品查询［EB/OL］．［2015 - 11 - 11］．http：//www. hagreenfood. org. cn/productaction. jspx？pageno = 1&prodname = &cotype = 4&coname = .

［227］中国农产品质量安全网［EB/OL］．［2015 - 11 - 11］．http：//www. moa. gov. cn/sydw/zlaq/ncpdlbz/gsgg/201304/t20130424_ 3500800. htm.

［228］博雅特产网．孟津梨［EB/OL］．［2015 - 12 - 02］．http：//shop. bytravel. cn/produce/5B5F6D2568A8/.

后 记

本书是笔者出版的关于地理标志产品以及商品学的第三部专著。即将出版之际，情不自禁地再次回首往事，深情感谢曾经热心辅助过我这个笨拙学者的每一个人。

感恩祖父、祖母和父母双亲；感恩邵安兆、朱鸿霆、程杰、张国鼎等几位老师、同事和领导；感恩我的硕士生导师刘晓君教授；感谢中国商品学会的原会长万融和傅绪哲秘书长；感谢洛阳市社会科学界联合会的领导；感谢那些不知姓名、未曾谋面、对我的科研及专著给予肯定的专家和领导；感谢在本书的调研和写作中给予无私帮助的每个人。

我国质量问题的根源是质量教育的弱化、缺失以及对质量管理的不到位和力度较小。为此，必须在公民中开展质量教育；围绕商品、人和环境系统，构建具有中国特色的质量教育体系；必须系统研究影响地理标志产品质量的因素，揭示人们对其质量管理的认识规律和利用规律；重视商品学在质量教育中的作用，对商品学进行创新；必须健全和完善商品质量的管理体系，健全法制建设；以"三品一标"为切入点开展研究和工作，普及名优土特产品常识；应结合我国富有地域特色和民族特色的传统的农耕文化，借鉴发达国家的成熟经验，遵循世界贸易组织框架内的《与贸易有关的知识产权协议》即 TRIPS 协议，以先进的管理理论指导我国现代农业科学发展。

2016～2017 年，洛阳市有 10 种农产品获得了农业部的地理标志保护，取得了很大成绩，然而洛阳市地理标志农产品的发展之路却任重道远。一个是从事地理标志的研究者寥寥无几，不能更好地服务于区域经济和社会发展；一个是政府主管部门和相关企业、协会在实际工作中仍存在种种问题，例如重申报轻保护、重保护轻开发、重开发经济效益忽视生态保护、忽视旅游价值、忽视教育价值、忽视法律价值、忽视文化价值、忽视综合开发等。

在本书的写作初期和调研阶段，由于笔者大意，当时只是把某些网址保留下来，并没有完整地记录相应参考内容的标题、作者等。在后期整理参考文献时，有些网址已经不能打开（例如第 195、198 个参考文献等），有些网站进行了改版（例如偃师市人民政府网站等），未能查到原始的参考来源，造成了缺憾，特向相关各方尤其是作者致歉。

在本书的写作过程中，未能充分挖掘和详细论证蕴含在地理标志产品中的教育价值。由于内容安排和篇幅限制，本书没有详细介绍并深入论证地理标志产品的保护者、传承者、发明者、发扬光大者的事迹，没有用大量感人事迹宣传他们的钻研科技、不停追求、勤于思考、领先时代、胆大心细的创新精神，自强不息、坚守坚韧、诚信经营、严格管理、勤俭节约的创业精神，致富不忘乡亲、保护生态环境、热心公益事业的人文情怀。这也是笔者今后的一个努力方向。

2017 年，洛阳市社会科学界联合会命名的第一批"洛阳市社会科学普及基地"中，有笔者作为负责人的"洛阳名优土特产品宣传普及基地"。本基地将把普及宣传地理标志产品的综合价值尤其是其教育价值作为工作的重点。

本书是河南省科技攻关项目《开发地标产品的文化资源促进河南旅游业发展研究》（项目编号：182102310954）、河南省哲学社会科学规划项目《以地理标志农产品助推河南农业高质量发展研究》（编号 2018BJJ041）、洛阳市"社科专家县区行"调研课题《以地理标志产品品牌化推动洛阳乡村振兴问题研究》（编号 2018ZX13）和全国教育科学"十三五"规划 2018 年度课题《建设教育强国的日本经验与中国路径研究》（项目编号：BDA180029）的研究成果，并受到其基金资助。

在本书的调研和写作过程中，得到了农业部农产品质量安全中心、洛阳市委宣传部、洛阳市社会科学界联合会、洛阳市质监局、洛宁县质监局等相关领导和工作人员的指导和帮助，得到了栾川县、洛宁县、孟津县、嵩县等地县委宣传部及林果办的大力支持，得到了相关企业和种植户的支持，在此表示由衷的感谢。

在本书的写作和出版过程中，得到了河南省教育厅社科处、洛阳市社科联、洛阳理工学院等单位领导的支持和帮助，湖南理工学院机械工程学院的邓毅冰、河南理工大学电气工程与自动化学院的张天宇、郑州外国语新枫杨学校高二学生翟一舟从事了部分资料整理和文字校正工作，笔者在此一并表示由衷的感谢。

　　由于时间紧张、能力有限，如有错误、遗漏或者不周之处，恳请各位读者和专家给予批评指正。

作者

2018 年 10 月 23 日